中国社会科学院 学者文选

陈家勤集

中国社会科学院科研局组织编选

中国社会科学出版社

图书在版编目(CIP)数据

陈家勤集／中国社会科学院科研局组织编选. —北京：中国社会科学出版社，2013.9（2018.8重印）

（中国社会科学院学者文选）

ISBN 978-7-5161-3038-4

Ⅰ.①陈…　Ⅱ.①中…　Ⅲ.①经济学—文集　Ⅳ.①F0-53

中国版本图书馆 CIP 数据核字（2013）第 170708 号

出 版 人	赵剑英
责任编辑	田　文
责任校对	周　昊
责任印制	张雪娇

出　　版	中国社会科学出版社
社　　址	北京鼓楼西大街甲 158 号
邮　　编	100720
网　　址	http://www.csspw.cn
发 行 部	010-84083685
门 市 部	010-84029450
经　　销	新华书店及其他书店
印刷装订	北京市十月印刷有限公司
版　　次	2013 年 9 月第 1 版
印　　次	2018 年 8 月第 2 次印刷
开　　本	880×1230　1/32
印　　张	12.5
字　　数	313 千字
定　　价	79.00 元

凡购买中国社会科学出版社图书，如有质量问题请与本社营销中心联系调换

电话：010-84083683

版权所有　侵权必究

出版说明

一、《中国社会科学院学者文选》是根据李铁映院长的倡议和院务会议的决定，由科研局组织编选的大型学术性丛书。它的出版，旨在积累本院学者的重要学术成果，展示他们具有代表性的学术成就。

二、《文选》的作者都是中国社会科学院具有正高级专业技术职称的资深专家、学者。他们在长期的学术生涯中，对于人文社会科学的发展作出了贡献。

三、《文选》中所收学术论文，以作者在社科院工作期间的作品为主，同时也兼顾了作者在院外工作期间的代表作；对少数在建国前成名的学者，文章选收的时间范围更宽。

中国社会科学院
科研局
1999 年 11 月 14 日

目　　录

自序 ……………………………………………………………（1）

第一部分　国际贸易理论

国际经贸理论研究思维创新势在必行 ……………………（3）
国际贸易在国民经济发展中的地位与作用 ………………（14）
经典作家论大国之间的贸易关系 …………………………（40）
坚持和发展马克思的国际价值理论 ………………………（81）

第二部分　发展经济学国际贸易理论

发展经济学国际贸易理论文献研究 ………………………（103）
新中国对外经贸发展60年的伟大实践和理论创新
　　及主要经验 ……………………………………………（127）
加快外贸发展方式转型　全面提升开放型经济水平 ……（160）

第三部分　中国对外经贸发展战略

论制定对外经贸"十五"规划的几个重要问题 ……………（171）

我国外贸出口依存度比较研究 ……………………………（180）
经济增长导向的外贸发展战略研究 ………………………（193）
充分发挥对外贸易在新型工业化中的重要作用 …………（223）
用科学发展观指导我国对外经贸发展的战略思考 ………（231）
浙江省外贸出口持续快速发展的实证研究 ………………（243）
中国能源供应安全的战略选择 ……………………………（257）

第四部分　进一步深化改革和扩大对外开放

中央、省(市)国有外贸企业退出机制研究 ………………（269）
"互利共赢"开放战略及其效果的理论思考 ………………（284）
和平发展是中国实现现代化和富民强国的战略抉择 ……（294）
实行更加积极主动的开放战略与政策 ……………………（298）

第五部分　国际金融危机问题研究

国际金融危机与我国对外经济发展的战略选择 …………（311）
坚持中国特色社会主义市场经济金融体制改革方向
　　——从国际金融危机中汲取经验教训 ………………（318）

第六部分　关于区域经济合作问题研究

吉林省延边自治州参加东北亚区域经济合作问题
　　研究 ……………………………………………………（329）
反倾销应诉问题研究 ………………………………………（353）
构建和谐亚太经济的战略选择 ……………………………（364）

作者主要论著目录 ……………………………………（377）
作者年表 ………………………………………………（387）
后记 ……………………………………………………（389）

自　序

接到《中国社会科学院学者文选》编辑委员会征稿通知，阅后很高兴！我觉得这是一件很有历史价值的工作，应尽力把它做好。于是便动手将自己多年从事对外经贸理论研究工作，公开发表的成果作了初步的梳理。发现从几十年的研究成果中，遴选出其中的精华，确实感到有些茫然，无处下手。问题是选择哪些有代表性的文章？这些理论成果能否反映出个人的学术思想和主要观点，研究的内容覆盖面是否全面，理论观点是否有所创新，论据是否符合中国国情特点，对策建议是否有可操作性，等等，是首先碰到的一个难点。经过一番思索琢磨，顿然，思绪开朗，终于想出个新思路。由于过去的许多科研成果曾在有关著作（含编著）和学术刊物上发表过，历史文献已有记载。所以把《文选》选编的重点定位在进入21世纪加入WTO后发表的理论成果。这样的定位时间跨度小，学术观点相对集中，论文内涵比较鲜活，具有与时俱进的时代感。

我从近10多年来发表的论文中选出23篇，按论文的性质、发表时间先后排列，划分为六个专题，布局相对均衡。其中，第一部分国际贸易理论；第二部分发展经济学国际贸易理论；第三部分中国对外经贸发展战略；第四部分进一步深化改革和扩大对外开放；第五部分国际金融危机问题研究；第六部分关于区域经济合作问题研究。《文选》从一个侧面，可以大体上反映出我的学术思想和主要观点。同时，读者可以从中看出改革开放，特别是加入WTO以来，我国对外经贸发展历史性的巨大跨越和面临的巨大挑战。

第一部分国际贸易理论专题中，涉及国际贸易理论研究思维创新问题、有关国际贸易在国民经济发展中的地位与作用，以及大国之间的贸易关系等领域，经典作家有许多精辟论述，读后确有常读常新之感。第二部分涉及发展经济学国际贸易理论、新中国对外经贸发展和理论创新、加快外贸发展方式转型等问题。第三部分内容，有关对外经贸"十五"规划、经济增长导向对外经贸发展战略、能源供应安全战略选择等问题。第四部分以全球化的视野，探索"互利共赢"开放战略、和平发展富民强国战略和更加积极主动开放战略等理论与实践问题。第五部分涉及中国国际金融与对外经济发展战略、金融体制改革方向、全球与中国金融走势等问题。第六部分有关反倾销、反倾销应诉，以及构建和谐亚太区域经济合作的设想等。

其中，有些成果曾多次获得国家、省部级优秀成果奖或领导同志批示。例如，《国际经贸理论研究思维创新势在必行》一文，是我在中国国际贸易学会成立20周年大会上的主题发言。该文受到中国国际贸易学会名誉会长、外经贸部原副部长沈觉人先生的赞扬。他说："20世纪国际贸易的发展和科技进步，出现了与过去不同的贸易新理论，也可以说是由传统的国际贸易理论演变为现代国际贸易理论。如从GATT到WTO，50多年来所制定的各种国际贸易规则，都有它的一些理论指导，如非歧视、自由贸易、公平竞争，等等；又如经济全球化的理论、区域经济一体化的理论等。在新的形势下，需要研究和探讨这些新理论。前不久，社会科学院的几位同志编写出版了一本新书《当代国际贸易新理论》，看后很受启发。我建议有兴趣的同志下点功夫，研究这方面的题目，相信一定会有很好的成果，可用以指导实际工作。"（见《国际商报》2001年6月21日）

我退休后，有比较充裕的时间，除注意加强锻炼身体外，还继续从事自己热爱的科研工作。2001年院老年科研基金立项时，我申请的课题被批准为当年老年科研基金的重点课题。题目是《经济增长导向的外贸发展战略研究》，2001年12月立项，2002年12月如期完成。为了做好这一课题，我查阅了发展经济学国内外相关文献，并作为一个子课题做了专题研究。在文献研究的基础上，我又到浙江省调研，拜访了省对外贸易经济合作厅、省社会科学院、省国际经济贸易研究中心的有关领导和专家，并到杭州、温州、台州、宁波、绍兴、嘉兴六个市的外经贸局同他们座谈请教。同时，考察了14家外贸进出口公司、出口生产企业和民营出口企业，以及义乌中国小商品城。通过调研深受教育和启发。调研结束后，经过归纳研究，综合分析，上升到理性高度，最后形成《对外贸易在全面建设小康社会中的重要作用——经济增长导向的对外贸易发展战略研究》总报告和四个分报告。总报告作为论文在《广东外语外贸大学学报》发表后，《北京大学学报》（哲学社会科学版）2003年5月第3期"全国高校社会科学版概览"转载了论文摘要。

中国社会科学院学部委员、研究员杨圣明教授对该文的评价是："以往对发展中国家的外贸战略进行的研究多局限于出口导向、进口替代以及混合型战略等等。改革开放以来，我国经济学界尤其对外贸易界又提出了科技兴贸战略、以质取胜战略、市场多元化战略、国际大循环战略等。与此不同，陈家勤同志在论文中提出了经济增长导向的外贸发展战略。它侧重于正确解决外贸与经济增长的关系,彻底改变传统的外贸'调节余缺'的地位,使外贸与经济发展互相推动,把外贸铸造成拉动经济增长的火车头。在战略理论研究方面,作者与时俱进,根据经济全球化和全面建设小康社会,落实科学发展观的要求,提出了一种新型的战略,这是值得肯定的。""该文坚持以马列主义、毛泽东思想、邓小平理论和'三个代表'重要思想为指导,以西方外贸理论为借鉴,用作者自己的话语表述和分析问题,没有生搬硬套,而是生动活泼、有机统一。这在当前的学术界是难能可贵的。当然,也是值得提倡的。"对外经济贸易大学资深教授薛荣久先生对该论文的评价是:"经济增长导向的外贸发展战略,具有新意:一是把外贸发展视为经济增长的一个重要动力;二是战略目标包括数量和质量两个方面,数量目标要坚持进口与出口大体平衡,而质量目标则强调质量、结构和效益;三是强调进出口经常项目平衡的重要性,不能忽视进口的作用。论文明确提出这一战略的内涵,内涵清晰和系统。该文提出这一战略下的外贸发展目标、任务和重点与应对措施,富有操作性和可行性。论文作者经过实地广泛调查,在众多案例基础上,认真总结再上升到理论和战略高度。表明作者具有理论与实际密切结合的良好学风。"我把这些鼓励和表扬,视为继续努力的鞭策和动力。但是,由于自己的理论水平不高和实践能力的局限,有些观点和对策建议,未必完全正确,有待于经济发展实践的考验,不当之处,请读者多加批评指正。

在多年的科研工作中,我深深体会到,做好科研工作必须刻苦学习,重视实践。学习和调研是搞好科研工作的基础,我把科研工作比作"过山车",要靠顽强的毅力,不断攀登,要靠不断"加油",永不歇脚的拼搏精神。社会在发展,时代在前进,理论创新就像大江大河流水一样，奔腾向前，永无止境。力争活到老，学到老，研究到老，以此与大家共勉。

2012年6月2日
于北京芳古园寓所

第一部分
国际贸易理论

国际经贸理论研究思维创新势在必行

在庆贺中国国际贸易学会成立20周年之际，学会领导提出适应新形势，探讨新问题，研究新理论作为学术年会的主题，非常好。我作为一名老会员，理论工作者，想从国际经贸理论研究的角度，谈谈国际经贸理论研究思维创新的几点粗浅看法。

一 重新认识国际经贸理论研究的重要性

在20世纪初，国际贸易学由西方国家引入中国并加以传播。中华人民共和国建立后，马克思主义国际贸易学由苏联传入中国。在50年代初，我国对外经贸的指导思想是"一边倒"，在实践上主要是以苏东贸易为主，在理论方面主要是向苏联学习，但不是完全照搬。当时，毛泽东等老一辈革命家也有许多重要指示。但是，由于帝国主义对新中国实行经济封锁和贸易禁运的歧视政策，使中国同西方发达国家对外交往受到极大限制。由于受苏联"无流通论"和斯大林"两个平行的世界市场"理论，以及计划经济制度和传统垄断经营的外贸体制影响，再加上"文化大革命"极"左"路线的干扰,造成理论思想上的混乱。所以,直到1978年党的十一届三中全会这段较长时间内,中国对外经济联系基本上处于封闭或半封闭状态。在理论学术界,存在着理论"禁区",许多经济理论问题不允许讨论,人们思想被禁锢,致使我国国际经贸理论研究处于停滞状态,很难有新的突破。改革开放以来,随着人们的思想解放和理论"禁区"被打破,我国学术界坚持马克思列宁主义、毛泽东思想,高举邓小平理论伟大旗帜,发扬理论联系实际的良好学风,深入探索,独立思考,敢于突破,勇于创新,紧紧围绕着我国对外开放和对外经贸发展的实践,进行理论研究和探索,理论研究为我国对外经贸快速发展起着积极的先导作用。

我国学术界研究和探讨的国际经贸理论问题,内容相当广泛。包括国际分工理论、国际价值理论、对外贸易在国民经济中的地位与作用,对外贸易经济效益、对外贸易发展战略、外贸体制改革问题,利用外资问题、跨国经营问题、两个平行的世界市场问题,国际竞争的理论问题、国际贸易系统工程学问题,知识经济与国际经贸发展问题、国际服务贸易问题,对外经贸增长方式转变问题、中国经济特区问题、中国加工贸易问题、经济全球化问题、亚太地区经济技术合作问题、中国加入世界贸易组织问题,等等。

但是,这些专题研究成果目前还处于分散状态,尚缺乏系统分类、综合和升华,还需要继续研究、归纳和总结,从而形成一个理论体系。这个历史重任理所当然落在每个理论工作者,特别是中青年一代理论工作者的肩上。

今年夏天,江泽民总书记在北戴河会见部分国防科技和社会科学专家座谈会上指出:"一个民族要兴旺发达,要屹立于世界民族之林,不能没有创新的理论思维。这是人类文明发展史给人们的一个重要指示。"他从四个方面强调哲学社会科学与自然科学的同等重要性。即"在认识和改造世界的进程中,哲学社会科学与自然科学同样重要;培养高水平的哲学社会科学家,与培养高水平的自然科学家同样重要;提高全民族的哲学社会科学素质,与提高全民族的自然科学素质同样重要;任用好哲学社会科学人才并充分发挥他们的作用,与任用好自然科学人才并发挥他们的作用同样重要。"江泽民总书记的讲话充分肯定了我们哲学社会科学理论工作者的社会地位和作用。应当明确,哲学社会科学和自然科学是科学的两翼,在推动人类社会发展和科技进步方面,在改造客观世界和主观世界过程,以及从事社会主义现代化建设征途中,都发挥着重要作用,二者是缺一不可的。人类社会已进入 21 世纪,我国加入 WTO 已成定局,中国将由贸易大国走向贸易强国,在世界多边贸易体制中发挥更大作用,这是时代对我们提出的更高要求,也是我们理论工作者的神圣责任。应当看到,我们现在所处的时代与一百年前资本主义大机器的垄断时代不同。现在是国际分工和国际竞争的时代,是知识经济时代,也是国际电子商务时代。时代不同,手段也不同。时代要求我们的对外经贸战略必须是开放型的扩张战略、要求我们在对外经贸发展和国际经济技术合作中必须遵循 WTO 的国际通行规则。就国内而言,百年间,特别是改革开放以来,中国社会发生了巨大变化,由自给自足的农业经济制度——社会主义计划经济制度——到社会主义市场经济制度的变迁。在社会主义市场经济体制确立后,党中央又明确提出,现在我国社会生产力发展尚处在社会主义初级阶段,所谓初级阶段就是我国社会生产力发展尚处在不发达阶段。我们一方面要承认同发达国家经济技术方面的差距,另一方面又要看到比发达国家我们有后发优势,要迎头赶上,缩小差距。我国国内市场发展潜力很大,我们要在坚持扩大内需的同时，又要发挥对外经贸对经济增长和经济结构调整的导向作用，促进我国经济增长方式的根本转变。因此，我们国际经贸理论研究大有用武之地，大有作为。我们应更好地为我国社会主义现代化建设的长远战略目标服务，为我国政府的宏观决策提供理论支持。

二　国际经贸理论研究思维创新势在必行

对外开放是我国长期的基本国策。21世纪，我国对外开放肩负着振兴中华的伟大历史使命，任重而道远。我国将用50年的努力实现第三步战略目标，使我国的经济发展和人民生活达到中等发达国家的水平。我国将扎扎实实推进西部大开发战略，缩小东西部经济发展的差距，促进我国经济持续稳定协调发展，走上共同富裕之路。我国加入WTO标志着我国对外开放进入新阶段。我国将在多边贸易体制和国际通行规则框架下，坚持权利和义务平衡的原则，实施全方位的对外开放，积极参与国际分工，国际经济技术合作，分享经济全球化带来的经济利益。

理论是实践的向导。理论既来源于实践，又指导实践。我们的国际经贸理论研究，必须服务于上述战略目标和战略任务的实现，研究我国发展开放型经济中带有全局性、前瞻性、战略性的重大理论问题和政策建议，为我国政府宏观决策，制定战略和政策提供理论依据。

当前需要研究的理论课题很多，我想以下几个重要理论和政策研究课题更为重要，现提出来供大家参考。

1. 对外经贸发展战略研究

（1）对外贸易发展战略。根据世界银行和国际货币基金组织，对第二次世界大战后发展中国家推行的外向型贸易战略和内向型贸易战略的长期考察和研究，他们把出口导向和进口替代两种贸易战略又细分为坚定的外向型战略、一般的外向型战略、一般的内向型战略、坚定的内向型战略四种类型。它们的特点是：坚定的外向型战略——实行对外贸易自由化。一般的外向型战略——注重内销生产，忽视外销生产，对进口有一定的保护。一般的内向型战略——用许可证进行直接保护，保护率高。坚定的内向型战略——强烈保护内销生产，保护率极高。

世界银行的划分，与发展经济学的划分为三类，即出口导向型战略、进口替代型战略、贸易自由化战略在本质上没有差别。

对外贸易战略研究，中国学者的研究比国外研究在时间上滞后，我国自1978年实行改革开放后才开始。但提出的战略模式却相当多。诸如进口替代战略、出口替代战略、出口导向与进口替代相结合战略、国际竞争力导向型战略、外向型经济发展战略、国际大循环战略、沿海经济发展战略、对外贸易集约经营战略、外贸自乘发展战略、进口替代、出口导向和扩大内需并重的对外贸易发展战略，等等。改革开放以来，我国学术界介绍了西方许多贸易战略理论，国内学者也作了大量探索，但仍存在一些缺陷：一是西方理论如何同中国国情相结合的战略理论尚未形成；二是以往的研究没有分清楚对外贸易发展战略的层次性特点，已提出的不少战略，偏重于研究全国（局）性整体战略，而忽视区域性战略、企业经营主体战略的研究；三是以往的研究，侧重于政府的政策支持。但是，随着中国加入WTO，我国的法律、政策必须与WTO国际通行规则接轨。应当看到，入世后，我国外贸政策支持的空间和力度越来越小，因此，我国加入WTO后，如何调整和制定对外贸易发展战略是一项迫切需要研究的课题。

（2）利用外资发展战略。利用外资发展战略是指从接受国的角度，提出利用外资的理论依据、战略目标、战略重点、战略任务和战略对策的系统设计。根据WTO《与贸易有关的投资措施协议》的规定，受其协调的利用外资方式主要是外商直接投资，因此，对外借债、发行债券和股票筹资不在其内。90年代以来，国内学者介绍了国外学者关于利用外资的许多理论成果，诸如普雷维什的"中心—外围"理论；安德烈·冈德·弗兰克的"新的依附结构"理论；费尔南多·恩里克·卡多佐的"依附的发展"理论；阿明的"边缘资本主义"理论。与此同时，对邓小平的利用外资理论作了大量研究。

在80年代初，我国利用外资的定位是作为国民经济的"必要补充"，而利用外资的主要形式是国外借款，即以吸引间接投资为主，数量不大，而外商直接投资仅限于"三来一补"，没有明确提出利用外资的战略。80年代末，随着我国沿海地区对外开放战略的实施，我国沿海地区利用外商直接投资主要是办"三资"企业，使以劳动密集型的加工贸易得到了较快发展。1988年，中国国际贸易学会外资研究委员会在分析国际资本流动新格局的基础上，提出了现阶段我国利用外商直接投资、对外直接投资、对外融资与筹资战略。强调要敢于、善于利用西方跨国公司的直接投资，实现外商投资多元化；将吸引外资的重点从提供优惠条件转向致力于改善投资软环境；利用外商直接投资从地区倾斜政策转向产业倾斜政策，重点发展进口替代产业和出口创汇产业；强调要把对外直接投资上升到战略地位，把大型工、贸、金融企业推向跨国经营第一线，对未来可能实现经济一体化的区域进行重点投资，重视向研究开发型领域的直接投资。实践证明，这一战略设想符合中国的国情，并具有一定的前瞻性。

进入90年代，1992年邓小平南方谈话后，当年召开的党的十四大报告明确提出:"利用外资的领域要拓宽"。同年12月24日,李岚清同志在全国对外经贸工作会议的讲话中更加明确地提出"对于符合我国产业政策的资本密集型的高技术项目,要适当让出一部分国内市场"。于是以让出国内市场的方式,引进大型跨国公司的战略思路已基本形成,对我国的资本、技术以及资本技术双密集的支柱产业的成长起了极其重要的作用,从而外商直接投资在国民经济中的地位,已不是"必要补充",而是成为我国经济的一个"重要组成部分"了。现在,我国利用外商直接投资面临着新的调整时期。

我国加入WTO后,我国经济将进一步融入全球化国际分工体系之中,在WTO的利用外商直接投资的法律框架内,我国不仅要制定新的外商直接投资总体战略、产业发展战略,还要根据西部大开发的需要,制定西部利用外商直接投资战略。明年将要召开党的十六大,紧接着是政府换届,为制定第十一个五年计划作好准备,不论从哪个角度来说,都迫切要求我们为制定外资战略献计献策。

此外,"走出去"战略,对外投资、积极推行国际经济技术合作等,都要有一个新思路和新设想。

2. 渐进转轨改革的理论研究

改革是我国对外经贸发展的关键和动力。应当肯定,改革开放以来我国外贸经营管理制度改革取得了突破性进展,外贸经营主体已走向多元化,生产企业、民营企业、私营企业、科研院所都有了进出口经营权。外贸管理制度已从审批制向登记制过渡,政府的管理模式正在走向法制化和间接化轨道。

中国加入WTO后如何进一步深化改革,仍然是需要迫切解决的关键问题,因为改革是推动我国对外经贸发展的根本动力。例如,如何适应WTO规则要求,体现公平竞争原则,解决老

"三资"企业超国民待遇问题？如何更进一步深入研究政企分开的具体措施问题？如何解决政府宏观调控间接管理与民间行业商会、协会的协调管理问题？如何适应改革浪潮，企业进行战略性重组和建立现代企业制度问题？如何进一步扩大生产企业、民营企业、私营企业、科研院所直接进入国际市场问题？如何适应跨国公司进入我国分销行业，国内分销的行业重组，以及分销业、物流业和供应链的科学组织问题？等等。这些问题都需要理论指导，通过深化改革来加以解决。

3. WTO运行机制的相关理论问题研究

WTO与GATT相比较，在体制或制度上有所完善，主要体现在：多边贸易规则覆盖的贸易范围得到进一步拓展，管理和监督能力得到了加强，并成为一个具有永久性的世界贸易管理组织。我国加入WTO后，给我国经济发展既带来机遇，又面临着挑战，因此，如何利用GATT和WTO的多边贸易体制框架内的保障机制条款，保护我国的企业就是一个非常重要的课题。例如，GATT第12条，关于国际收支失衡例外；GATT第18条，关于"幼稚工业"条款；GATT第19条，关于"保障条款"；GATT第20条，关于"一般例外"条款；GATT第21条，关于"安全例外"条款。此外，还有反倾销反补贴，以及技术标准等手段，我们都可以利用这些条款对我国企业进行必要的保护。除此之外，WTO需要深入研究的有关问题，诸如WTO的理论基础问题研究，WTO运行机制研究，WTO与中国法制建设研究，加入WTO后两岸经贸合作的研究，等等。

同时，WTO本身还有不尽完善之处。例如，在遴选总干事的人选机制上没有明确的规则；在谈判议题决策机制上还不够健全；在发达国家与发展中国家权利和义务的平衡上尚存在缺陷；在谈判内容上还掺杂着非贸易性问题；在运行机制上尚缺乏一定的透明度，等等，因此，WTO本身还需要进一步改革和发展。

4. 经济全球化与中国对外经贸发展研究

经济全球化是指各国之间的商品、技术、资本、信息和人员等生产要素在全球范围内自由流动和配置，使世界各国经济相互依赖、相互联系、相互渗透日益加深，使国际分工进一步向广度和深度发展的历史过程和总趋势。近几年来，一股"反全球化"浪潮不断迭起。这就向我们国际经贸理论政策研究提出许多新课题。例如，在经济全球化趋势下如何发展中国对外经济贸易，分享经济全球化的成果？如何协调发达国家和发展中国家在全球化条件下的利益平衡问题？经济全球化与"反全球化"的由来和发展趋势？如何协调和解决经济全球化过程中"正"、"反"矛盾的合力，促进世界经贸发展问题，等等。这些都需要我们深入研究，从理论与实践相结合的战略高度上加以阐述和回答。

三　国际经贸理论研究应注意的几个问题

第一，要始终不渝地坚持以马列主义、毛泽东思想、邓小平理论和"三个代表"重要思想为指导，坚持科学的世界观和唯物辩证的方法论。应当指出，在马克思主义经典经济学著作里蕴涵着丰富的国际经贸理论思想。过去，由于各种历史原因，我们缺乏系统的整理、分析、归纳和概括，使其系统化，现在我们正在做经典国际经贸理论研究这件有意义的大事，使其成为完整的理论体系，不久这一研究成果将会奉献给广大的读者。经典国际经贸理论具有与时共俱的特点。它将随着经济全球化、国际竞争、知识经济、电子商务为标志的时代的迅速发展而不断丰富和发展。世界经济和世界贸易无论在深度和广度上，还是在规模和程度上，都发生了巨大变化，从而为经典国际经贸理论的发展创造了重要的物质条件。马克思曾指出："我们的理论是发展的理论，而不是必须背得烂熟并机械地加以重复的教条。"经典作家从来不把自己的学说当成万古不变的教条，而是随着丰富实践的变化作出新的理论概括。我们研究国际经贸理论，就是要掌握马克思主义的精神实质，学习它的立场、观点和方法。根据新的实践，为经典国际经贸理论在当代社会主义市场经济条件下的不断发展作出贡献。

第二，要立足于国情，着眼于当代，深入研究中国和当代国际经贸发展领域中的新情况、新问题和新经验。我国是拥有近13亿人口的发展中贸易大国，土地少，许多资源相对短缺，国内市场消费潜力很大，具有劳动密集型产品出口竞争优势。同时，在当代科技进步的条件下，调整产业结构和出口商品结构，增加高新技术产品出口也具有巨大的潜在竞争优势。在经济全球化和信息技术迅猛发展的推动下，跨国公司实施全球化经营战略，使国际分工、国际交换、国际经济技术合作领域更加宽广，分工、交换、合作的方式更加多样化。与经济全球化相伴生的区域集团化和区域经济合作有了新的发展。在贸易与投资自由化的推动下，全球多边贸易体制正在继续加快发展。因此，我们必须把进出口结合起来研究，并根据国内外环境的变化特点，研究国际经贸发展的趋势，探索中国对外经贸发展的规律。

第三，要研究和借鉴当代国际经贸新理论，吸收全人类文明的共同成果。中国对外开放总设计师邓小平同志曾指出："对外文化交流也要长期发展"。"我们要向资本主义发达国家学习先进的科学、技术、经营管理方法以及一切对我们有益的知识和文化，闭关自守、故步自封是愚蠢的。"江泽民同志在中国共产党第十五次全国代表大会报告中又指出："我国文化的发展，不能离开人类文明的共同成果。要坚持以我为主、为我所用的原则，开展多种形式的对外文化交流，博采各国文化之长。"应当看到，20世纪80年代以来，传统国际贸易理论在徘徊多年的理论体系中，出现了一股创新思潮，国际经贸理论领域涌现出许多新理论，在一定程度上揭示了国际分工、国际贸易政策和国际竞争中的一些实际问题，把国际经贸理论向前推进了一步。这些新理论包括规模经济贸易理论、技术外溢贸易理论、战略性贸易政策理论、内生保护贸易政策理论、新贸易保护主义理论、区域经济一体化理论、国际竞争理论、国际贸易非零和竞争理论、国际贸易利益理论、国际贸易变动理论、国际贸易与经济增长理论，等等。同时，西方经济学分析方法的进展，又为国际经贸理论研究提供了新的分析工具。这些都是值得吸收和借鉴的。同时，经典国际经贸理论与西方国际经贸理论二者是可以融合、相互渗透的，但二者又有区别，所谓"融合"、"渗透"不等于"融化"，要研究适应经济全球化趋势下的新理论。

第四，要有好的文风。经典作家在这方面为我们树立了极好的典范。我们理论研究的目标和任务是探索现代国际经贸理论和实践中带有前瞻性、规律性和预见性理论政策问题，不是本本主义，照搬照用，更不能急功近利，抄袭别人的成果，占为己有，甚至整篇整段地抄袭，不加任何说明。应当说明，别人的成果可以引用，可以借鉴，但一定要加以注明出处。那种天下文人是一家，你抄我的，我抄他的，这种错误的理念或想法是不可提倡的。

(原载《国际贸易论坛》2001年第6期)

国际贸易在国民经济发展中的地位与作用

国际贸易是一国国民经济不可分割的重要组成部分。应当说，在经济全球化日益明显的条件下，在生产力发展水平不同、社会制度不同的国家之间发展国际贸易都是必然的、必要的，也是可能的。一般来说，国际贸易在经济发展中的地位，是指它在国民经济发展中的重要性；而国际贸易在经济发展中的作用，则是指它在国民经济发展中的具体功能，二者是密切相连的辩证统一关系。本文围绕马克思主义经典作家关于国际贸易在一国经济中的地位与作用的论述，侧重从宏观的理论角度，就国际贸易在一国经济发展中的战略地位、国际贸易在一国经济发展中的作用和重新认识国际贸易在一国经济发展中的地位和作用三个问题，作一简要介绍和分析。

一　国际贸易在国民经济发展中的战略地位

经典作家高度重视流通在社会再生产过程中的地位。国际贸易属于流通范畴，因此，一国国际贸易发展的好坏，对一国经济发展状况影响极大。

（一）马克思、恩格斯关于国际贸易在社会再生产过程中的地位的论述

1. 马克思认为，国际贸易在社会再生产过程中处于"中间环节"和"媒介要素"地位

马克思在《政治经济学批判》导言（1857—1858年经济学手稿）一文中指出：在生产与分配、交换、消费的一般关系中，"生产表现为起点，消费表现为终点，分配和交换表现为中间环节"，①"流通本身只是交换的一定要素，或者也是从总体上看的交换"，而交换又是"生产以及由生产决定的分配一方和消费一方之间的媒介要素"。② 在这里，"中间环节"和"媒介要素"二者意思是一样的。应当指出，作为"中间环节"和"媒介要素"，马克思的寓意要比资产阶级庸俗经济学家萨伊的肤浅联系要深刻得多。马克思说："生产、分配、交换、消费因此形成一个正规的三段论法；生产是一般，分配和交换是特殊，消费是个别，全体由此结合在一起。这当然是一种联系，然而是一种肤浅的联系。"③ 为什么说这种联系是肤浅的呢？因为马克思不仅仅把交换作为社会再生产过程的"中间环节"和"媒介要素"，而且还把交换当成"生产的要素包含在生产之内"。④ 同时，马克思又强调了生产与交换二者的辩证关系，指出："一定的生产决定一定的消费、分配、交换和这些不同要素相互间的一定关系。当然，生产就其片面形式来说也决定于其他要素。例如，当市场

---

① 《马克思恩格斯全集》第12卷，人民出版社1962年版，第739页。
② 同上书，第749页。
③ 同上书，第739页。
④ 同上书，第749页。

扩大，即交换范围扩大时，生产的规模也就增大，生产也就分得更细。"① 也就是说，一般来讲，生产决定交换，但在一定的条件下交换对生产也起决定作用。

2. 恩格斯强调交换在社会再生产过程中的基础地位

1876年9月至1878年6月，恩格斯在其名著《反杜林论》中指出："唯物主义历史观从下述原理出发：生产以及随生产而来的产品交换是一切社会制度的基础。"② "生产和交换是两种不同的职能。没有交换，生产也能进行；没有生产，交换——正因为它一开始就是产品的交换——便不能发生。这两种社会职能的每一种都处于多半是特殊的外界作用的影响之下，所以都有多半是它自己的特殊的规律。但是另一方面，这两种职能在每一瞬间都互相制约，并且互相影响，以致它们可以叫做经济曲线的横坐标和纵坐标。"③ 由此可见，恩格斯把交换在社会再生产过程中的地位作为几乎同生产同等的重要地位。

（二）列宁把社会主义国家同资本主义国家发展贸易关系视为社会主义共和国生存条件的重要地位

列宁坚持马恩关于国际贸易在经济发展中的重要地位的思想。1920年11月，列宁在俄共（布）莫斯科省代表会议上的讲话中指出："有一个极大的因素，使我们能够在这种复杂而又十分特殊的情况下存在下去，这一因素就是一个社会主义国家开始同各资本主义国家建立贸易关系。"④ 同时，列宁把保证俄国经济的恢复作为社会主义共和国生存的条件。1920年

---

① 《马克思恩格斯全集》第12卷，人民出版社1962年版，第749—750页。
② 《马克思恩格斯选集》第3卷，人民出版社1972年版，第307页。
③ 同上书，第186页。
④ 《列宁全集》第40卷，人民出版社1986年版，第25页。

12月列宁在俄共（布）党团会议上关于租让问题的报告中指出："我们的农民和工人的生活状况还是很困难的。必须改善他们的生活状况。……我们的任务是维持一个被资本主义敌人包围的孤立的社会主义共和国的生存，捍卫一个比它周围的资本主义敌人弱得多的共和国……我们的任务是保证俄国有恢复经济所必需的工具和资金，因为我们一旦得到这些东西，我们就会牢牢的站立起来，那时任何资本主义敌人对我们来说都是不足惧的。"①

1921年3月，列宁在《关于以实物税代替余粮收集制的报告》中，又进一步强调指出："在一个经济遭到空前破坏的国家里，在一个破产农民占人口绝大多数的国家里，如果没有资本的帮助，要保持无产阶级政权是不可能的——自然，由于这种帮助，资本是会向我们索取百分之百的利息的。我们必须理解这一点。所以或者是建立这种类型的经济关系，或者是什么也没有。谁不这样提出问题，那他就是对实际的经济一窍不通，就是只会说风凉话。必须承认这样的事实，即群众已经精疲力竭，疲惫不堪了。既然四年战争的影响在各先进国家里到现在还没有完全消除，那么七年战争对我们又该有多么大的影响啊？！"②

1921年4月，列宁在全俄工会中央理事会共产党党团会议上关于租让问题的报告中，又进一步强调同资本主义的经济联系，作为社会主义国家生存的重要条件。他指出："我们的目的只有一个，就是要在资本主义包围中利用资本家对利润的贪婪和托拉斯与托拉斯之间的敌对关系，为社会主义共和国的生

---

① 《列宁全集》第40卷，人民出版社1986年版，第117—118页。
② 《列宁全集》第41卷，人民出版社1986年版，第61页。

存创造条件。社会主义共和国不同世界发生联系是不能生存下去的,在目前情况下应当把自己的生存同资本主义的关系联系起来。"①

(三) 斯大林在国际贸易地位上的理论贡献和失误

斯大林完全赞成列宁的上述观点。1921年8月,他在《党在取得政权以前和以后》一文中指出:"俄国是一个经济落后的国家,如果它不用自己的原料换取西方国家的机器和装备,那就很难靠本身的力量组织运输业,发展工业并使城乡工业电气化。……所以在无产阶级革命还没有在一个或几个工业资本主义国家内获得胜利之前,苏维埃俄国和我们这个领导它的党就不得不寻求同敌视我们的西方资本家集团建立经济合作的形式和方法,以便取得必需的技术装备。租让制形式和对外贸易——这些就是达到这个目的的手段。不这样就很难指望在经济建设方面和在国家电气化方面取得决定性的成就。毫无疑问,这个过程将是缓慢而痛苦的,但这是必然的、不可避免的。"②

1923年3月,斯大林又在《党和国家建设中的民族问题》一文中,从理论上阐明这一必然趋向。他指出:"资本主义的发展早在前一世纪就呈现出一种趋向:生产方式和交换方式国际化,民族闭关自守状态消灭,各民族在经济上接近,广大领土逐渐联合成一个相互联系的整体。资本主义的进一步发展,世界市场的扩大,海上和铁路交通干线的敷设和资本的输出等等,更加强了这种趋向,并且用国际分工和各方面相互依赖的

---

① 《列宁全集》第41卷,人民出版社1986年版,第167页。
② 《斯大林全集》第5卷,人民出版社1977年版,第87页。

纽带把各个极不相同的民族联系起来了。"①

但是,由于列宁逝世过早和斯大林对发展同资本主义经济关系的长期性认识不足,在国民经济现代化取得一定成果之时,理论上出现了失误。1929年12月,他在《论苏联土地政策的几个问题》的演说中说:"我们所以采取新经济政策,就是因为它为社会主义事业服务。当它不再为社会主义事业服务的时候,我们就把它抛开。列宁说过,新经济政策的施行是认真而长期的。但他从来没有说过,新经济政策的施行是永久的。"② 1930年,又正式废除了租让制法令,从而走上了闭关锁国的封闭之路。1939年3月,他在党的第十八次代表大会上关于联共(布)中央工作的总结报告中说:"我国已经不再有,或者几乎不再有使用落后技术装备的旧工厂和使用古老农具的旧农户了。目前,我们工农业的基础是现代的新技术装备。可以毫不夸大地说,从生产的技术装备来看,从工农业的新技术装备程度来看,我国是比其他任何国家都先进的国家","因为社会主义经济制度使我们有可能在几年之内就以现代新技术装备为基础重新装备我们的整个社会主义工业。资本主义经济制度不会而且也不可能提供这样的可能性。从生产的技术装备来看,从工业生产采用新技术装备的规模来看,我国的工业在世界上是首屈一指的。"③ 在斯大林这一错误理论引导下,致使苏联对外经济贸易理论界自20世纪30年代到50年代末,一直由"自然经济论"或"实物经济论"占据统治地位,从而导致对外联系的封闭性。这一错误观点集中体现在斯大林的《苏联社会主义经济问题》一书中。他否定了流通

---

① 《斯大林全集》第5卷,人民出版社1977年版,第149页。
② 《斯大林全集》第12卷,人民出版社1955年版,第151页。
③ 《斯大林文选》(1934—1952年),人民出版社1962年版,第221、223页。

在社会再生产中的极为重要的地位。斯大林说："政治经济学的对象是人们的生产关系，即经济关系。这里包括：（A）生产资料的所有制形式；（B）由此产生的各种不同社会集团在生产中的地位以及他们的相互关系，或如马克思所说的'互相交换其活动'；（C）完全以它们为转移的产品分配形式。"① 他又说："这个定义中没有用恩格斯定义中的'交换'一词。所以没有用，是因为'交换'一词通常被许多人了解为商品交换，这种交换不是一切社会形态而只是某些社会形态所特有的现象，这有时就会引起误会，虽然恩格斯所说的'交换'不仅是指商品交换。但是，恩格斯用'交换'一词所指的东西，显然在上述定义中已作为其组成部分包括在内了。因而，政治经济学对象的这个定义，就其内容讲来，是和恩格斯的定义完全符合的。"② 在这里，斯大林修改了恩格斯的定义，因为二者定义内涵是不同的，这一点恰恰是苏联和中国改革开放以前"无流通论"错误的理论认识根源。

（四）邓小平关于对外贸易在经济发展中处于重要战略地位的理论

马克思主义经典作家，由于当时历史条件的局限，尚来不及对社会主义条件下对外贸易的地位问题进行系统全面的论述，但马克思、恩格斯关于国际贸易在一国国民经济中的地位的原理，对于指导社会主义条件下的对外贸易仍然具有重要的指导意义。

从上面论述分析可以看到，由于受斯大林错误理论的引导，在社会再生产过程中取消商品交换这个重要环节和要素，实质上

---

① 斯大林：《苏联社会主义经济问题》，人民出版社 1961 年版，第 55 页。
② 同上书，第 55—56 页。

是否定社会主义条件下商品流通和市场交换的必然性和必要性,使我们吃了不少苦头。邓小平的伟大贡献在于把社会主义条件下发展对外贸易的地位提高到关系社会主义市场经济能否持续、稳定和健康发展的战略高度来认识。早在1983年他就高瞻远瞩地指出:"中国是一个大的市场,许多国家都想同我们搞点合作,做点买卖,我们要很好利用。这是一个战略问题。"[①] 1986年邓小平又指出:"逐年减少外贸逆差是个战略问题。否则,经济长期持续稳定发展就不可能,总有一天要萎缩下去。"[②] 邓小平关于对外贸易在经济发展中的战略地位的一系列科学论述,为中国制定对外贸易发展战略提供了理论依据。例如,1975年邓小平在《关于发展工业的几点意见》一文中指出:"质量好了,才能打开出口渠道或者扩大出口。要想在国际市场上有竞争能力,必须在产品质量上狠下功夫。"[③] 1985年在《抓住时机,推进改革》一文中又指出:"工业生产特别是出口产品的生产,中心是提高质量,把质量摆到第一位。"[④] 1986年《在听取经济情况汇报时的谈话》一文中还指出:"要打开出口销路,关键是提高质量。质量不高,就没有竞争能力。"[⑤] 邓小平这一系列论述成为我国制定对外贸易"以质取胜"战略的科学依据。

又如,1983年邓小平在《利用外国智力和扩大对外开放》一文中说:"要抓住西欧国家经济困难的时机,同他们搞技术合作,使我们的技术改造能够快一些搞上去。同东欧国家合作,也有文章可做,他们有一些技术比我们好,我们的一些东西他们也

[①] 《邓小平文选》第3卷,人民出版社1993年版,第32页。
[②] 同上书,第160页。
[③] 《邓小平文选》第2卷,人民出版社1983年版,第30页。
[④] 《邓小平文选》第3卷,人民出版社1993年版,第132页。
[⑤] 同上书,第160页。

需要。"① 他还指出："要研究多方面打开国际市场，包括进一步打开香港、东南亚和日本市场。"② "开放是对世界所有国家开放，对各种类型的国家开放。"③ 包括对发达国家、苏联和东欧国家和第三世界发展中国家开放。邓小平全方位对外开放思想，最终形成了"市场多元化"战略。

再如，早在1978年邓小平《在全国科学大会开幕式上的讲话》中指出："现代科学技术的日新月异，生产设备的更新，生产工艺的变革，都非常迅速。许多产品，往往不要几年的时间就有新一代的产品来代替。"④ 1980年他在《目前的形势和任务》一文中又指出："现在科学技术发展了，国际交流发展了，我们的经济一定要在国际上有竞争力，要拿国际水平的尺度来衡量一下。"⑤ 1991年4月，邓小平为全国八六三计划会议作了"发展高科技，实现产业化"的题词。⑥ 邓小平的这些理论思想，为中国"科技兴贸"战略的制定作了理论上的准备。

从以上分析我们可以得出这样的结论：邓小平关于国际贸易在一国经济发展中的战略地位的重要论述，是对马克思、恩格斯、列宁的理论思想在社会主义初级阶段在中国的创造性发展，也是对斯大林关于社会主义社会"无流通论"错误观点的拨乱反正，说明社会主义对外贸易的极端重要性，因此具有划时代的理论意义和实践意义。

---

① 《邓小平文选》第3卷，人民出版社1993年版，第32页。
② 同上书，第159—160页。
③ 同上书，第237页。
④ 《邓小平文选》第2卷，人民出版社1983年版，第88页。
⑤ 同上书，第270页。
⑥ 《邓小平文选》第3卷，人民出版社1993年版，第409页。

二 国际贸易在国民经济发展中的作用

经典作家有关国际贸易在一国经济发展中的作用的论述，分散在博大精深的马克思主义的巨著之中，这里仅能择其主要论述加以阐述和归纳。

（一）马克思、恩格斯关于国际贸易在资本主义国家国民经济发展中的作用的论述

1. 国际贸易是机器大工业发展的必不可少的条件，而机器大工业又推动了国际贸易的更大发展

1846年马克思在批判法国的小资产阶级哲学家和经济学家蒲鲁东把机器当成经济范畴的错误之时，指出："蒲鲁东先生由于不懂得机器产生的历史，就更不懂得机器发展的历史。"[①] 马克思认为，机器的发明和运用，一般来说，是由于市场需求和市场竞争决定的。他指出：在英国1825年第一次总危机发生以前，"消费的需求一般说来比生产增长得快，机器的发展是市场需求的必然结果。……至于欧洲各国，那么迫使它们使用机器的，是英国在它们的国内市场和世界市场上的竞争。最后，在北美，采用机器既由于和其他国家的竞争，也由于人手不够，即由于北美的人口和工业上的需求不相称。"[②] 国际贸易是个激烈竞争的领域，所以，马克思强调指出："殖民地造成了世界贸易，而世界贸易则是大机器工业的必不可少的条件。"[③]

[①] 《马克思恩格斯选集》第4卷，人民出版社1972年版，第324页。
[②] 同上。
[③] 同上书，第327页。

同时，机器大工业的进一步发展又推动了国际贸易的更快发展，从而带动相关工业部门行业的更快发展。1848年马克思在《共产党宣言》中指出："大工业建立了由美洲的发现所准备好的世界市场。世界市场使商业、航海业和陆路交通得到了巨大的发展。这种发展又反过来促进了工业的扩展，同时，工业、商业、航海业和铁路愈是扩展，资产阶级也愈是发展，愈是增加自己的资本，愈是把中世纪遗留下来的一切阶级都排挤到后面去。"① 马克思在《资本论》中又指出："大工业造成的新的世界市场关系也引起产品的精致和多样化。不仅有更多的外国消费品同本国的产品相交换，而且还有更多的外国原料、材料、半成品等作为生产资料进入本国工业。随着这种世界市场关系的发展，运输业对劳动的需求增加了，而且运输业又分成许多新的下属部门。"②

2. 国际贸易具有提高利润率的作用

马克思在《资本论》中论述利润率趋向下降的规律时，谈到国际贸易可以提高利润率。他说："投在对外贸易上的资本能提供较高的利润率，首先因为这里是和生产条件较为不利的其他国家所生产的商品进行竞争，所以，比较发达的国家高于商品的价值出售自己的商品，虽然比它的竞争国家卖得便宜。只要比较发达的国家的劳动在这里作为比重较高的劳动来实现，利润率就会提高，因为这种劳动没有被作为质量较高的劳动来支付报酬，却被作为质量较高的劳动来出售。"③ 就比较不发达的国家而言，"这种国家所付出的实物形式的物化劳动多于它所得到的，但是

---

① 《马克思恩格斯选集》第1卷，人民出版社1972年版，第252页。
② 马克思：《资本论》第1卷，人民出版社1975年版，第487页。
③ 马克思：《资本论》第3卷，人民出版社1975年版，第264—265页。

它由此得到的商品比它自己所能生产的更便宜。这好比一个工厂主采用了一种尚未普遍采用的新发明,他卖得比他的竞争者便宜,但仍然高于他的商品的个别价值出售,就是说,他把他所使用的劳动的特别高的生产力作为剩余劳动来实现。因此,他实现了一个超额利润。"① 这就是比较利益。

同时,马克思又辩证地指出,对外贸易的二重作用,即它既具有提高利润率的作用,又有加速利润率下降的作用。为什么会这样呢?马克思分析说:"对外贸易一方面使不变资本的要素变得便宜,一方面使可变资本转化成的必要生活资料变得便宜,它具有提高利润率的作用,因为它使剩余价值率提高,使不变资本价值降低。一般说来,它在这方面起作用,是因为它可以使生产规模扩大。因此,它一方面加速积累,但是另一方面也加速可变资本同不变资本相比的相对减少,从而加速利润率的下降。"② 但是,"这个规律只是作为一种趋势发生作用;它的作用,只有在一定情况下,并且经过一个长的时期,才会清楚地显示出来。"③

3. 国际贸易可以使剩余产品的价值在世界市场上得以实现

马克思在《剩余价值理论》第二十一章,对匿名作者撰写的小册子《国民困难的原因及其解决办法》中,关于资本主义社会中的对外贸易的作用时指出:"体现在对外贸易结果上的不仅是国民的劳动,而且是国民的剩余劳动。""如果剩余劳动和剩余价值只表现在国民的剩余产品中,那么,为了价值而增加价值,从而榨取剩余劳动,就会受到[国民]劳动所创造的价值

---

① 马克思:《资本论》第3卷,人民出版社1975年版,第265页。
② 同上书,第264页。
③ 同上书,第266页。

借以表现的使用价值的局限性或狭隘范围的限制。但是只有对外贸易才使作为价值的剩余产品的真正性质显示出来，因为对外贸易使剩余产品中包含的劳动作为社会劳动发展起来，这种劳动表现在无限系列的不同的使用价值上，并且实际上使抽象财富有了意义。"① 因为"资本主义生产建立在价值上，或者说，建立在包含在产品中的作为社会劳动的发展上。但是，这一点只有在对外贸易和世界市场的基础上［才有可能］。因此，对外贸易和世界市场既是资本主义生产的前提，又是它的结果。"②

马克思在《资本论》中论述利润率趋向下降的规律时也谈到了这个问题。他指出："对外贸易的扩大，虽然在资本主义生产方式的幼年时期是这种生产方式的基础，但在资本主义生产方式的发展中，由于这种生产方式的内在必然性，由于这种生产方式要求不断扩大市场，它成为这种生产方式本身的产物。"③ 在这里讲的"基础"和"产物"同上面讲的"前提"和"结果"意思是一样的，即都说明对外贸易的二重作用。

4. 国际贸易的发展有利于加强各国人民之间的交往联系与交流，促进社会发展进步

恩格斯早在 1847 年《共产主义原理》一文中，就提出："单是大工业建立了世界市场这一点，就把全球各国的人民，尤其是各文明国家的人民，彼此紧紧地联系起来，致使每一国家的人民都受着另一国家的事变的影响。此外，大工业使所有文明国家的社会发展得不相上下。"④ 马克思和恩格斯在《共产党宣言》这篇著名论文中又指出："资产阶级，由于开拓了世界市场，使

---

① 马克思：《剩余价值理论》第 3 册，人民出版社 1975 年版，第 277—278 页。
② 同上书，第 278 页。
③ 马克思：《资本论》第 3 卷，人民出版社 1975 年版，第 264 页。
④ 《马克思恩格斯选集》第 1 卷，人民出版社 1972 年版，第 221 页。

一切国家的生产和消费都成为世界性的了。……古老的民族工业被消灭了,并且每天都还在被消灭。它们被新的工业排挤掉了,新的工业的建立已经成为一切文明民族的生命攸关的问题;这些工业所加工的,已经不是本地的原料,而是来自极其遥远的地区的原料;它的产品不仅供本国消费,而且同时供世界各地消费。旧的、靠国产品来满足的需要,被新的、要靠极其遥远的国家和地带的产品来满足的需要所代替了。过去那种地方的和民族的自给自足和闭关自守状态,被各民族的各方面的互相往来和各方面的互相依赖所代替了。物质的生产是如此,精神的生产也是如此。各民族的精神产品成了公共的财产。民族的片面性和局限性日益成为不可能。"①

(二)列宁关于国际贸易在社会主义国家国民经济发展中的作用的论述

1. 列宁像马克思、恩格斯一样,也非常重视国际贸易的作用

早在1899年1月,列宁在其著名的《俄国资本主义的发展》这部著作里,提出"资本主义国家不能没有国外市场的原理",②实际上是强调了国际贸易的作用。为什么列宁如此强调资本主义必须有国外市场呢?原因有三:(1)"资本主义只是超出国家界限的广阔发展的商品流通的结果。因此,没有对外贸易的资本主义国家是不能设想的,而且也没有这样的国家。"(2)"社会生产各部分之间……彼此互为'市场'的各种生产部门,不是平衡发展,而是互相超越,因此较为发达的生产部门就寻求国外市

---

① 《马克思恩格斯选集》第1卷,人民出版社1972年版,第254—255页。
② 《列宁全集》第3卷,人民出版社1984年版,第48页。

场。"（3）"资本主义生产的规律，是生产方式的经常改造和生产规模的无限扩大。""资本主义企业必然超出……国家的界限。因为国家的孤立和闭关自守的状态已被商品流通所破坏，所以每个资本主义生产部门的自然趋向使它必须'寻求国外市场'。"①

到 1920 年 11 月，外国武装干涉和国内战争时期以苏维埃俄国红军的胜利而告终，从而为俄国同东西方邻国建立起友好睦邻关系，为进行和平建设创造了有利条件。经过四年的第一次世界大战和三年的国内高尔察克、邓尼金、尤登尼奇的自卫军队的内战严重破坏，俄国的生产水平倒退了几十年。严重的经济危机和政治危机使列宁认识到，战时共产主义条件下实施的一套经济措施破坏了工业和农业的正常联系，破坏了社会主义经济和小农经济的结合，不能保证提高国家的生产力。列宁果断地抛弃了向社会主义过渡的旧途径和旧方法，作出停止施行战时共产主义政策，改行新经济政策的重大决策，开始从理论和实践上解决社会主义建设的许多复杂问题。

2. 列宁非常重视从先进国家得到进行生产和恢复工业所需要的机器

1920 年 2 月，列宁《在第七届全俄中央执行委员会第一次会议上关于全俄中央执行委员会和人民委员会工作的报告》中指出："我们已有可能同世界各国发生关系，从而有可能得到比较先进的国家的援助。……当我们有可能发展我国的工业的时候，我们可以指望从这些国家得到进行生产和恢复工业所需要的机器。最主要的是：我们同先进国家完全隔绝的状态，这种由于

---

① 《列宁全集》第 3 卷，人民出版社 1984 年版，第 49—50 页。

封锁造成的状态,已经打破了。"① "我们同外界、同资本主义的欧洲已建立了联系,我们同爱沙尼亚缔结了和约,给自己开了一扇窗户,我们希望这一切能使我们马上得到必需的技术援助。"②

1920年12月,列宁在俄共(布)党团会议上关于租让问题的报告中又强调指出:"既然我们想同外国进行商品交换,我们想这样做,我们懂得进行商品交换的必要性,那么我们应该关心的是尽快地从资本主义国家获得机车、机器、电气器材等等生产资料,没有这些生产资料,我们便不能稍许象样地恢复甚至根本不可能恢复我们的工业,因为我们得不到工厂所需要的机器。"③

3. 列宁最关心恢复与资本主义国家的贸易关系

1920年12月,他在俄共(布)党团会议上关于租让问题的报告里指出:"现在,我们的目的就是同英国签订贸易协定,以便较正常地进行贸易,使我们能够尽快地买到实现恢复国民经济的庞大计划所需要的机器。这个工作进行得愈快,我们不依赖资本主义国家的经济独立就愈有基础。" "我们现在准备作最大的让步,并且认为我们关心的就是得到贸易协定,尽快地购买恢复运输业所需要的主要东西即机车,以及购买恢复工业和实行电气化所需要的主要东西。这一点对我们最重要。如果我们能够得到这些东西,那我们在几年之内便能大大巩固起来,万一在几年以后再发生武装干涉,这种干涉也一定失败,因为那时我们要比现在强大。"④ "因此,首先应该恢复经济,应该使它牢固地站稳脚跟。没有经济方面所需要的设备,没有从资本主义国家运来的机

---

① 《列宁全集》第38卷,人民出版社1986年版,第100页。
② 同上书,第117—118页。
③ 《列宁全集》第40卷,人民出版社1986年版,第112页。
④ 同上书,第104、105、106页。

器，就不能迅速地做到这一点。"①

4. 列宁非常重视用现金购买人民生活必需的消费品

十月革命后经济恢复时期，由于当时人民生活必需的生活用煤危机已日益明显，1921年2月，苏维埃人民委员会通过了在国外采购1850万普特煤的决定。针对这一情况，列宁在《俄共（布）中央政治工作报告》中指出："我们不能把黄金储备只是用来购买装备了。装备可以增加我国的煤炭生产，我们从外国订购机器来发展煤炭工业，当然比从国外买煤有利，但危机是这样深重，我们只得放弃这种经济上有利的做法，而采取下策，用资金去买我们本来可以在国内得到的煤。为了购买农民和工人所需要的消费品，我们必须作更大的让步。"②

1921年3月，列宁在《关于以实物税代替余粮收集制的报告》里又进一步指出："在我们这个落后的国家里，经过七年战争之后，工人——他们作出了空前的牺牲——和农民群众都处于极端疲惫的状态。这种极端疲惫状态，已经是接近于完全不能工作的状态。现在需要有一个经济上的喘息时机。我们曾打算利用我们的黄金储备来换取生产资料。当然，最好是自己制造机器，不过，即使是购买机器，我们也是为了用这些买来的机器把我国的生产搞好。但是，为了达到这个目的，就需要有能够工作的工人和农民，而他们多半已经不能工作，因为他们已经精疲力竭，已经疲惫不堪了。必须帮助他们，必须动用我们的黄金储备去购买消费品，尽管这与我们以前的纲领不符。我们以前的纲领在理论上是正确的，但是在实践上却行不通。"③ 根据列宁的意见，

---

① 《列宁全集》第40卷，人民出版社1986年版，第136页。
② 《列宁全集》第41卷，人民出版社1986年版，第18页。
③ 同上书，第61页。

俄共第十次代表大会及时作出《关于改善工人和贫苦农民的生活状况的决议草案初稿》，决议指出："代表大会同意中央委员会和苏维埃政权关于拨出部分黄金储备购买工人消费品的决定（指1921年2月28日劳动国防委员会的决定，规定拨1000万金卢布到国外采购粮食和生活必需品来改善对工人的供应，作者注），并要求充实这项措施的内容，立即相应地修改我国的进口计划。"①

5. 列宁把国际贸易作为恢复大工业和恢复无产阶级的经济基础

1921年5月，列宁在《关于粮食税的报告》中指出："为了保证不间断地、哪怕是缓慢地恢复大工业，我们不妨让那些爱占便宜的外国资本家占些便宜，因为从建设社会主义的观点来看，现在多付几亿给外国资本家并因此获得恢复大工业所需的机器和材料，这对于我们是有利的，这些机器和材料可以使我们恢复无产阶级的经济基础，使无产阶级变成一个坚强的无产阶级。"②

三 重新认识国际贸易在国民经济发展中的地位和作用

从马克思主义经典作家有关论述中，使我们领悟到，重新认识国际贸易在一国经济发展中的地位和作用，不仅关系到一国经济持续快速健康发展的重大战略问题，而且关系到如何实现国民经济现代化的发展道路的大问题。

---

① 《列宁全集》第41卷，人民出版社1986年版，第76页。
② 同上书，第305—306页。

(一) 关于国际贸易在经济发展中的地位的争鸣

中国改革开放以来学术界是从不同的角度论述对外贸易在国民经济发展中的地位的。大致是这样的：

1. 从贸易依存度角度看对外贸易的地位

何新浩先生认为："贸易依存度表示对外贸易在一个国家的国民经济中的地位，即对外贸易在国民经济中的重要性。一般来说，幅员广大、资源丰富的国家外贸依存度要小一些；单一经济的国家则要大一些；国内经济体系比较完整的国家也小一些……我们在充分发展国内市场的同时，应该与那些资源不足，地少人多的国家一样，充分利用国际市场。对外贸易对我国国民经济的重要性要比对美国、苏联更为重要。目前我们的对外贸易依存度大大低于美、苏两国，说明我国利用对外贸易尚未达到应有的程度。"①

2. 从对外贸易地位与作用相联系的角度看对外贸易的地位

许煜女士认为："对外贸易在我国对外关系的发展中，起着极为重要的作用，具有十分重要的地位。它是我国对外经济联系的最主要方式，是我国与世界各国进行政治与经济联系的桥梁和纽带。""在资本主义制度下，对外贸易是资本主义扩大再生产赖以正常进行的必要环节，是资本家提高利润率的重要手段。""在我国，对外贸易是我国国民经济的重要组成部分，是我国对外经济联系的重要形式，是内外物资交流的纽带，也是其他交往的桥梁。"② 陈凤平先生在《对当前对外贸易中几个主要问题的

---

① 《试论对外贸易在国民经济中的地位和作用》，中国国际贸易学会秘书处编：《国际贸易论文选》，对外贸易出版社1982年版，第26—27页。

② 《对外贸易在我国对外贸易经济联系中的作用和地位》，中国国际贸易学会秘书处编：《国际贸易论文选》，对外贸易出版社1982年版，第37、43页。

探讨》中认为:"对外贸易是社会主义国民经济的一个组成部分,是对外经济关系中配合外交斗争的重要一环,是社会主义建设中调动国外积极因素的重要方式,是计划经济下充分发挥市场的机制作用的有效手段。"①

3. 从对外贸易的战略高度看对外贸易的地位

刘汉秉先生在《努力创建中国社会主义对外贸易经济学》一文中认为:"对外贸易作为国民经济的一个重要组成部分,……它确实是社会主义扩大再生产的一个必不可少的环节,绝不能把它看作可有可无,或者只是调剂余缺的无足轻重的辅助手段。它在国民经济中所占比重固然不很大,但由于它的特殊作用,其地位还是很重要的。我们一定要从战略高度充分认识和极端重视对外贸易的重要地位和积极作用。"②王绍熙、叶彩文先生在《论出口贸易的战略作用》一文中认为:马克思主义关于社会再生产理论"科学地揭示了再生产各环节之间的辩证关系,如果人们自觉地认识它、利用它,就能加速社会再生产的发展过程,促进社会经济的发展;违背它,必然会带来消极影响"。"社会主义制度从诞生之日起,就是在国际分工高度发展的基础上进行再生产活动的,对外贸易处于战略地位。"③王林生在《试论社会主义对外贸易的地位和作用》一文中提出:"社会主义经济的发展,不仅必须在国内利用商品货币关系,而且必须通过对外经济贸易关系,充分利用国际分工所能带来的好处。因此在理论上必须突破过去那种调剂余缺、互通有无的局限,进一步摆脱自给自足思想的影响,从

---

① 中国国际贸易学会秘书处编:《国际贸易论文选》,对外贸易出版社1982年版,第1页。
② 同上书,第439页。
③ 《国际贸易问题》编辑部编:《中国对外贸易问题研究》,中国对外经济贸易出版社1983年版,第106页。

战略高度重新评价对外贸易在社会主义经济发展中的地位和作用。"① 王绍熙、王寿椿先生认为:"从理论上讲,对外贸易在国民经济中客观上处于特殊的中介地位,这是社会再生产的客观过程所制约的,不是由人们的主观意识随意决定的。"我国"实行对外开放,客观上将对外贸易置于重要战略地位上。这是符合马克思主义原理、符合经济发展规律的要求的。"②

4. 从社会再生产的角度看对外贸易的地位

杨晓航先生根据马克思政治经济学关于社会再生产过程是由生产、分配、交换、消费四个环节相互依存、相互制约的统一整体,又有自身相对独立、为其他环节所不能取代的功能,提出:"对外贸易是我国新时期经济建设的基础。"③ 刘东进先生在《国际循环必须与国内循环密切结合》一文中认为:"对外经济贸易应作为国民经济的主导产业,开展全方位的对外经济贸易,以出口导向和进口替代为龙头,促进产业的高度化。"④

5. 从对外贸易与经济增长关系角度看对外贸易的地位

笔者认为:"对外贸易是国民经济发展的启动器。""在社会化大生产条件下,对外贸易是生产力与生产关系相互作用,各种经济关系相互联结并借以实现的一个领域。因此,从经济增长角度研究我国对外贸易很有必要。对外贸易是经济增长的一种动力,它既可以使生产者有机会实行新的分工和采用新的技术,提高劳动生产率,又能促进资金的积累,不断增加一国的经济资

---

① 《国际贸易问题》编辑部编:《中国对外贸易问题研究》,中国对外经济贸易出版社1983年版,第54页。

② 王绍熙、王寿椿:《中国对外贸易经济学》,对外经济贸易大学出版社1998年版,第21页。

③ 杨晓航:《对外贸易在新时期的作用》,《国际贸易论坛》1986年第1期。

④ 刘东进:《国际循环必须与国内循环密切结合》,《国际贸易论坛》1988年第2期。

源。反过来，资金积累和劳动生产率的提高又将扩大该国在国际贸易中的优势。"[1]

（二）关于对外贸易在国民经济发展中的作用的争鸣

1. 国外学术界关于对外贸易在国民经济发展中的作用的争鸣

苏联《政治经济学教科书》写道："社会主义制度下的对外贸易是发展生产和改善居民消费品供应的补充的物资来源。"

早在20世纪50年代，东欧国家的学术界就曾围绕对外贸易在国民经济发展中的地位和作用问题，发动过一场持续于整个50年代的论战，有的东欧学者对苏联传统的观点提出了怀疑和挑战。1954年10月，匈牙利学者李斯克（Tibor, Liska）和马瑞安（AntalMarias）在题为《经济效果与国际分工》一文中，抨击了当时流行的观点，即"对外贸易的任务是通过出口确保国内不能生产的东西的进口"，而只字未提如何利用国际分工以节约劳动。李斯克和马瑞安认为这是一种"闭关自守的理论，它虽未公开表示，但实质上坚持参加国际分工是不可能的或不足取的，因而我们必须尽可能地自给自足。"到了50年代末，匈牙利外贸部第一副部长在所撰《我国对外贸易的新动向》一文中承认："出口国内有余的东西，以进口来补充国内不足的东西，这是把对外贸易的任务过分简单化了。"这虽不能视为这场论战的总结，但意味着新的观点已经在官方人士中占了上风，这就为六七十年代进一步的探索和改革开辟了道路。[2]

---

[1] 陈家勤：《国际贸易论》，经济科学出版社1999年版，第400页。
[2] 以上引自王林生《试论社会主义对外贸易的地位和作用问题》，载《中国对外贸易问题研究》，中国对外经济贸易出版社1983年版，第50—51页。

2. 中国改革开放以来关于对外贸易在国民经济发展中的作用的争鸣

1981年7月6—12日，在中国国际贸易学会成立大会和第一届学术年会上，对社会主义对外贸易在国民经济发展中的作用问题，作为一个重要问题进行了热烈讨论，综合有关论文的论点主要有：(1) 互通有无：由于自然资源或技术条件的限制，有些商品在国内不能生产，可以通过贸易换取。(2) 物质转换：社会主义扩大再生产的要求不仅在价值形态上，而且在物质形态上实现综合平衡，通过贸易可以很快转换产品的物质形态，即出口长线产品，进口短线产品，迅速实现物质平衡，促使再生产顺利进行。(3) 节约劳动：通过贸易可以利用国际分工，节约社会劳动。(4) 引进技术：国际间技术的转让主要是通过贸易方式进行的。(5) 配合外交：通过贸易促进对外关系的发展，为经济建设创造良好的国际环境。(6) 社会主义对外贸易是国家积累建设资金的源泉之一。[1]

经过讨论，大家对对外开放条件下对外贸易在国民经济发展中的作用的看法，基本上取得了共识，但在"调剂余缺"作用上仍然存在着不同的看法。袁文祺先生认为："把对外贸易作为'调剂余缺'的手段是特定历史条件下的产物，这在50年代是可以理解的，但在理论上把社会主义对外贸易视为'调剂余缺'的手段，是不符合社会主义商品经济规律的，也不符合马克思主义关于国际分工和国际交换的基本观点。"[2] 程卫华先生认为，对外贸易活动的目的不是"调剂余缺"，而是通过实现出口商品价值、转换商品使用价值，以"比较成本"和"比较差异"获

---

[1] 中国国际贸易学会秘书处编：《国际贸易论文选》，对外贸易出版社1982年版，第448—449页。

[2] 袁文祺：《树立外贸新观念》，《人民日报》1986年12月12日。

得利益。①

　　与上述观点不同，姚曾荫教授通过国际贸易商品进行 A、B、C 分类研究后指出，国际贸易中存在着大量的互通有无、调剂余缺的互补性贸易。互补性贸易关系的背后，当然是一种国际分工关系。把互补性贸易与国际分工对立起来是一种误解。② 王烈望研究员指出："调剂余缺"从宏观经济来说，仍然是要深入研究的一个重要环节。缺什么，余什么，二者是相对的。旧的理论不能一刀切，仍可用以说明一些问题。③ 孙玉宗教授指出："对外贸易虽不是社会主义制度产生的必然基础，发达的全方位的对外贸易确是社会主义制度的必然产物；物质资源的相对局限性和物质产品的供需差率的客观存在，需要和世界各国调剂余缺与互通有无。"④

　　20 世纪 90 年代，我国理论界在对外贸易的作用问题上又有了新的认识和发展。王绍熙、王寿椿先生在 80 年代讨论的基础上，把对外贸易的作用更加具体化，认为"我国对外贸易担负着内外经济交流的任务，是连接国内外经济的桥梁和纽带，它可以起到其他经济部门所起不到的特殊作用。对外贸易在国民经济中起着补充、调剂、促进和推动作用。"⑤ 笔者从出口和进口二者的辩证关系和外贸进出口与国民经济增长的关系出发，认为由

---

　　① 程卫华：《树立效益观念促进外贸体改》，《国际贸易》1987 年第 10 期。
　　② 姚曾荫：《关于我国对外贸易几个理论问题的探讨》，《人民日报》1987 年 7 月 13 日。
　　③ 王烈望：《关于我国外贸理论问题的几点看法》，《国际贸易》1987 年第 8 期。
　　④ 孙玉宗：《社会主义市场经济体制下的对外贸易》，对外经济贸易大学出版社 1997 年版，第 147 页。
　　⑤ 王绍熙、王寿椿编著：《中国对外贸易经济学》，对外经济贸易大学出版社 1998 年版，第 21 页。

于一国出口的发展可以带动国内外投资增加，出口的扩张可以带动国内就业的增多，出口的扩大可以为国家创造更多的外汇收入，使国家外汇储备充足，所以，人们一般都重视扩大出口对经济增长的拉动作用，而往往却忽视进口对经济增长的贡献。其实，这种看法失之偏颇，缺乏对进出口辩证统一关系的正确认识。①

（三）应进一步提高对外贸易在国民经济中的战略地位和作用的正确认识

有一种模糊观点认为："我国出口依存度太高，会影响国家的经济安全。"我国的出口依存度1978年为4.62%，1998年上升为19.17%，除1994年出口依存度为22.28%之外，其他年份都低于世界平均水平，1970年世界出口依存度为14%，1997年为25%。笔者认为，合理的出口依存度的界限，要看出口是否有效益，只要出口企业不亏损，国家也不亏损，在这一前提下，只要国际市场上有需求，出口产品卖价又合理，我们就应当鼓励多出口，这样做就不会影响国家的经济安全。还有一种模糊认识，就是只强调扩大内需而忽视外需的作用。我国是发展中的大国，扩大内需是我们长期应坚持的正确方针，但是，在开放经济条件下，在任何时候都不应当忽视外需对经济增长的拉动作用，应始终如一地坚持投资、消费、出口需求的三轮推动作用。还有一种模糊认识，认为加工贸易产业链条短，产品附加价值低，走私猖獗，不宜大力发展。这种认识是片面的。应当强调，发展加工贸易是我国参与国际分工和国际交换的客观需要，有利于发挥

---

① 陈家勤：《论适度增加进口》，《国际商报》1999年4月23日；《国际贸易论》，经济科学出版社1999年版，第400—404页。

我国劳动力资源丰富的优势，扩大社会就业，弥补国内短缺的资源，只要搞好技术创新，提高加工深度和技术含量，加工贸易也会延伸链条，增加附加价值，加工贸易也会向高层次发展。走私严重是监管力度不够造成的，不是加工贸易自身的弊端。此外，对进口在国民经济中的地位与作用问题，外贸和外资的相互关系和作用问题，也要重视加强深入研究。

（原载杨圣明主编《马克思主义国际贸易理论新探》，经济管理出版社 2002 年版）

经典作家论大国之间的贸易关系

研究大国之间的贸易关系是马克思主义经典国际贸易理论的一个重要内容。因为在世界近代史上，国际贸易问题已成为世界性问题，即全球化现象，所以研究和分析国际贸易问题必须联系到各国之间的贸易关系，特别是大国之间的贸易关系来加以考察，绝不能同国际贸易关系割裂开来。应当说明，这里所说的大国是指那些经济实力较强，相互之间贸易份额较大的国家，而非指人口、面积和资源大国。本文从主要资本主义国家之间的贸易关系、宗主国与殖民地贸易关系、中国对外贸易关系三个侧面，简要论述和分析马克思主义经典作家关于大国之间贸易关系的理论，以及学习这些论述受到的启示。

一 经典作家关于资本主义大国之间贸易关系的主要论述

马克思说："世界贸易和世界市场在16世纪揭开了资本的近代生活史。"[①] 这标志着资本主义生产关系的萌芽，新兴资产

---

① 马克思：《资本论》第1卷，人民出版社1975年版，第167页。

阶级出现在历史舞台上。从此开始，国际贸易经历了重商主义时期、自由竞争时期、垄断竞争时期和社会主义市场经济时期。

（一）重商主义时期的国际贸易关系

1. 地理大发现为资本主义贸易大国发展开拓了新市场

1492年哥伦布发现美洲，马克思称之为"地理上的伟大发现"，即古巴、海地和巴哈马群岛的发现，北美大陆的发现，绕过非洲南端到达印度的航路的发现以及南美大陆的发现，结果使意大利北部热那亚、威尼斯等古老的商业城市丧失了自己的作用，相反，葡萄牙、德黑兰、西班牙和英国由于地处大西洋沿岸而开始了在世界贸易中起主要作用。① 继而法国、荷兰商人也来到北美从事国际贸易，他们向当地土著居民和移民提供商品，并采取掠夺的方法获取大量黄金运回欧洲。

2. 荷兰贸易大国的衰落和英国贸易大国的勃兴

在大量掠夺美洲土著居民的时代，先是荷兰从西班牙的统治下解放出来并占据了东印度之后，于17世纪中叶荷兰在国际贸易中占据极其重要的地位。后来，由于英国工业革命成功，随着工业生产的迅速发展和对外贸易的扩大，使英国成为世界贸易大国。当英国变成欧洲贸易中心之后，英国取代了荷兰在世界贸易大国的地位。所以马克思说："我们可以拿英国和荷兰来比较一下。荷兰作为一个占统治地位的商业国家走向衰落的历史，就是一部商业资本从属于工业资本的历史。"②

3. 重商主义是现代资本主义最早的理论代表

重商主义是资本主义初期工业生产还不发达的产物。重商主

---

① 马克思：《资本论》第3卷下册，人民出版社1975年版，第1045页。
② 同上书，第372页。

义认为，除了生产金银，只有对外贸易才是财富的真正源泉。正如马克思所指出的那样："重商主义——必然从流通过程独立化为商业资本运动时呈现出的表面现象出发，因此只是抓住了假象。这部分地是因为商业资本是资本本身的最早的自由存在方式；部分地是因为它在封建生产的最早的变革时期，即现代生产的发生时期，产生过压倒一切的影响。真正的现代经济科学，只是当理论研究从流通过程转向生产过程的时候才开始。"[①]

从上述简要论述中可以看出，贸易大国的兴衰与其经济竞争优势地位的变化密切相关。航海贸易路径的开通和贸易扩张能力的增强，是葡萄牙、荷兰、西班牙和英国在历史上先后成为世界贸易大国和殖民主义侵略的重要手段。重商主义理论正是为当时英国的贸易扩张主义服务的。

（二）自由竞争时期的国际贸易关系

1. 自由竞争时期国际贸易关系的两大基本特征

资本主义生产力的巨大发展和生产过剩危机是资本主义自由竞争时期国际贸易关系的两大特征。

（1）市场扩大和需求增加，为机器大工业和资本主义发展提供了强大动力。资本主义工业发展经过工场手工业阶段，在它保证了大规模机械工业发展之后，它就为工业革命准备了一切必要条件和前提。而市场需求的增加又给机器大工业发展提出新的需求。马克思在《共产党宣言》中指出："市场总是在扩大，需求总是在增加。甚至工场手工业也不再能满足需要了。于是，蒸汽和机器引起了工业生产的革命。现代大工业代替了工场手工

---

① 马克思：《资本论》第3卷，人民出版社1975年版，第376页。

业",① 从而使劳动生产率大大提高。"资产阶级在它的不到一百年的阶级统治中所创造的生产力，比过去一切时代创造的全部生产力还要多，还要大。自然力的征服，机器的采用，化学在工业和农业中的应用，轮船的行驶，铁路的通行，电报的使用，整个大陆的开垦，河川的通航，仿佛用法术从地下呼唤出来的大量人口，——过去哪一个世纪能够料想到有这样的生产力潜伏在社会劳动里呢？"②

（2）生产过剩危机是资本主义发展不可避免的现象。资本主义机器大工业发展到一定阶段，就开始了它的经济周期性，即经过生产过剩危机、萧条、复苏、繁荣之后，再发生生产过剩的危机，这样周而复始地出现。例如：自英国1825年首次发生商业危机以来，到19世纪60年代和70年代，即自由竞争占统治的资本主义发展到顶点时期，它先后发生了五次商业危机（第一次1825年，第二次1836年，第三次1847年，第四次1854年，第五次1867年）。马克思、恩格斯在《经济状况》一文中，分析了1847年英国商业危机引起的连锁反应及其危害性，不仅引发了金融危机，而且导致了企业的倒闭破产。

2. 资本主义周期性商业危机的危害、原因及特点

（1）资本主义周期性商业危机的危害：马克思和恩格斯是这样描述此次商业危机给金融业带来的危害的："危机终于在1847年9月爆发了。信用扫地了。精力消耗尽了。英格兰银行不援助国内的银行；这些银行也停止了对商人和工厂主的信贷。银行家和出口商开始限制自己同大陆（指欧洲大陆——笔者注）的交易，而大陆上的商人也开始对欠了他们债的工厂主施加压

---

① 《马克思恩格斯选集》第1卷，人民出版社1972年版，第252页。
② 同上书，第256页。

力；工厂主自然竭力想靠批发商来改善自己的境况，而批发商则压榨小店主。每个人都力求靠损害别人的利益来摆脱困境，而商业危机的灾难也就逐渐震撼了全世界，从伦敦西蒂的巨贾到最末一个德国小店主，无一幸免。"这次商业危机不仅使金融业遭受危机的袭击，而且工商业倒闭破产，造成工人大量失业。马克思和恩格斯是这样描述恐慌的情景的："在1847年的最后四个月，英国经历了最不景气的日子。铁路业的投机商破产了；在殖民地商品的贸易方面，从8月10日到10月15日，伦敦有二十家第一流的商行相继倒闭，这二十家商行的资产总额为五百万，所生股息约占全伦敦的百分之五十；而在工厂区，11月15日曼彻斯特的一百七十五家纺纱厂中充分开工的只有七十八家，一万一千多工人被抛到街头。灾难达到了顶点。"① 很显然，危机是对人类文明的一种极大的威胁和破坏。

（2）资本主义周期性经济危机发生的原因：在于私有制和社会化大生产这一资本主义制度所固有的矛盾。恩格斯对资本主义工商业危机的产生原因作了深刻的分析。他认为世界市场容纳不下资本主义生产力创造的巨大财富，即资本生产过剩。他指出："生产力按几何级数增长，而市场最多也只是按算术级数扩大。"② 马克思对这种资本主义生产过剩作了更深层次的分析。他认为资本家投在生产上的资本的补偿，在很大的程度上依赖于消费能力，并明确地指出："一切真正的危机的最根本的原因，总不外乎群众的贫困和他们的有限的消费，资本主义生产却不顾这种情况而力图发展生产力，好像只有社会的绝对的消费能力才

---

① 《马克思恩格斯全集》第6卷，人民出版社1961年版，第387页。
② 马克思：《资本论》第1卷，人民出版社1975年版，第36页。

是生产力发展的界限。"① 同时，马克思又论述到进出口与经济危机的关系，他指出："一国进口过剩，在另一国就表现为出口过剩，反过来也是如此。但是，一切国家都发生了进口过剩和出口过剩②（在这里，我们谈的不是歉收等等，而是普遍的危机），也就是说，都发生了生产过剩，而由于信用和随信用发生的物价的普遍上涨，这种过剩更加严重了。"③ 这种生产过剩的危机，通过进口过剩和出口过剩在国际市场上表现出来。

（3）资本主义周期性商业危机的特点：马克思认为，1847年英国的商业危机不同于前两次的危机，具有自己的新特点。前两次即1825年和1836年危机发生后，英国的出口都有大幅度的下降，而这次危机后因为法国、美国对英国工业品都有进口需求，所以英国的贸易和生产仍然保持兴旺。马克思、恩格斯认为："法国人之所以在伦敦的拍卖中肯多付百分之二十五的价钱来收购羊毛……是因为他们需要羊毛，而他们之所以需要大量羊毛，他们的需求之所以增加，正是因为在路易——菲力浦统治的最后几年中这种需求缩减得非常厉害的缘故。""而英国人之所以又整天地在一切矿山中，在一切锻铁场中，在一切纺纱厂中，在自己的一切港口上工作……他们之所以这样工作，是因为广州、纽约和圣彼得堡的市场需要用工业品去供应，是因为加利福尼亚开辟了一个似乎可以永远无止境地进行投机买卖的新市场，是因为继1845年和1846年的歉收之后出现了1847年和1848年的两次丰收，是因为……直到爆发新的商业危机。"④

---

① 马克思：《资本论》第3卷下册，人民出版社1975年版，第548页。
② 马克思这里说的"进口过剩"是指贸易过剩，即市场上的进口商品供大于求，而"出口过剩"则是指生产过剩，即生产出来的商品在国际市场上难以实现。
③ 马克思：《资本论》第3卷下册，人民出版社1975年版，第557页。
④ 《马克思恩格斯全集》第6卷，人民出版社1961年版，第389、390页。

3. 资本主义商业危机周期发生了变化

恩格斯指出："在世界贸易的幼年期，自1815年至1847年，大约是五年一个周期；自1847年至1967年，周期显然是十年一次……自1867年最近一次的普遍危机爆发以来，已经发生了巨大的变化。由于交通工具的惊人发展，——远洋轮船、铁路、电报、苏伊士运河，——第一次真正地形成了世界市场。除了以前垄断工业的英国，现在又出现了一系列的同它竞争的工业国家（如法国、德国、比利时、荷兰、瑞士和美国①）；欧洲的过剩资本，在世界各地开辟了无限广阔和多种多样的投资领域，所以资本比以前分散得更加广泛，并且地方性的过度投机也比较容易克服了。由于这一切，以前的危机策源地和造成危机的机会，多数已经消除或大大削弱。同时，国内市场上的竞争，由于卡特尔和托拉斯的出现而后退，国外市场上的竞争也由于保护关税（英国以外的一切大工业国都用这个办法来保护自己）的实行而受到限制。"②

4. 资本主义贸易大国地位的变化取决于国际竞争力

从马克思的多篇论文中，我们可以看出资本主义贸易大国之间的贸易关系的变化，即进出口贸易量和贸易额的变化是受多种经济因素和非经济因素的影响，诸如市场供应需求因素、价格竞争因素、资本实力因素等。就非经济因素而言，包括革命、战争，殖民地贸易，以及商约协定和贸易政策等。例如，在16世纪初，英国、法国和荷兰工商业比较发达，德国相对而言，经济发展落后，被排挤在世界贸易之外。恩格斯在《德国农民战争》一文中这样写道："德国工业在14和15世纪已有显著的进步。

---

① 笔者注。
② 马克思：《资本论》第3卷下册，人民出版社1975年版，第554页。

城市行会手工业代替了比较封建的地方性的农业手工业，并为较广大的地区，甚至为较远的市场生产了。……然而德国国民生产的高涨仍然还赶不上其他国家生产商涨的步伐。农业远远落在英国和尼德兰之后，工业远远落在意大利、佛来米（即今比利时北半部地区）和英国之后，而在海外贸易中，英国人，尤其是荷兰人却已经开始排挤德国人……德国被排挤出世界贸易之外。"①

但是到了19世纪中叶，由于德国工商业的迅速发展，这时德国不仅参与世界贸易，而且能向国外输出资本了。正如马克思所描述的那样："各个市场在英国出口中所占的地位起了很大变化。印度占首位……第二个市场是德国。"② 恩格斯指出："从1848年起在德国开始的工商业的高涨，铁路的加速建设，电报和海洋航运业的发展。尽管这些成就还不及当时英国以至法国所达到的成就，但它们对于德国说来却是空前未有的，它们在二十年中带来的成果比以前整整一个世纪还要多。只有到这时，德国才完全和最终被卷入了世界贸易。工业家的资本迅速增加了，因而资产阶级的社会地位也提高了。……在十五年以前，德国铁路还曾向英国企业请求援助，而这时德国资本……却已经在俄国和罗马尼亚修筑铁路了。"③

（三）垄断竞争时期的贸易关系

自由竞争占统治地位的资本主义，发展到顶点的时期是19世纪60年代和70年代。自此以后，资本主义向垄断资本主义阶

---

① 《马克思恩格斯全集》第7卷，人民出版社1959年版，第386—387页。
② 《马克思恩格斯全集》第30卷，人民出版社1975年版，第223页。
③ 《马克思恩格斯选集》第2卷，人民出版社1974年版，第291页。

段过渡。

1. 外贸出超或入超对资本主义贸易大国地位变化的影响

应当认识到,贸易大国地位的变化,与其经济实力发展密切相关。正如列宁在《论欧洲联邦口号》一文中所描述的那样:"1871年以后,德国实力的增强要比英法快两三倍;日本要比俄国快十来倍。"① 这表明一国经济实力的强大,与其贸易出超、通货稳定与否、黄金储备(金本位条件下②)多少有密切的关系。正如斯大林所说,美国"对外贸易方面靠向欧洲各国输出而造成巨额出超,已经达到战前水准的百分之一百四十三。全世界价值九十亿的黄金储存中大约有五十亿是在美国。北美合众国的通货是世界上最稳定的通货。"③ 与此相反,曾是"日不落帝国"的英国,过去一贯是出超,而如今"在对外贸易方面,英国是入超,达到战前水准的百分之九十四。德国较一九一九年稍有提高,也是入超;法国日前已经超过战前水准,等于战前水准的百分之一百零二。整个欧洲的贸易水准,拿一九二一年来说,等于战前水准的百分之六十三,而现在,即在一九二五年,已经达到百分之八十二。"④ 上述事实对比说明,曾在资本主义自由竞争时期英国作为世界首位的贸易出口大国地位发生了变化,而原先落后于英国的美国一跃成为世界上最大的出口国。在欧洲,法国在贸易方面原来落后于英国,而后来已超过第一次世界大战前水平;英国则停留在或几乎停留在原来的水准上,尚未达到战前水准。

2. 资本主义发展不平衡规律是贸易大国地位变化的根本

---

① 《列宁全集》第26卷,人民出版社1988年版,第366页。
② 笔者注。
③ 《斯大林全集》第7卷,人民出版社1958年版,第221页。
④ 同上书,第220页。

原因

列宁在《论欧洲联邦口号》一文中，明确指出："经济和政治发展的不平衡是资本主义的绝对规律。"① 列宁在《帝国主义是资本主义的最高阶段》这篇名著中又指出："国内交换尤其是国际交换的发展，是资本主义的具有代表性的特征。在资本主义制度下，各个企业、各个工业部门和各个国家的发展必然是不平衡的，跳跃式的。起先，英国早于别国成为资本主义国家，到19世纪中叶，英国实行自由贸易，力图成为'世界工厂'，由它供给各国成品，这些国家则供给它原料作为交换。但是英国的这种垄断，在19世纪最后的25年已经被打破了，因为当时有许多国家用'保护'关税来自卫，发展成为独立的资本主义国家。临近20世纪时，我们看到已经形成了另一种垄断：第一，所有发达的资本主义国家都有了资本家的垄断同盟；第二，少数积累了巨额资本的最富的国家（指美国②）处于垄断地位。"③

3. 列宁、斯大林关于社会主义国家同资本主义国家进行对外贸易的主要论述

（1）列宁强调社会主义国家与资本主义国家进行商品交换的必要性。1920年列宁在《全俄苏维埃第八次代表大会文献》一文中指出："我们懂得进行商品交换的必要性，那么我们主要应该关心的是尽快地从资本主义国家获得机车、机器、电气器材等等生产资料，没有这些生产资料，我们便不能稍许像样地恢复甚至根本不可能恢复我们的工业，因为我们得不到工厂所需要的机器。"④ 1921年，列宁《在全俄工会中央理事会共产党党团会

---

① 《列宁全集》第26卷，人民出版社1988年版，第367页。
② 笔者注。
③ 《列宁全集》第27卷，人民出版社1990年版，第376页。
④ 《列宁全集》第40卷，人民出版社1986年版，第112页。

议上关于租让问题的报告》中又指出："我们的目的只有一个，就是要在资本主义包围中利用资本家对利润的贪婪和托拉斯与托拉斯之间的敌对关系，为社会主义共和国的生存创造条件。社会主义共和国不同世界发生联系是不能生存下去的，在目前情况下应当把自己的生存同资本主义的关系联系起来。"[①] 1921 年，列宁在《致阿塞拜疆、格鲁吉亚等共和国的共产党员同志们》一文中，号召共产党员"应当立刻在经济上依靠同资本主义外国的商品交换，不要吝啬：就让他们得到几千万普特宝贵的矿产品吧。"[②]

（2）斯大林强调社会主义国家与资本主义国家经济的相互依赖性。斯大林在 1926 年《共产国际执行委员会第七次扩大全会》一文中，针对联共党内托洛茨基派反对（布）党的建设社会主义路线的谬论时指出："谁也不否认我国国民经济对世界资本主义经济的依赖是存在的。过去和现在谁也不否认这一点，正像谁也不否认每个国家和每个国家的国民经济（美国的国民经济也不例外）对国际资本主义经济的依赖是存在的一样。但这种依赖是双方面的。不只是我们的经济依赖资本主义国家，资本主义国家也依赖我们的经济，依赖我们的石油、我们的粮食、我们的木材以及我们广大的市场。"[③]

（四）社会主义市场经济时期国际贸易关系

邓小平极为重视中国在对外开放新时期大力发展中国对外贸易关系，他把全方位对外开放和积极开展经济外交作为推进中国

[①] 《列宁全集》第 41 卷，人民出版社 1986 年版，第 167 页。
[②] 同上书，第 186 页。
[③] 《斯大林全集》第 9 卷，人民出版社 1954 年版，第 117 页。

实现社会主义现代化的重要手段。

1. 邓小平高度重视发展中美贸易关系

1989年10月,他在会见美国前总统尼克松时指出:"考虑国与国之间的关系主要应该从国家自身的战略利益出发。着眼于自身长远的战略利益,同时也尊重对方的利益……国家不分大小强弱都相互尊重,平等相待。这样,什么问题都可以妥善解决。"① 邓小平强调指出:"中美关系有一个好的基础,就是两国在发展经济、维护经济利益方面有相互帮助的作用。中国市场毕竟还没有充分开发出来,美国利用中国市场还有很多事情能够做。我们欢迎美国商人继续进行对华商业活动。"②

2. 邓小平高度评价发展中日贸易关系的重要性

1984年3月,他在会见日本首相中曾根康弘时说:要"把中日关系放在长远的角度来考虑,来发展。第一步放到21世纪,还要发展到22世纪、23世纪,要永远友好下去。这件事超过了我们之间一切问题的重要性。"他指出:要"有利于我们之间的合作。这种合作不是只对一方有利,而是对双方、对两国、对两国人民都有利。……我们双方关系发展得还不足,两国的民间经济技术合作还很薄弱。我们欢迎贵国的大中小企业加强同我们的合作。……中国现在缺乏资金,有很多好的东西开发不出来。如果开发出来,可以更多地提供日本需要的东西。现在到中国来投资,对日本的将来有利。"③

3. 邓小平非常重视与西欧发达国家的贸易关系

1985年4月,他在会见英国前首相希思时说:"在我们的对

---

① 《邓小平文选》第3卷,人民出版社1993年版,第330页。
② 同上书,第332—333页。
③ 同上书,第53页。

外贸易中，欧洲应占相应的份额。在外贸上应注意两个问题：第一个是技术转让，欧洲在这方面比较开放……第二个是双方都应开辟贸易途径，贸易总是一来一往的，中国买欧洲产品，欧洲也要买中国产品。中国买外国产品总要有偿付能力。你们在技术上帮助我们，我们经济发展了，对外贸易也能随着发展。……现在欧洲在我们外贸中所占的比例不大，如果你们能占恰当的份额，我们是很高兴的。三年来，我们一直在考虑加强同欧洲的经济联系，这是作为一项政策来考虑的。希望欧洲的企业界为中国商品进入欧洲市场创造条件。"① 1987年5月，邓小平会见荷兰首相吕贝尔斯时又说："欧洲比较开放一些，特别是技术上开放，我们比较满意，当然不是完全满意。……我们对荷兰，对整个欧洲共同体的政策都是一样的。"②

4. 邓小平把同东欧国家开展贸易视为战略问题

1983年7月，邓小平同几位中央负责同志谈话中指出："同东欧国家合作，也有文章可做，他们有一些技术比我们好，我们的一些东西他们也需要。中国是一个大的市场，许多国家都想同我们搞点合作，做点买卖，我们要很好利用。这是一个战略问题。"③ 1984年11月，邓小平在中央军委座谈会上指出："对苏联和东欧国家的开放，这也是一个方面。……如做生意呀，搞技术合作呀，甚至于合资经营呀，技术改造呀，一百五十六个项目的技术改造，他们可以出力嘛。"④

5. 邓小平非常重视搞好"南南合作"关系

邓小平1984年11月在军委座谈会上又指出："还有一个是

---

① 《邓小平文选》第3卷，人民出版社1993年版，第119页。
② 同上书，第233—234页。
③ 同上书，第32页。
④ 同上书，第99页。

对第三世界发展中国家的开放,这些国家都有自己的特点和长处,这里有很多文章可以做。"①

从经典作家关于不同历史时期大国之间贸易关系的主要论述中,我们可以清楚地看到,马克思主义经典国际贸易理论的内涵是极其丰富的,也是在实践中不断发展的,它具有与时俱进的特征。因此,我们坚持和发展马克思主义经典国际贸易理论,必须立足于国情,着眼于当代,创造性地发展国际贸易理论。

二 经典作家关于宗主国与殖民地贸易关系的主要论述

在资本主义发展整个历史时期,典型的国家形式有两大类:一类是殖民地占有国又称宗主国,一类是殖民地国家,即在政治上、法律上直接处于附属地位并在财政和经济上处于附属关系,没有独立自主权。此外,还有半殖民地国家,在政治上、形式上独立,实际上在金融和外交方面却依附于殖民地占有国。

(一) 马克思对英印贸易关系的历史考察

英国与印度的贸易关系在宗主国与殖民地贸易关系中最为典型。英国在世界上曾号称"日不落帝国",它是世界上拥有殖民地面积最大、人口最多和统治侵占时间最长的国家。它依仗"世界工厂"的强大经济实力和炮舰政策;在亚洲、非洲和拉丁美洲肆意践踏、大肆掠夺殖民地,把殖民地变成为推销英国商品的市场、原料供应地和投资场所。印度是英国的殖民地,英印贸易关系历史很久。英国的资产阶级是通过东印度公司的名义在印度推行殖民政策的。英国的东印度公司创立于1600年,实际上

---

① 《邓小平文选》第3卷,人民出版社1993年版,第99页。

它是英国在印度推行殖民主义的工具。因此，研究英印贸易关系对于我们正确认识和理解宗主国与殖民地贸易关系具有重要的意义。

马克思在许多文章中都谈到了英印贸易关系。这些论文包括《不列颠在印度的统治》、《东印度公司，它的历史与结果》、《不列颠在印度统治的未来结果》等。其中，1853年发表的《东印度公司，它的历史与结果》具有代表性。马克思在这篇论文中，开门见山地说，英国国会要把印度立法问题作为提案提出来，这是"从1783年以来还是第一次。这是什么原因呢？"① 因为东印度公司一开始就拥有同印度和中国进行贸易的垄断权。该公司还得到了它在印度侵占的领土的管理权、民政机关的人事任命权和收税权。它的贸易和行政特权由英国议会定期续发的公司特许状规定。马克思从东印度公司由议会承认的特许公司演变成为英国寡头政治攫取贸易垄断权的变化，从东印度公司一步一步演变成为英国控制的殖民地的变化，从英印商业往来各阶段的政策变化，从印度财政的日益恶化四个角度，论述了英国把印度问题作为立法问题提出的根本原因。

现将马克思在该文中关于英国和印度之间商业往来的各个阶段的历史考察的主要观点介绍如下：

1. 东印度公司由国王特许贸易公司到垄断贸易公司的变化

马克思说："东印度公司起初在伊丽莎白女王时期（1558—1563年——笔者注）得到特许，每年可以运出总值3万英镑的白银、黄金和外国钱币，同印度进行有利的通商。这就打破了很久以来的成见，所以托马斯·曼……就不得不在阐述'重商主义制度'的原则，承认贵金属是任何国家唯一的真正的财富的

---

① 《马克思恩格斯全集》第9卷，人民出版社1961年版，第167页。

同时又证明，只要国际收支差额对输出贵金属的国家有利，也可以安心地容许输出贵金属。因此他才断言，从东印度输入的货物，大部分都再输出到其他国家，从这些国家得到的金银大大超过在印度购买这些货物所需要的金银。……逐渐地，东印度公司的拥护者就愈来愈大胆了"。① 马克思在分析1854年英国工商业危机时这样写道："对于英国的贸易有多么巨大的意义：在1853年，大不列颠大约输出了1亿英镑的商品，其中2500万输出到美国，1500万输出到澳大利亚。除了美国和澳大利亚以外，最重要的销售市场就要算东印度了。但是早在1852年东印度市场上就已经商品过剩，只有采取一种全新的办法，即经过旁遮普和信德省转到布哈拉、阿富汗和俾路支，再从这里进入中亚细亚，一面进入波斯来扩大贸易，才勉强使出口额保持住旧有的水平——800万英镑。而现在，那里所有的销路都堵死了"，② 甚至连走私的路也行不通了。这就是英国到处寻找市场，占领殖民地的根本原因。

2. 在18世纪大部分时期内，英国市场对印度工业品的进口是关门的

在17世纪末和18世纪的大部分时期中，英国的厂主阶级要求议会干预东印度公司事务，他们大声疾呼，"由东印度输入棉织品和丝织品会使不幸的不列颠厂主们倾家荡产"，并获得约翰·波累克斯芬的著作《英印工业生产不相容》（1697年伦敦版）的理论观点支持。于是在威廉三世在位的第十一年和第十二年颁布的法令中，"规定禁止用印度、波斯和中国运来的丝织品和印花布做衣服穿，并且规定谁要是收藏或卖这些物品，就课

---

① 《马克思恩格斯全集》第9卷，人民出版社1961年版，第172页。
② 《马克思恩格斯全集》第10卷，人民出版社1962年版，第638、639页。

以 200 英镑罚金。"① 后来，在乔治一世、二世和三世时期，都曾颁布过类似的法律。

与厂主阶级相反，商人阶级则要求打破"金窖的贸易"垄断。在商人的强烈要求下，1773 年的法令有了一条规定："允许不列颠臣民私人从英国办货去印度，允许东印度公司的职员办货去英国，货物种类几乎没有限制。"② 但是这个让步附上了种种条件，使私商办货去印度的规定变得毫无意义。到了 1813 年公司对于广大商业界的压力已无力再抵抗下去，结果，同中国贸易的垄断权虽然保留下来，但是同印度的贸易却在一定条件下向私人竞争开放。到 1833 年更换特许状的时候，这最后的限制也被取消，公司什么生意都不许做了，它的商业性没有了，而且还被剥夺了禁止不列颠臣民在印度居留的特权。

3. 在整个 18 世纪期间，印度逐渐成为英国纺织品销售市场，印度也成为英国纺织业的命脉

马克思指出："在整个十八世纪期间，由印度流入英国的财富，主要不是通过比较次要的贸易弄到手的，而是通过对印度的直接搜刮，通过掠夺巨额财富然后转运英国的办法弄到手的。"③ 在 1813 年取消贸易障碍以后，英印之间的贸易额在很短的时间内增加了两倍以上，致使贸易性质发生了变化。1813 年前，印度大体上是个出口国；然而这时它却成了一个进口国了，英国的毛织品和纺织品充斥了印度市场。导致这种状况的原因，一是汇率变化，原来的一个印度卢比换 2 先令 6 便士，到 1923 年一个卢比只换 2 先令，使印度出口更加困难；二是关税变化，英国工

---

① 《马克思恩格斯全集》第 9 卷，人民出版社 1961 年版，第 172、173 页。
② 同上。
③ 同上书，第 173—174 页。

业品销售到印度，印度的进口关税低，而印度的工业制成品出口到英国则销售条件非常苛刻。其结果正如马克思所说的那样："毁灭了一度十分闻名的印度棉织业。……在每一次商业危机之后，英国棉纺织厂主们都更加感到同东印度的贸易有头等重要的意义，所以东印度大陆实际上就成了英国最好的销售市场。棉纺织业愈来愈成为大不列颠整个社会制度的命脉，东印度也随之愈来愈成为不列颠棉纺织业的命脉了。"[1]

4. 英国对印度出口过度扩大，破坏了印度的民族工业

马克思在《不列颠的贸易》一文中写道："从1840年到1856年这大约16年间，不列颠对印度的出口贸易额虽然有时有少许增加，有时也有明显的减少，但一般说来是稳定的，平均数字是800万英镑，那么，就会感到惊奇：这种稳定的贸易额在短短的两年（1858—1859年[2]）内竟增长了一倍。"[3] 这是什么原因呢？马克思认为，一般出口贸易增加受两个因素影响：一是正常的需求因素，二是暂时的因素。他从印度的进出口变动情况、奴隶起义影响、大量白银输入印度以及印度政府非常支出增加等各个暂时因素分析，得出结论："可以说是暂时的因素使这种贸易额突然膨胀到大于它所固有的数量。"[4]

5. 英国的棉织品充满印度市场，印度的农业和手工业结合的社会结构被彻底摧毁了

印度曾是棉纺织品的出口国，其产品远销欧洲。马克思在《不列颠在印度的统治》一文中这样写道："曾经产生了无数纺工和织工的手纺车和手织机是印度社会结构的枢纽。欧洲从很古

---

[1] 《马克思恩格斯全集》第9卷，人民出版社1961年版，第174页。
[2] 笔者注。
[3] 《马克思恩格斯全集》第13卷，人民出版社1965年版，第539页。
[4] 同上。

的时候起就得到印度制作的绝妙的纺织品，同时运贵金属去交换，这样就给当地的金匠提供了原料，而金匠则是印度社会里的必要成员，因为印度人极其爱好装饰品……不列颠侵略者打碎了印度的手织机，毁掉了它的手纺车。英国起先是把印度的棉织品挤出了欧洲市场，然后是向印度输入棉纱，最后就使这个棉织品的祖国充满了英国的棉织品。从1818年到1836年，大不列颠向印度输出的棉纱增长的比例是1∶5200。在1824年，输入印度的英国细棉布不过100万码，而到1837年就超过了6400万码。但是在同一时期内，达卡的人口却从15万人减少到2万人。然而，曾以制造业闻名于世的印度城市遭到这样的衰落决不是英国统治的最坏的结果。不列颠的蒸汽和不列颠的科学在印度全境把农业和手工业的结合彻底摧毁了。"① 马克思在1859年8月5日为《纽约每日论坛报》撰写的社论《不列颠的贸易》中，对英国向印度大量出口棉纱和棉布的后果这样写道："这种形势最久远的后果自然就是印度的民族工业遭到彻底破坏……不列颠对印度的出口余额主要是由于不列颠的棉布和棉纱的输入所造成的。"②

（二）恩格斯对英俄在争夺土耳其市场上的历史考察

土耳其在历史上曾是沙皇俄国的殖民地，也是俄国商人与英国商人争夺欧洲和亚洲市场的焦点。因此，恩格斯《在土耳其的真正争论点》中，针对英俄两国在土耳其贸易利益争论的实质作了历史的考察。

1. 土耳其海峡对英国贸易利益的重要性

达达尼尔海峡和博斯普鲁斯海峡位于土耳其境内，是英国船

---

① 《马克思恩格斯全集》第9卷，人民出版社1961年版，第146—147页。
② 《马克思恩格斯全集》第13卷，人民出版社1965年版，第540页。

只进入黑海发展欧洲中南部贸易的重要通道，也是英国商船由黑海进入里海发展西亚中亚诸国贸易的重要通道，因此，其地理位置对英国贸易利益极端重要。恩格斯指出："英国是不能同意俄国占领达达尼尔海峡和博斯普鲁斯海峡的。俄国如果占领这两个海峡，无论在贸易方面和政治方面，对英国实力都是一个沉重的打击，甚至是致命的打击。"①

2. 土耳其港口是英国工业品在欧洲和亚洲内地的贸易中心

君士坦丁堡（今日伊斯坦布尔）和特拉比曾德两个口岸是土耳其在欧亚两洲的贸易中心。大约2/3的欧洲出口商品由里海和黑海运到君士坦丁堡和特拉比曾德，并销往亚洲的内陆地区如巴格达和德黑兰。正如恩格斯所描写的那样："商人从上述两个城市运进大量的英国工业品，这些工业品价格低廉，因此迅速地排挤着亚洲妇女的家庭手工业品。"②

3. 英国工业品贸易市场取代了俄国的市场

土耳其的特拉比曾德港口城市，在1840年以前，俄国商人在这个地区几乎一手垄断了外国工业品贸易。俄国的商品一直渗入印度河流域，有时甚至比英国的商品还流行。1843年英国殖民者占领了印度西北部的信德省，东印度公司用威胁和暴力的手段使信德地区并入英属印度。1848年英国殖民主义者又征服了印度北部的旁遮普，自此整个印度就变成了英国的殖民地。在此以前，英国同亚洲内地的贸易几乎等于零。现在情况不同了，迫切需要英国不断扩大贸易。恩格斯写道："这种无法缓和的需要，逼着英国的贸易从印度河和黑海这两个方面同时向亚洲内地进攻。"③ 致

---

① 《马克思恩格斯全集》第9卷，人民出版社1961年版，第14页。
② 同上。
③ 同上书，第16页。

使英国向土耳其地区，包括埃及和多瑙河各公国的出口总值逐年增加，而俄国在那里的贸易额可就大大减少了。

(三) 列宁对欧美贸易大国瓜分世界争夺殖民地的历史考察

殖民政策或殖民主义是个早已存在的历史范畴，这里所指的殖民地贸易关系仅限于垄断资本主义时期。列宁在《论欧洲联邦口号》和《帝国主义是资本主义的最高阶段》等著作中，对主要资本主义大国争夺殖民地情况作了历史考察，提出许多重要的理论观点。

1. 获取利润是大国争夺殖民地的根本目的

列宁指出："生产集中产生垄断，则是现阶段资本主义发展的一般的和基本的规律。"[①] 而资本主义的危机（各种各样的危机，最常见的是经济危机，但不是只有经济危机）又大大加强了集中和垄断的趋势。我们知道，1900 年的危机，是现代垄断组织史上的转折点"。因为这次"危机引起的工业集中，其程度远远超过了 1873 年的危机"。[②] 即垄断的程度更高。这种垄断具有两个特征："第一，所有发达的资本主义国家都有了资本家的垄断同盟；第二，少数积累了巨额资本的最富的国家处于垄断地位。在先进的国家里出现了大量的'过剩资本'。"[③] 因此，"只要资本主义还是资本主义，过剩的资本就不会用来提高本国民众的生活水平（因为这样会降低资本家的利润），而会输出国外，输出到落后的国家去，以提高利润。"[④]

2. 垄断资本主义是大国争夺殖民地的高潮时期

在 19 世纪末，特别是自 19 世纪 80 年代以来，各资本主义

---

① 《列宁全集》第 27 卷，人民出版社 1990 年版，第 336 页。
② 同上书，第 344—345 页。
③ 同上书，第 376 页。
④ 同上书，第 377 页。

国家拼命争夺殖民地。当时的英国资产阶级政治家塞西尔·罗得斯和约瑟夫·张伯伦已肆无忌惮地鼓吹帝国主义殖民政策。张伯伦鼓吹帝国主义是"正确、明智和经济的政策",他特别举出当时英国在世界市场上遇到的来自德国、美国、比利时的竞争。资本家说:"挽救的办法是实行垄断",于是就创办卡特尔、辛迪加、托拉斯。资产阶级的政治领袖则随声附和说,"挽救的办法是实行垄断",于是就急急忙忙地去夺取世界上尚未瓜分的土地。列宁指出:"英国特别加紧夺取殖民地是在1860—1880年这个时期,而且在19世纪最后20年还在大量地夺取。法德两国加紧夺取殖民地也正是在这20年间。"① 到19世纪末和20世纪初,正如列宁所描述的那样:"在资本主义各国的殖民政策之下,我们这个行星上无主的土地都被霸占完了。"② 详见表1。

表1　　　　　　　　大国的殖民地

（面积单位百万平方公里,人口单位百万）

	殖民地				宗主国		共计	
	1876年		1914年		1914年		1914年	
	面积	人口	面积	人口	面积	人口	面积	人口
英国	22.5	251.9	33.5	393.5	0.3	46.5	33.8	440.0
俄国	17.0	15.9	17.4	33.2	5.4	136.2	22.8	169.4
法国	0.9	6.0	10.6	55.5	0.5	39.6	11.1	95.1
德国	—	—	2.9	12.3	0.5	64.3	3.4	77.2
美国	—	—	0.3	9.7	9.4	97.0	9.7	106.7

---

① 《列宁全集》第27卷,人民出版社1990年版,第390—391页。
② 同上书,第390页。

续表

	殖民地				宗主国		共计	
	1876年		1914年		1914年		1914年	
	面积	人口	面积	人口	面积	人口	面积	人口
日本	—	—	0.3	19.2	0.4	53.0	0.7	72.2
总计	40.4	273.8	65.0	523.4	16.5	436.6	81.5	960.6
其余大国（比利时、荷兰等）的殖民地							9.9	45.3
半殖民地（波斯、中国、土耳其）							14.5	361.2
其余国家							28.0	289.9
全球							133.9	1657.0

资料来源：《列宁全集》第27卷，人民出版社1990年版，第393页。

从表1可以看出，1876年以后，殖民地有了极大的扩张；英、俄、法、德、美、日6个资本主义大国的殖民地面积增加了一半以上，由4000万平方公里增加到6500万平方公里，增加了2500万平方公里，比6个宗主国面积1650万平方公里多一半。在1876年德、美、日3国根本没有殖民地，法国占有的殖民地也比较少。但是，到1914年法、德、美、日4个大国获得的殖民地面积为1410万平方公里，即大致比欧洲面积还大一半，人口达到9670万人。其中，"英国的殖民地面积已达3350万平方公里，相当于本土国土面积的130多倍，殖民地人口达到3.935亿人，等于本土人口的8倍多。英国获得了'日不落帝国'的称号。殖民地是英国最大的商品市场和投资场所，第一次世界大战以前，英国出口总额的35%左右是输往殖民地和自治领的，它们还吸纳了英国输出资本的40%左右。"[①]

---

① 王章辉：《英国文化与现代化》，辽海出版社1999年版，第235页。

3. 资本主义大国争夺殖民地是保障实现最大企业家同盟利益的需要

资产阶级为了获取垄断利润，他们拼命抢占殖民地，霸占原料产地，独占销售市场。

（1）抢占殖民地是资本主义垄断同盟霸占原料产地的需要。英国资本家用尽一切办法竭力在自己的殖民地埃及发展棉花生产，1904年埃及的230万公顷耕地中，就有60万公顷，即四分之一以上耕地用来种植棉花。俄国资本家在自己的殖民地也这样做。他们成立纺织业托拉斯，实行包括棉花种植和加工的各个环节的联合生产，这样不仅较容易地垄断原料产地，而且能降低成本，提高竞争力，较容易打败外国竞争者。列宁指出："最新资本主义的基本特点是最大企业家的垄断同盟的统治。当这种垄断组织独自霸占了所有原料产地的时候，它们就巩固无比了。"①

（2）抢占殖民地是资本主义垄断同盟垄断市场商品供应的需要。19世纪英国与俄国在争夺土耳其黑海沿岸上的两个贸易中心城市——君士坦丁堡和特拉比曾德的斗争事实完全证明了这一点。正如列宁所指出的那样："资本输出的利益同样地在推动人们去夺取殖民地，因为在殖民地市场上，更容易（有时甚至只有在那里才可能）用垄断的手段排除竞争者，保证自己来供应，巩固相应的'联系'等等。"因为"托拉斯估计到将来'可能获得的'（而不是现有的）利润，估计到将来垄断的结果，把自己的财产按高一两倍的估价资本化；同样，金融资本也估计到可能获得的原料产地，唯恐在争夺世界上尚未瓜分的最后几块土地或重新瓜分已经瓜分了的一些土地的疯狂斗争中落后于他人，总想尽量夺取更多的土地，不管这是一些什么样的土地，不管这

---

① 《列宁全集》第27卷，人民出版社1990年版，第395页。

些土地在什么地方,也不管采取什么手段。"①

4. 垄断组织以"倾销"价格为手段是资本主义大国争夺殖民地的重要特征

出口商品倾销历来是西方资本主义贸易大国争夺殖民地惯用的手段之一。马克思在谈到鸦片贸易时曾说过:"英国和美国把自己的工业品大量倾销到中国的太平洋沿岸地区。"② 列宁在谈到卡特尔特征时这样说过:"卡特尔和金融资本有一套'倾销价格输出'的做法,也就是英国人所说的'抛售'的做法:卡特尔在国内按垄断的高价出卖产品,而在国外却按极低廉的价格销售,以便打倒自己的竞争者,把自己的生产扩大到最大限度等等。"③

5. 殖民主义政策意味着金融剥削和垄断组织剥削更加惨重

(1)对殖民地的工人剥削比剥削本国工人更惨重。列宁明确指出:推行殖民政策"是以直接奴役未开化的民族为基础的,资产阶级实际上是在殖民地实行奴隶制度,使当地人遭受闻所未闻的侮辱和压迫",④ "而推行广泛的殖民政策的结果,使欧洲无产者在一定程度上陷入这样的境地:全社会不是靠他们的劳动,而是靠几乎沦为奴隶的殖民地人民的劳动来养活的。例如,英国资产阶级从印度和其他殖民地的亿万人民身上榨取来的收入,比从英国工人身上榨取来的收入更多"。⑤

(2)殖民地多数国家遭受资本的野蛮剥削,而美、日、英等少数大国则大获其利,使世界贸易关系遭受严重破坏。1914年第一次世界大战爆发前夕,殖民地人口已近6亿人,再加上波

---

① 《列宁全集》第27卷,人民出版社1990年版,第397页。
② 《马克思恩格斯全集》第12卷,人民出版社1962年版,第73页。
③ 《列宁全集》第27卷,人民出版社1990年版,第426页。
④ 《列宁全集》第16卷,人民出版社1988年版,第80页。
⑤ 同上书,第81页。

斯（今日伊朗）、土耳其、中国这类当时已处于半殖民地的国家，大约有10亿人口被西方最富有的国家置于殖民地附属地位，受他们的剥削和压迫。经过第一次世界大战又把俄国、奥匈帝国、德国、保加利亚近2.5亿人口置于同殖民地毫无差别的境地，使他们"陷于贫困、饥饿、破产、无权的境地……遭受殖民压迫，遭受野蛮的资本主义的剥削"。① 相反，美国在战争中获利，并从负债累累一跃成为各国的债主。日本虽然在战争中未卷入欧美冲突，但攫取了亚洲大陆的许多地方而获取了巨大利益。英国也从战争中获得了很大利益。美、日、英三国再加上战时发了财的中立国，总计人口2.5亿人，而"在这些国家中自然只有上层分子，只有资本家才能从瓜分世界中得到好处"。② 其结果正如列宁在《共产国际第二次代表大会文献》一文中所说的那样："世界资本主义经济的'结构'正在全面瓦解。在资本主义制度下借以取得原料和销售产品的贸易，已经无法维护了；正因为许多国家从属于一个国家，币值一变动，这种关系就无法维持了。现在，任何一个最富有的国家也不能生存，不能进行贸易了，因为它无法出售自己的产品，也无法买进原料。"③

（3）殖民主义的压迫和剥削引起摆脱殖民统治的革命因素迅速成长。列宁说：在殖民地和半殖民地国家中，"站在最前列的是英属印度。在那里，工业和铁路的无产阶级愈壮大，英国人的恐怖行为愈凶残——他们愈来愈频繁地采取大屠杀和当众拷打等暴行——革命的发展也就愈迅速"。④ "从20世纪初开始，这方面已经发生了很大变化：亿万人民——实际上是世界人口的绝

---

① 《列宁全集》第39卷，人民出版社1986年版，第207页。
② 同上书，第208页。
③ 同上书，第212页。
④ 《列宁全集》第42卷，人民出版社1987年版，第3页。

大多数——现在已经成为独立的、积极的革命因素。十分明显，在未来的世界革命的决战中，世界人口的大多数原先为了争取民族解放的运动，必将反对资本主义和帝国主义。它所起的革命作用也许比我所预期的要大得多。"①

从英国和其他欧美贸易大国殖民主义扩张侵略行为中，我们可以看到殖民主义的根本目的在于获取和控制世界贸易霸权，残酷掠夺和剥削殖民地人民血汗，攫取最大的垄断超额利润。因此，殖民地人民推翻殖民统治，获取民族独立的斗争是正义的，必然获得最后的胜利。

三 经典作家关于中国对外贸易关系的主要论述

马克思说："欧洲各国从17世纪末为了与中国通商而互相竞争"，这种竞争一直持续不断，"而到1840年就在英国大炮的轰击之下得到了充分的发展。"② 1853年，马克思在《中国革命和欧洲革命》一文中对此专门进行了考察。

（一）马克思对中英鸦片贸易的历史考察

1. 鸦片贸易的危害和清王朝禁止鸦片贸易的原因

自第一次鸦片战争开始，中国就变成了一个半殖民地国家，战争的导火线是中国当局在广州焚毁了外国商人的鸦片。

（1）鸦片贸易的危害。马克思强调指出："中国在1840年战争失败后被迫付给英国的赔款，大量的非生产性的鸦片消费，鸦片贸易所引起的金银外流，外国竞争对本国生产的破坏，国家

---

① 《列宁全集》第42卷，人民出版社1987年版，第41—42页。
② 《马克思恩格斯全集》第9卷，人民出版社1961年版，第111、115页。

行政机关的腐化,这一切就造成了两个后果:旧税捐更重更难负担,此外又加上了新税捐。"① 致使咸丰皇帝不得不颁发一道上谕,责成南方各省、武昌、汉阳的总督和巡抚减轻捐税,允许缓交,绝对不要额外再征。

(2)清政府禁止鸦片贸易的原因。清政府禁止鸦片贸易既有直接的经济的原因如上述所说的危害,还有鸦片走私造成的间接危害,正如马克思所指出的那样:"私贩鸦片有关的贪污也从精神方面使中国南方各省的国家官吏完全腐化。就像皇帝通常被尊为全国的君父一样,皇帝的每一个官吏也都在他所管辖的地区内被看做是这种父权的代表。可是,那些纵容鸦片走私、聚敛私财的官吏的贪污行为,却逐渐腐蚀着这个家长制的权力,腐蚀着这个广大的国家机器的各部分间的唯一的精神联系。"②

2. 中英贸易变化的特点

简而言之,在鸦片战争之前和鸦片战争之后的贸易收支差额是不同的。马克思说:"在1830年以前,当中国人在对外贸易上经常是出超的时候,白银是不断地从印度、不列颠和美国向中国输出的。"因为"中国过去输入的英国棉织品数量很小,英国毛织品的输入也微不足道,但自1833年起,当对华贸易垄断权由东印度公司手中转到私人商业手中之后,这项输入便迅速地增加了。从1840年起这项输入增加得更多,其他国家特别是美国也开始参加和中国的通商。"③

(二)马克思对中俄贸易关系的历史考察

中俄之间贸易往来时间很长,早在1768年叶卡特林娜二世

---

① 《马克思恩格斯全集》第9卷,人民出版社1961年版,第111页。
② 同上书,第110页。
③ 同上书,第110—111页。

统治时期订立的条约规定下来的贸易,是以恰克图作为主要的贸易活动中心。

马克思在《俄国的对华贸易》一文中写道:"俄国同中华帝国的关系是很特殊的。"①

特殊关系之一,俄国人"享有在北京派驻使节的优先权"。当时,英国人、美国人连跟两广总督直接进行联系的特权也没有,而法国人没有向中国进行贸易。

特殊关系之二,"俄国人自己独享内陆贸易。"这种独享"成了他们没有可能参加海上贸易的一种补偿,看来,在内陆贸易中,他们是不会有竞争者的"。②

特殊关系之三,中俄贸易是通过集市以易货贸易方式进行的。马克思说:"这种在一年一度的集市上进行的贸易,由十二个中间人经管,其中六个是俄国人,六个是中国人;他们在恰克图会商,由于贸易完全是以货易货,还要决定双方所应提供交换的商品比例。"③

特殊关系之四,俄国企图进一步抢占中国海上贸易。马克思说:"俄国的努力决不只限于发展这种陆路贸易。它占领当今中国统治王朝的故乡——黑龙江西岸的地方——俄国占领了千岛群岛和其毗邻的堪察加沿岸。它在这一带海面上已经拥有一个舰队,它无疑地会利用任何有利的机会来设法参加同中国的海上贸易。"④ 1858年恩格斯在《俄国在远东的成功》一文中指出:"俄国正在迅速地成为亚洲的头等强国,它很快就会在这个大陆上压倒英国。由于征服了中亚细亚和吞并了满洲,俄国使自己的

---

① 《马克思恩格斯全集》第 12 卷,人民出版社 1962 年版,第 166 页。
② 同上书,第 166—167 页。
③ 同上书,第 167 页。
④ 同上书,第 168 页。

统治权扩大到一块与整个欧洲面积相等的领土上（俄罗斯帝国不包括在内），并从冰天雪地的西伯利亚进入了温带。中亚细亚各河流域和黑龙江流域，很快就会住满俄国的移民。"①

（三）列宁对中俄贸易关系的历史考察

列宁在《斯图加特国际社会党代表大会》一文中，深刻地揭示了资产阶级殖民主义政策的实质，指出："这一政策是以直接奴役未开化的民族为基础的：资产阶级实际上是在殖民地实行奴隶制度，使当地人遭受闻所未闻的侮辱和压迫，用提倡酗酒、传播梅毒来向当地人'传播文明'。"②

沙皇俄国把殖民主义的魔掌伸向中国。早在1900年列宁在《对华战争》一文中就曾指出："欧洲各国资产阶级政府早就对中国实行这种掠夺政策了，现在俄国专制政府也参加了进去。这种掠夺政策通常叫做殖民政策。凡是资本主义工业发展很快的国家，都要急于找寻殖民地，也就是找寻一些工业不发达、还多少保留着宗法式生活特点的国家，它们可以向那里销售工业品，牟取重利。"③列宁这样描述沙俄的贪婪："欧洲资本家贪婪的魔掌现在伸向中国了。俄国政府恐怕是最先伸出魔掌的，但是它现在却扬言自己'毫无私心'。它'毫无私心'地，占领了中国旅顺口，并且在俄国军队保护下开始在满洲修筑铁路。……它们把一座座村庄烧光，把老百姓赶进黑龙江中活活淹死，枪杀和刺死手无寸铁的居民和他们的妻子儿女。"沙皇政府为什么要对中国实行这种疯狂的政策呢？这种政策对谁有利呢？"它对一小撮同中

---

① 《马克思恩格斯全集》第12卷，人民出版社1962年版，第665页。
② 《列宁全集》第16卷，人民出版社1988年版，第80页。
③ 《列宁全集》第4卷，人民出版社1984年版，第320页。

国做生意的资本家大亨有利,对一小撮为亚洲市场生产商品的厂主有利,对一小撮现在靠紧急军事订货大发横财的承包人有利(有些生产武器、军需品等等的工厂正在拼命地干,并且增雇成百上千的日工)。"①

(四) 毛泽东很重视中国同外国发展对外贸易交往关系

早在1949年中华人民共和国成立前夕,毛泽东《在中国共产党第七届中央委员会第二次全体会议上的报告》中提出:"关于同外国人做生意,那是没有问题的,有生意就得做,并且现在已经开始做,几个资本主义国家的商人正在互相竞争。我们必须尽可能地首先同社会主义国家和人民民主国家做生意,同时也要同资本主义国家做生意。"② 毛泽东《在新政治协商会议筹备会上的讲话》中明确指出:"中国人民愿意同世界各国人民实行友好合作,恢复和发展国际间的通商事业,以利发展生产和繁荣经济。"③ 同年,在《论人民民主专政》著名文章中,毛泽东针对社会舆论的呼声,更加明确地指出:"'我们要做生意'。完全正确,生意总是要做的。我们只反对妨碍我们做生意的内外反动派,此外并不反对任何人。……团结国内国际的一切力量击破内外反动派,我们就有生意可做了,我们就有可能在平等、互利和互相尊重领土主权的基础之上和一切国家建立外交关系了。"④ 1957年,毛泽东在《关于正确处理人民内部矛盾的问题》一文中指出:"至于帝国主义国家,我们也要团结那里的人民,并且

---

① 《列宁全集》第4卷,人民出版社1984年版,第320、321页。
② 《毛泽东选集》第4卷,人民出版社1960年版,第1436页。
③ 同上书,第1470页。
④ 同上书,第1478页。

争取同那些国家和平共处，做些生意。"①

（五）邓小平提出在社会主义市场经济条件下，要大力发展中国对外贸易

邓小平是中国对外开放的总设计师。他对马克思列宁主义、毛泽东思想在中国创造性地运用和发展，为建立社会主义市场经济理论奠定了基础。他非常重视中国发展对外贸易。

1. 邓小平强调中国经济的发展离不开与各国的经济往来

1978 年，他在《高举毛泽东思想旗帜，坚持实事求是的原则》一文中指出："我们现在要实现四个现代化，有好多条件，毛泽东同志在世的时候没有，现在有了。……比如毛泽东同志在世的时候，我们也想扩大中外经济技术交流，包括同一些资本主义国家发展经济贸易关系，甚至引进外资、合资经营等等。但是那时候没有条件，人家封锁我们。后来'四人帮'搞得什么都是'崇洋媚外'、'卖国主义'，把我们同世界隔绝了。毛泽东同志关于三个世界划分的战略思想，给我们开辟了道路。我们坚持反对帝国主义、霸权主义、殖民主义和种族主义，维护世界和平，在和平共处五项原则的基础上，积极发展同世界各国的关系和经济文化往来。"②

2. 邓小平强调对外经济交往的互补性。1984 年，邓小平在《我们的宏伟目标和根本政策》一文中指出："吸收外国的资金和技术来帮助我们发展。这种帮助不是单方面的。中国取得了国际的特别是发达国家的资金和技术，中国对国际的经济也会作出较多的贡献。几年来中国对外贸易的发展，就是一个证明。所以

---

① 《毛泽东选集》第 5 卷，人民出版社 1977 年版，第 402 页。
② 《邓小平文选》第 2 卷，人民出版社 1983 年版，第 127 页。

我们说，帮助是相互的，贡献也是相互的。"① 他还指出："从世界的角度来看，中国的发展对世界和平和世界经济的发展有利。……世界市场的扩大，如果只在发达国家中间兜圈子，那是很有限度的。"②

3. 邓小平强调引进新技术、新设备，扩大进出口是个战略问题。早在 1975 年，他在《关于发展工业的几点意见》一文中就曾指出："外国都很重视引进国外的新技术、新设备。……要争取多出口一点东西，换点高、精、尖的技术和设备回来，加速工业技术改造，提高劳动生产率。"③

从马克思主义对中英鸦片贸易和马克思、列宁对中俄贸易的历史考察中，我们认识到，在旧中国由于西方国家推行殖民侵略扩张政策，中国沦为半殖民地半封建国家，失掉外贸自主权，这是中国对外贸易发展长期落后的根本原因。就内部而言，也受清王朝长期实施闭关自守政策有关。新中国建立初，毛泽东、邓小平等老一辈无产阶级革命家，主张对外交往和开放，但由于帝国主义对中国实行经济封锁和贸易禁运的歧视政策，使中国同西方发达国家对外交往受到极大限制。这个历史教训我们必须牢牢汲取。

四　经典作家关于大国之间贸易关系的论述的启示

伟大的导师马克思在生前计划写一部政治经济学巨著。他在《经济学手稿（1857—1858 年）》导言中这样写道："应当这样

---

① 《邓小平文选》第 3 卷，人民出版社 1993 年版，第 78—79 页。
② 同上书，第 79 页。
③ 《邓小平文选》第 2 卷，人民出版社 1983 年版，第 29 页。

来分篇：……生产的国际关系。国际分工。国际交换。输出和输入。汇率。世界市场和危机。"① 这就是说，马克思设计的巨著内容涵盖了整个世界经济，当然也包括丰富的国际贸易理论。然而，虽然马克思生前不可能对当代国际贸易理论进行系统的全面的论述，但在载籍浩瀚的《马克思恩格斯全集》里却蕴涵着丰富的国际贸易理论思想，尚需要我们理论工作者去挖掘和探索。这里还包括恩格斯、列宁、斯大林、毛泽东、邓小平等老一辈无产阶级革命家有关国际贸易的理论思想。那么，我们从学习经典作家关于大国之间贸易关系的论述，受到哪些主要启示呢？

（一）经典作家关于大国之间贸易关系的论述的许多重要观点，对于在社会主义市场经济体制下，研究当代国际贸易问题仍有不可泯灭的理论和实践指导意义

1. 利用"倾销"手段占领国际市场是资本家垄断集团转嫁经济危机的惯用伎俩

马克思在1856年撰写的《欧洲的金融危机》一文中指出：在鸦片贸易以前，尽管英国"白银由欧洲向亚洲的外流削弱，但是没有停止，更没有变为由亚洲流往欧洲。只是到后来，英国的仁慈强迫中国进行正式的鸦片贸易，用大炮轰开了万里长城，以武力打开了天朝同尘世往来的大门，金属货币流通中才发生这种急剧的转变。因此，当中国的白银流到中印边境的时候，英国和美国把自己的工业品大量倾销到中国的太平洋沿岸地区。这也就说明为什么1842年白银在现代贸易史上第一次大量地真正由亚洲输往欧洲。"②

---

① 《马克思恩格斯全集》第11卷，人民出版社1962年版，第759页。
② 《马克思恩格斯全集》第12卷，人民出版社1962年版，第73页。

列宁学说是资本主义垄断时期的马克思主义。他在1916年撰写的《帝国主义是资本主义的最高阶段》这篇著名著作中，从资本主义垄断的角度来分析卡特尔的倾销。他指出："卡特尔和金融资本有一套'按倾销价格输出'的做法，也就是英国人所说的'抛售'的做法：卡特尔在国内按垄断的高价出卖产品，而在国外却按极低廉的价格销售，以便打倒自己的竞争者，把自己的生产扩大到最大限度等等。"①

我国是世界上拥有12亿多人口最大的发展中国家，也是世界上最有发展潜力的巨大销售市场和资本输出市场。为了争夺中国这个大市场，西方发达国家的跨国公司之间展开了空前激烈的竞争，他们仍然采取倾销的手段。例如，1999年6月3日我国首次依照《中华人民共和国反倾销和反补贴条例》对原产于加拿大、韩国和美国的进口新闻纸征收9%—78%不等的反倾销税。此后，应国内产业的要求，我国又对来自俄罗斯的涉及8个税则号的冷轧硅钢片、来自韩国的聚酯薄膜进行反倾销调查，以及对来自日本和韩国的涉及7个税则号的不锈钢冷轧薄板反倾销调查正式立案等等。这是中国按照国际惯例，正确运用反倾销手段，维护正常国际贸易秩序和企业公平竞争环境的合法权益的具体体现。但是，目前我国仅有《反倾销反补贴条例》，尚未立法，为避免国外进口产品的倾销对中国国内已建立的相关产业造成实质损害或者产生实质损害的威胁，或者对国内建立相关产业造成实质阻碍的应依法进行反倾销，必须尽早出台《中华人民共和国反倾销法》。

2. 生产过剩危机是资本主义经济发展不可避免的现象和特征

马克思关于资本主义周期性商业危机的危害、危机的发生原

---

① 《列宁全集》第27卷，人民出版社1990年版，第426页。

因,以及危机的特点的分析是相当深刻的。恩格斯关于资本主义工商业危机产生的原因,即"生产力按几何级数增长,而市场最多也只是按算术级数扩大"的观点,马克思关于"一切真正的危机的最根本的原因,总不外乎群众的贫困和他们的有限的消费,资本主义生产却不顾这种情况而力图发展生产力"的观点,对于分析当代国家垄断资本主义周期性经济危机仍然具有重要的指导意义。马克思关于贸易大国的地位不是固定不变的,而是动态可变的观点,对于我们分析当代贸易大国地位的变化和趋势亦有重要的指导意义。马克思认为,一国进出口贸易量和贸易额的变化取决于经济因素和非经济因素的影响,包括市场供求因素、价格竞争因素、资本实力因素等,而非经济因素包括革命、战争、殖民地贸易,以及商约协定和贸易政策等。

此外,列宁关于资本主义发展不平衡规律是贸易大国地位变化的根本原因的论点,经典作家关于社会主义国家同资本主义国家开展对外贸易的必然性与必要性的论述等许多重要论述和观点,对于分析当代国际贸易理论问题仍然具有理论指导意义。

(二) 经典作家有关大国贸易关系的论述,是在驳斥资产阶级和各种机会主义诡辩论中而发展起来的科学理论

在马克思主义学说发展过程中,经典作家包括马克思、恩格斯、列宁、斯大林、毛泽东、邓小平等老一辈无产阶级革命家的有关论述都是如此。

例如,在资本主义工商业危机产生的原因问题上,资产阶级经济学家总是用与工商业无关的偶然因素来解释这种现象,他们把危机产生原因推到"战争"和"革命"身上。马克思在《工商业危机》一文中,分析1854年危机时指出:"一次巨大的工商业危机又来到了英国,而且这次危机的破坏性就其规模来说,比1847年和1836年的危机还要大。"① 马克思列举了英国某些最重要的工业部门产品出口,如棉织品、棉纱、亚麻织品、亚麻纱、毛织品、丝织品、机器出口减少的数据说明了这一点。在这里,马克思批判了资产阶级经济学家妄图转嫁工商业危机发生原因的谬论。他指出:"关于贸易的报告企图把1854年的危机的责任推到战争②身上,就同他们早在1847年就已开始的危机推到1848年的革命③身上一样。但是这一次连伦敦的'经济学家'杂志——它根据自己的原则总是用与工商业无关的偶然情况来解释危机的——也不得不承认,1854年的破产和贸易的减少是1853年的'痉挛性的繁荣'的合乎自然的反作用的开始。……东方战争涉及美国的只是在这一方面,即东方战争造成了美国的造船业和船只贸易的空前发展,保证美国的某几种原料有了销路,而过去这些原料主要是或者完全是由俄国提供的。"④

又如列宁对机会主义者美化殖民主义政策的批判也是如此。在1907年斯图加特国际社会党代表大会上,以荷兰人万科尔为首的机会主义分子在人数上占了上风。他们在大会决议中塞进了这样的谬论:"大会并不在原则上都谴责任何殖民政策,殖民政策在社会主义制度下可以起传播文明的作用。"会上围绕这一问题展开了空前激烈的辩论。列宁明确指出:"殖民地问题在国际代表大会上讨论已经不是第一次了。在此之前,历次国际代表大会的决议一直是把资产阶级的殖民政策作为掠夺和暴力的政策而

---

① 《马克思恩格斯全集》第10卷,人民出版社1962年版,第637页。
② 指1854—1856年克里米亚战争,笔者注。
③ 指法国的二月革命和德国的三月革命,笔者注。
④ 《马克思恩格斯全集》第10卷,人民出版社1962年版,第638页。

坚决加以谴责的。""资产阶级实际上是在殖民地实行奴隶制度"①列宁又针对有些资产阶级作家(卡·考茨基也加入了他们的行列,他完全背叛了像他在1909年所采取的那种马克思主义的立场)的谬论,即他们认为:"卡特尔作为资本国际化的最突出的表现之一,给人们带来了在资本主义制度下各民族间实现和平的希望。"列宁批判了这种谬论,认为:"这种意见在理论上是十分荒谬的,在实践上则是一种诡辩,是用欺骗的手段为最恶劣的机会主义辩护。"列宁明确指出:"资本家瓜分世界,并不是因为他们的心肠特别狠毒,而是因为集中已经达到这样的阶段,使他们不得不走上这条获取利润的道路;而且他们是'按资本'、'按实力'来瓜分世界的,在商品生产和资本主义制度下也不可能有其他的瓜分方法。"②

(三) 在社会主义市场经济条件下,大力发展对外贸易是邓小平对马克思主义国际贸易理论的创造性发展

长期以来,人们把市场经济视为"禁区"而不能突破,其中的一个重要原因就是从马、恩经典著作中找不出现成的答案。马克思在《资本论》中指出:"劳动时间的社会的有计划的分配,调节着各种劳动职能同各种需要的适当的比例。"③恩格斯在《反杜林论》中又指出:"一旦社会占有了生产资料,商品生产就将被消除,而产品对生产者的统治也将随之消除。社会生产内部的无政府状态将为有计划的自觉的组织所代替。"④根据马、恩的观点,当社会主义革命取得胜利以后,全部社会生产资料将

---

① 《列宁全集》第16卷,人民出版社1988年版,第79—80页。
② 《列宁全集》第27卷,人民出版社1990年版,第388页。
③ 马克思:《资本论》第1卷,人民出版社1975年版,第96页。
④ 《马克思恩格斯选集》第3卷,人民出版社1972年版,第323页。

归整个社会所占有,社会的生产和分配"将按劳动时间的社会的有计划的分配,调节着各种劳动职能同各种需要的适当比例。"在这种情况下,耗费在产品生产上的劳动不必再表现为价值,于是产品也就不再作为商品来生产了。从马克思、恩格斯著作中看,他们都没有使用过商品经济、市场经济以及计划经济这些概念。在苏联十月革命以前,列宁也提出过"社会主义就是消灭商品经济"。但是,在十月革命后的最初几年,由于实行余粮征集制,定额实物分配制以及工业品集中管理、统一支用的政策,导致农业生产急剧下降,商品交换秩序的混乱,出现1921年春天严重的政治和经济危机。面对这一现实状况,列宁果断地对马克思、恩格斯和他本人以及布尔什维克党曾做出的理论设想进行修正,制定了新经济政策,改余粮征集制为粮食税,在一定程度上恢复了自由贸易(1921—1925年)。后来,到20年代末和30年代初,由于斯大林停止施行新经济政策,实行排斥商品经济的计划经济,长期地把计划经济同商品经济对立起来,使市场经济成为资本主义的代名词,成为社会主义政治经济学的一个理论"禁区"。同样,对外贸易国家垄断制也是如此。应当肯定,在苏联当时的历史条件下,实行对外贸易国家垄断制,对于保护国内薄弱落后的工业,抵制国内外商人的投机活动,增加国家的外汇收入是十分必要的,但是,长期执行这一制度则是违背市场经济制度的。

正如邓小平1992年初在南巡讲话中明确指出的"计划多一点还是市场多一点,不是社会主义与资本主义的本质区别。计划经济不等于社会主义,资本主义也有计划;市场经济不等于资本主义,社会主义也有市场。计划和市场都是经济手段。"[①] 党的

---

① 《邓小平文选》第3卷,人民出版社1993年版,第373页。

十四大根据邓小平这一理论确定了社会主义市场经济体制的目标,无疑这是对传统理论的一个新的重大突破。邓小平把发展中国对外贸易提高到中国经济发展战略高度来认识,特别强调扩大出口拓宽国际市场以及克服外汇短缺增加外汇收入的战略地位。1983年他同中央几位负责同志谈话中强调指出:"中国是一个大的市场,许多国家都想同我们搞点合作,做点买卖,我们要很好利用。这是一个战略问题。"① 1986年邓小平在听取中央负责同志汇报当前经济情况时,又强调指出:"外汇短缺,外贸发生逆差,会不会拖我们的后腿?中国有很多东西可以出口。要研究多方面打开国际市场……逐年减少外贸逆差是个战略性问题。"②

(四)经典作家的有关国际贸易理论,还需要在经济全球化日益扩大、信息科学技术飞速发展中继续发展

马克思、恩格斯曾多次说过:"我们的理论是发展的理论,而不是必须背得烂熟并机械地加以重复的教条。"③ 经典作家从来不把自己的学说当成万古不变的教条,而是随着丰富实践的变化作出新的理论概括。我们学习经典作家关于大国贸易理论的论述,就是要掌握它的精神实质,学习它的立场、观点和方法,要结合中国的国情创造性地运用和发展。

到20世纪末,即2000年我国外贸进出口总值达4743亿美元,其中出口2492亿美元,进口2251亿美元,全年实现贸易顺差241亿美元,外贸出口居世界第7位,进口居第8位,属于世界贸易大国,但由于我国人口众多,人均出口水平低。应当看

---

① 《邓小平文选》第3卷,人民出版社1993年版,第32页。
② 同上书,第159—160页。
③ 《马克思恩格斯全集》第36卷,人民出版社1974年版,第584页。

到，改革开放以来我国的国际竞争力虽然有了很大提高，但同国外先进国家相比，尚有较大的差距。据瑞士洛桑国际研究所2000年国际竞争力报告，1999年在参评的46个国家中，中国排名次序由第31位降为第33位。主要原因在于我国高科技创新能力不足。根据美国评价亚洲发展中国家高新技术能力的四项指标（国家价值取向、社会基础结构、技术基础结构、生产能力），认为中国处于亚洲国家的中下水平。可见，我国虽然是个出口大国，但却不是出口强国，因此，围绕如何提高我国出口商品国际竞争力这一核心问题开展专题深入研究，比如贸易大国出口在一国经济发展中的地位和作用问题，外贸出口依存度的合理界限问题，外贸增长方式转变问题，对外贸易管理与WTO规则要求接轨问题，贸易大国发展战略问题等许多问题都应当加以研究。我们要以邓小平对外开放理论为指导，结合我国的国情，深入研究和探索大国贸易关系理论，为21世纪我国成为世界贸易强国而不懈努力。

（原载杨圣明主编《马克思主义国际贸易理论新探》，经济管理出版社2002年版）

坚持和发展马克思的国际价值理论

弗·恩格斯说:"马克思在他所研究的每一个领域(甚至在数学领域)都有独到的发现,这样的领域是很多的,而且其中任何一个领域他都不是肤浅地研究的。"[1] 其中,马克思创立的国际价值论就是这样的一个领域。国际价值论是马克思的劳动价值论不可分割的组成部分,它标志着商品的国内市场价值形式,转化为世界市场的国际价值形式,这是对商品价值理论的进一步补充和发展。

一 国际价值论是世界经济理论和国际贸易理论中的一个核心问题

围绕国际价值的争论,已有二百多年的历史。"国际价值"一词是约翰·穆勒提出的。他认为,国际价值是由供求决定。对于这种理论,马克思进行了批判。第二次世界大战以后,60年代初,在"经互会"国家经济学家之间,为改革外贸体制寻找

---

[1]《马克思恩格斯全集》第19卷,人民出版社1963年版,第375页。

理论依据，围绕什么是国际价值问题又展开了一场热烈的探讨。对于什么是国际价值大致有三种看法：第一种看法，以民主德国科学院院士寇尔梅（Gunther Kohimey）为代表，认为马克思在《资本论》中所说的一个"世界劳动的平均单位"等于一个单位的"国际价值"，而一种商品的国际价值就是各国生产该商品所需的国内社会必要劳动（时间）的加权算术平均数，权数可以是各国该商品的出口量，或可供出口的生产量。第二种看法，以苏联莫斯科大学法明斯基教授为代表，提出"国际社会必要劳动"的概念，他强调说这不是各国社会必要劳动的算术平均数，而是由商品的主要供应国的国内生产条件决定的。这意味着在"经互会"市场上，苏联作为一系列商品的主要供应者有权决定其成交价格。第三种看法，以匈牙利经济学家拉吉斯·兹尔科为代表，他认为由于国际间资本和劳动不能像国内那样自由流动，故形成不了像国内价值一样的国际价值。他强调《资本论》第1卷第20章中的论述，既没有肯定，也没有否定"世界劳动的平均单位"就是国际价值，只是说明"世界劳动的平均单位"是衡量各国国内劳动的一个合适的尺度，能反映出各国劳动生产率的差异，利用表示这种差异的指数（倍数）来调整国内价值，就可以相互比较，故称之为"统一价值"（unifiedvaleu）[①] 当时，这个讨论也波及中国。1978年党的十一届三中全会以后，我国学术界打破"四人帮"设置的理论禁区，为改革开放、大力发展我国对外经济贸易提供理论政策支持，围绕马克思的国际价值理论开展了大讨论。讨论当中涉及的理论问题比较多，诸如国际价值是不是客观存在的经济范畴，是否存在国际生产价格，如何

[①] [匈] 拉吉斯·兹尔科：《国际价值与国际价格》，谭国政译，对外贸易教育出版社1986年版。

理解马克思所说的价值规律在世界市场上"发生更大的变化"，按国际价值交换是否等于等价交换，按国际价值交换是否发生价值转移和产生剥削，国际间产生不等价交换的原因，对外贸易能否增加一国价值量，等等。

二 对马克思国际价值论的几点认识

（一）国际价值量是由什么决定的？

价值规律是商品经济的普遍规律。国际价值量是由世界劳动的平均单位或者世界市场上的平均国际社会必要劳动时间决定的。在现代市场经济条件下，商品交换无论是在国内市场还是世界市场上都要体现价值规律的客观要求。如果把商品价值放到世界贸易更加广泛的市场范围内来衡量，商品普遍地展开自己的价值。衡量这个商品的国际价值量多少的尺度是世界劳动的平均单位。马克思说："在以各个国家作为组成部分的世界市场上，情形就不同了。国家不同，劳动的中等强度也就不同；有的国家高些，有的国家低些。于是各国平均数形成一个阶梯，它的计量单位是世界劳动平均单位。"[①] 由于国际价值量是由世界劳动的平均单位或者说世界市场上平均国际社会必要劳动时间决定的，因此，某种商品的国际价值量就是这种商品国别价值总量与这种商品的世界总量之商，即国别价值的加权平均数。价值规律客观要求国际商品交换比例或贸易价格必须以商品的国际价值作为衡量的价值尺度，也就是说，在国际贸易中必须体现价值规律的客观要求，实行等价交换。各国的国别价值只用于衡量在那个特定国家范围内生产商品所耗费的社会必要劳动量。各

---

① 马克思：《资本论》第1卷，人民出版社1975年版，第614页。

国商品的国别价值只有通过对外贸易才能充分展开自己的价值，转化为世界范围承认的国际价值，国别劳动才能转化为一般的世界劳动。

（二）国际价值是不是客观存在的经济范畴

马克思在《资本论》第1卷第20章中，第一次科学地阐明了"国际价值"、"世界劳动的平均单位"和价值规律在世界市场上会"发生更大的变化"这样一些新的科学的经济范畴和概念。在这里，马克思指出了衡量一种商品国际价值量的大小，必须以"世界劳动的平均单位"为依据，也就是要以国际社会必要劳动时间作为衡量标准。而国际社会必要劳动时间是指在世界平均水平（即在现有国际标准生产条件下，平均的劳动熟练程度和强度以及平均的劳动生产率）条件下，生产一种商品所花费的劳动时间。一般来说，劳动强度与商品价值量的关系，是指同一劳动（即劳动熟练程度和劳动强度相同的劳动）在相同时间内所提供的商品价值量是相等的。所以，在同一时间内劳动强度越大，劳动所形成的国际价值就越大。如果我们把参与国际贸易的每一个国家作为一个相对独立的生产者来看待，那么我们就会看到，每一个国家由于存在着不同的中等劳动强度，从而形成不同的国际价值。如果把这些国别价值按高低次序排列起来就会形成一个阶梯。因此，衡量国际价值量大小的标准，只能是国际社会必要劳动时间这个统一的尺度。

马克思又说："一个国家的资本主义生产越发达，那里的国民劳动的强度和生产率，就越超过国际水平。因此，不同国家在同一劳动时间内所生产的同种商品的不同量，有不同的国际价值，从而表现为不同的价格，即表现为按各自的国际价值而不同的货币额。所以，货币的相对价值在资本主义生产方式较发达的国家里，比在资本主义生产方式不太发达的国家里要小。"① 马克思的这段论述表明，作为国际价值要有一个客观的评价标准，这就是世界平均水平。由于各国的劳动强度和劳动生产率的不同，因而在相同的劳动时间内形成了各国不同的国别价值。假定商品在世界市场上的供求是完全一致的，那么在国际交换中，商品按照世界市场上同一的国际价值水平来衡量，就会出现下列三种不同的情况：一是劳动强度和劳动生产率处于世界中等水平的国家，生产一种商品所花费的劳动时间，相当于或接近于世界平均水平，那么它的商品国别价值就可以按照国际价值出售，二者大体相当。二是劳动强度和劳动生产率较高的国家，由于生产一种商品所花费的劳动时间，比国际社会必要劳动时间要少，成本较低，所以这类国家在国际交换中就可得到超额利润。三是劳动强度和劳动生产率较低的国家，因为生产一种商品所花费的社会必要劳动时间，比国际社会必要劳动时间要多，在世界市场上如果按照国际价值进行交换，这样的国家在国际交换中就会无利甚至亏本。

从上述简要分析中可以看出，国际价值是国别价值在社会生产力发展到一定历史阶段的产物，是一个客观存在的经济范畴。因此，那种认为国际价值是"虚构"的说法，看来是缺乏理论依据的。

（三）劳动生产率和劳动强度在国际价值形成中的作用

在国际价值形成中，劳动生产率和劳动强度的作用是一致的。这是因为在各国内部劳动的中等强度不同，劳动生产率不同，还存在复杂劳动与简单劳动的差别，因此，单位时间里生产

---

① 马克思：《资本论》第 1 卷，人民出版社 1975 年版，第 614 页。

商品的数量、品质和技术性能等都有很大差别，商品内在包含的世界一般劳动量也有所差别。由于商品国际价值是由世界平均必要劳动时间决定的，因而商品国际价值量是与总体商品中包含的世界平均必要劳动时间多少成正比，单个商品的国际价值量与生产这种商品的总体的世界平均劳动生产率成反比。但商品生产者所生产的商品国际价值量与商品生产者个别劳动生产率（劳动强度）成反比。在一国内，商品的国别价值量与社会总体的劳动生产率成反比，劳动生产率越高，单位商品价值量越少，但某种生产者所生产商品总量的国别价值量却与单个生产者的劳动生产率成正比，单个生产者的劳动生产率越高，其创造商品价值量越多。在世界市场与国内市场上的价值规律也一样，正如马克思所说："一个国家的资本主义生产越发达，那里的国民劳动的强度和生产率，就越超过国际水平。因此，不同国家在同一劳动时间内所生产的同种商品的不同量，有不同的国际价值"，"因此，强度较大的国民劳动比强度较小的国民劳动，会在同一时间内生产出更多的价值"①。所以，单个商品的国际价值量与世界总体的平均劳动生产率成反比，世界总体的平均劳动生产率越高，单位商品的国际价值量越低，但单个国家或生产者所生产商品总量的国际价值量与其劳动生产率成正比。因为国际国内两个市场上这个规律是没有差别的。这里需要解释一下，劳动强度可以理解为劳动的复杂程度、劳动效率（劳动生产率）、劳动时间长短等多方面含义，这样，劳动强度可以理解为多倍的简单劳动和较高的劳动生产率，都可以转化为无差异的同质的社会必要劳动时间。一国的劳动强度可能是另一国劳动强度的许多倍，因而，在单位时间里，一国在其高劳动强度下生产商品所包含的世界平均

---

① 马克思：《资本论》第 1 卷，人民出版社 1975 年版，第 614 页。

必要劳动时间，会是另一国在其低劳动强度下生产某种商品所包含的世界平均必要劳动时间的许多倍，所以，马克思说，强度较大的国民劳动比强度较小的国民劳动，会在同一时间内生产出更多的价值（指的是国际价值）。这就不难理解马克思在批评萨伊时所指出的，萨伊没有注意到即使用李嘉图比较利益理论也能理解的"一个国家的三个工作日也可能同另一个国家的一个工作日交换"①的事实。这里马克思是从国别价值的角度来说的，一个低劳动强度的国家用三个工作日的国别价值与另一个高劳动强度的国家用一个工作日的国别价值相交换。如果用国际价值量来衡量二者是等价交换的。应当指出，这里马克思所指的不是一个国家用三个工作日的国际价值交换另一个国家的一个工作日的国际价值，否则，就不是等价交换。马克思坚持价值规律是始终如一的，所以，我们推断，马克思所说的"一个工作日"和"三个工作日"是从国别价值角度说的。从国别价值看，似乎一个国家一个工作日可以交换另一个国家三个工作日，以少换多，太不合理，劳动强度较高的比较富有的国家在交换中不按价值规律办事，剥削劳动强度较低的比较贫穷的国家，即便像约翰·斯图亚特·穆勒所说贫穷国家在交换中得到好处那样时，似乎贫穷国家也受富国剥削的。但是，从国际价值角度来考察，劳动强度较高的国家用一个工作日的国别价值交换劳动强度较低的国家三个或若干个工作日的国别价值是完全符合价值规律的。国际间不同劳动强度的国家用多少个工作日的国别价值相交换的比例，就如同价值规律在一国国内市场上要求一个熟练、复杂的劳动日交换若干个不熟练的、简单的劳动日的比例一样，国际国内交换都是一个道理，都必须符合价值规律的客观要求。在一个国家内部，

---

① 《马克思恩格斯全集》第26卷（Ⅲ），人民出版社1975年版，第112页。

一个单位的社会必要劳动时间或国别价值是绝不能够交换三个单位或若干单位社会必要劳动时间或国别价值。然而，在世界范围内，由于各国的国别价值内含国际价值量不同，一个国家一个工作日的国别价值与另一个国家三个或若干个工作日的国别价值相交换不仅是可能的，而且是符合价值规律要求的。

（四）价值规律在世界市场上的作用

价值规律在世界市场上作用的形式"发生更大的变化"，但价值规律的本质没有变。所谓价值规律在世界市场上作用的形式"发生更大的变化"，是指价值规律在世界市场上较之一国之内的作用，具有其特性，即具有新的特点。

第一，在世界市场上衡量商品价值的标准或尺度是国际价值而不是国别价值。国际价值和国别价值是两个不同的价值尺度，在国际贸易中，每一个国家都是以一个相对独立的生产者的身份出现在世界市场上。由于各国的劳动强度不同，劳动生产率的差异，因此，各国的社会必要劳动时间决定的国别价值，不能作为世界市场上衡量商品价值的尺度和标准，而必须按照国际社会必要劳动时间决定的国际价值作为衡量尺度和标准。这样一来，每一个国家不同的国别价值在世界市场上，会出现高于或低于国际价值的情况。

第二，发达国家与第三世界国家，通过国际贸易可以获得比较利益，这是价值规律在世界市场上发生作用的一种形式。所谓比较利益，是指某一国家在生产同类商品时较之其他国家具有相对有利的条件，或者叫作相对优势。如果这些国家都能积极参与国际分工，彼此生产本国居于优势的商品，互相交换，对于双方来说，都可以实现社会劳动的节约，都是有利的。在国际贸易中，由于各国劳动强度和劳动生产率的差异，由于资本和劳动力在国际间转移的困难，因而国际价值较之国别价值具有相对的稳定性。因此，尽管一些国家按照国际价值出口商品，有时会出现出口价格低于国内生产成本而发生经营亏损的情况。可是通过出口换取外汇，再从世界市场上进口一些技术设备及原材料，往往还会比国内生产更便宜。在这种情况下，交换的双方均可获得比较利益。

第三，国际垄断组织的存在是国际贸易中不等价交换产生的根源。前面我们假定在世界市场上商品量是在供求完全一致的情况下价值规律发生作用的，但是，实际上国际市场的供求状况从来不会是一致的，即使能够达到或接近于一致的情况，那也只是偶然的现象。在当今国际贸易中，由于资本主义市场仍占据着绝对优势，一些大的跨国公司垄断着世界市场的商品价格，他们通过高价出口工业制成品，低价进口初级产品，使世界市场价格背离国际价值，使一些第三世界国家的贸易条件日益恶化。在这种情况下，在国际贸易中不可避免地会发生价值转移现象，存在着不等价交换。

由此可见，在世界市场上，尽管价值规律的作用形式"发生更大的变化"，但是，其本质没有变。在国际贸易中，价值规律依然起着重要的调节作用。

（五）是否存在国际生产价格？

对此问题我有以下几点主要看法：

第一，国际生产价格规律不适用于现代国际贸易。马克思、恩格斯生活的年代正是资本主义自由竞争的时代，资本的自由投资、自由贸易和自由雇佣劳动制度，都有力地促进了一国国内一般利润率形成和价值转化为生产价格。而国际间的投资活跃和贸易的勃兴有助于国际生产价格的形成，但这只是一个趋势，并不是事实。因为在资本主义自由竞争的时代，世界资本存量还很小，国际贸易规模也不大，除了主要发达资本主义国家内部基本上由资本支配或统治工商业外，世界上绝大多数国家的经济发展还相当落后，资本还没有能够统治工商业，国际间商品经济发展水平差距很大，各国资本有机构成差距很大。即便存在一定的国际资本投资，也远不足以做到让各国利润率水平达到统一。正是这种国际间利润率水平的巨大差距才吸引资本向落后国家投资。反过来说，国际资本流动证明，国家间利润率水平存在差距，这就进一步说明了国际间还没有事实上存在的国际生产价格。不过国际资本流动确实在推进生成国际生产价格这种趋势，尤其在发达资本主义国家之间利润率水平差距大大缩小，所以，恩格斯只说生产价格适用于国际贸易，"在向同一些市场输出同种商品或类似商品的各民族之间，也必然会逐渐发生利润率的平均化"①。但恩格斯并没有说国际利润率已经平均化，国际贸易按生产价格为基础来进行交换。马克思说，当时发达国家的国内生产价格已经形成，但各国生产价格还存在差距，商业资本就在不同国家之间做贸易来赚取生产价格差额，这说明各国资本有机构成差距很大，利润率远没有平均化。

第二，垄断价格的形成取决于供给的垄断和需求的强度。随着资本加快积累和集中，产业资本垄断和金融寡头的形成，以及在国家垄断资本主义下，财政金融资本参与国民经济活动，这一切使得利润率不再是保持或走向平均化，而是进一步拉大了差距。处于垄断地位的资本，可以背离价值规律而操纵价格获得高额利润，而处于非垄断地位的资本，只能得到低于一般利润率的利润。在垄断资本主义时期，价格不再是围绕价值（生产价格）

---

① 《马克思恩格斯全集》第25卷（Ⅰ），人民出版社1974年版，第1022页。

这一中心上下波动，垄断价格则是垄断资本人为地、长期地、稳定地偏离价值，并且通过价格分配把非垄断资本的一部分剩余价值转移到垄断资本那里。垄断价格的决定更多地取决于供给的垄断力量和需求的欲望强度。价值规律对垄断价格不起决定作用，只能起到宽泛的制约和影响作用，但社会总体价格等于社会总价值量（在封闭经济条件下），总剩余价值量等于总利润量。马克思说："如果剩余价值平均化为平均利润的过程在不同生产部门内遇到人为的垄断或自然的垄断的障碍，特别是遇到土地所有权的垄断的障碍，以致有可能形成一个高于受垄断影响的商品的生产价格和价值的垄断价格，那么，由商品价值规定的界限也不会因此消失。某些商品的垄断价格，不过是把其他商品生产者的一部分利润，转移到具有垄断价格的商品上。剩余价值在不同生产部门之间的分配，会间接受到局部的干扰，但这种干扰不会改变这个剩余价值本身的界限。"[①]

马克思的这段话，同样适用于国际贸易。在现代国际贸易中，虽然不是全部但绝大部分是在垄断资本之间或垄断资本与非垄断资本之间进行的，尤其是当前跨国公司在世界贸易中占有较大比重。尽管当前国际资本投资量比19世纪多出许多倍，劳动力也存在一定数量的国际流动，但是，各国对资本和劳动力流动的规模、领域等都有严格的限定。发达国家之间尽管资本投资较为自由，但已经形成的高度垄断资本是不会轻易让外来资本自由进入或退出的，更不用说国与国之间相互设立的诸多贸易和投资的非关税壁垒。尤其各国对服务业的政策限制比较严格，服务业资本垄断程度也较高，这就限制了贸易和投资的自由化。由此看来，现代国际贸易既不完全受价值规律的支配，尽管在总体上是

---

① 马克思：《资本论》第3卷，人民出版社1975年版，第973页。

如此，也不符合国际生产价格规律要求，却含有更多的垄断与供求因素。

第三，在经济全球化大趋势的条件下，国际市场竞争空前激烈。在第二次世界大战之前，跨国公司的数量和经济实力还没有体现出主导国际经济贸易的趋势。第二次世界大战之后，尤其是20世纪90年代以来，跨国公司已经完全主导国际经济贸易。在WTO框架下，尽管贸易与投资已实现自由化，但由于现代国际贸易中，垄断与供求占有重要地位，供求与垄断联系在一起，而不是自由竞争时期的供求可以自动调节使价格总是围绕价值（生产价格）这个中心变动。与垄断相联系的供求使价格长期地、稳定地偏向一方，而处于非垄断地位的供给或需求在价格分配中处于不利境地，非垄断一方的价值向垄断一方转移。在现代国际贸易中，无疑存在发达国家垄断资本通过国际贸易不等价交换把发展中国家的一部分国际价值转移到自己腰包里，这是各国资本之间在国际经贸合作中国际价值和不合理的国际市场价格再分配关系，它不同于发达国家内部资本与劳动之间那种剥削关系。这种以国际价值为基础的不合理价格再分配关系体现了富国大资本与穷国小资本之间的利益对立关系，体现了发达国家垄断资本通过国际贸易对广大发展中国家的间接剥削关系，体现了发达国家垄断资本阻碍发展中国家资本成长、经济发展和牺牲发展中国家民族利益的一种表现。

（六）国际经贸活动中为什么会产生不等价交换，其原因是什么？

从理论上讲，在国际经贸活动中，不按国际价值进行的交换属于不等价交换。但是，如果按照国际价值进行交换，当然，就不存在富国剥削穷国的不等价交换。马克思关于价值规律作用的论述是深刻而又科学的。他是从价值规律在国际贸易中发生更大的变化的背景下，从国别价值的角度，论述一国一个工作日能交换另一国三个工作日的富国剥削穷国现象，实际上，马克思在这里并没有说从国际价值角度看待富国剥削穷国。所以，不能误解马克思在这里（国际贸易）真的说了富国通过国际交换剥削穷国的话。而且各国劳动生产率的差异不是产生不等价交换的原因。但要看到，在当今的国际贸易中，由于资本主义市场仍然占据着绝对优势，一些大的跨国公司垄断着世界市场的商品和价格，他们通过高价出口工业制成品，低价进口初级产品，使世界市场价格背离国际价值，使一些第三世界国家的贸易条件日益恶化。在这种情况下，国际贸易中不可避免地会发生价值转移现象，存在着不等价交换。

三 坚持和发展马克思主义的国际价值理论，科学发展对外经济贸易

任何理论或原理都不是一成不变的，它们都是一定时代的历史产物。随着人类社会的不断发展和进步，社会的经济、政治、文化和社会建设等各个方面都在发展变化之中。历史和逻辑起点的一致性是唯物主义的一个重要观点。马克思创建国际价值论的年代，正是资本主义发展的自由竞争时代，而今天资本主义经济发展已进入国家垄断资本主义和国际垄断资本主义的新阶段。经济全球化包括生产全球化、资本全球化、消费全球化已成为历史发展的必然趋势，这是任何人、任何集团、任何国家和地区、任何国际组织，都不可阻挡的历史潮流，而必须适应这一历史发展潮流。我国已是 WTO 的重要成员国，我国社会主义市场经济体制已融入全球化这一大潮之中，统一的世界市场已基本形成。在

这种背景下，我国对外经贸如何科学发展，如何应对国际金融危机面临的挑战，如何在继续坚持和发展马克思的劳动价值论的同时，与时俱进地坚持和发展马克思的国际价值论，是摆在我们面前一项迫切的理论攻坚任务。那么，怎样坚持和发展马克思的国际价值论呢？

（一）坚持和发展马克思的国际价值论，必须拓展价值的内涵和外延

关于劳动创造价值的观点，应该说在古今中外人们的脑海里早已是天经地义之理，没有人会提出质疑。大家都认为劳动是生产价值的源泉。但在社会主义市场经济的条件下，这种对价值的规定性的本质的认识就显得不够。1977年5月24日，邓小平同志在与中央两位领导同志谈话时说："我们要实现现代化，关键是科学技术要能上去。发展科学技术，不抓教育不行。靠空讲不能实现现代化，必须有知识，有人才。"他又说："一定要在党内造成一种空气：尊重知识，重视人才。要反对不重视知识分子的错误思想。不论脑力劳动，体力劳动，都是劳动。从事脑力劳动的人也是劳动者。将来，脑力和体力劳动更分不开来。发达的资本主义国家有许多工人的工作就是按电钮，一站好几小时，这既是紧张的、聚精会神的脑力劳动，也是辛苦的体力劳动。要重视知识，重视脑力劳动的人，要承认这些人是劳动者。"[①] 江泽民同志在党的十六大报告中指出："必须尊重劳动、尊重知识、尊重人才、尊重创造，这要作为党和国家的一项重大方针在全社会认真贯彻。要尊重和保护一切有益于人民和社会的劳动。不论是体力劳动还是脑力劳动，不论是简单劳动还是复杂劳动，一切

---

① 《邓小平文选》第2卷，人民出版社1983年版，第40—41页。

为我国社会主义现代化建设作出贡献的劳动，都是光荣的，都应该得到承认和尊重。""在社会变革中出现的民营科技企业的创业人员和技术人员、受聘于外资企业的管理技术人员、个体户、私营企业主、中介组织的从业人员、自由职业人员等社会阶层，都是中国特色社会主义事业的建设者。""放手让一切劳动、知识、技术、管理和资本活力竞相迸发，让一切创造社会财富的源泉充分涌流，以造福于人民。"以上这些论述本身就是对马克思的劳动价值论的创新和发展，肯定了我们党对新时期我国所有劳动者和建设者的劳动都创造价值的科学判断，从而有利于充分调动社会各阶层、各类人员的劳动积极性和创造性，为社会可持续发展创造巨大的社会财富。一般来说，就劳动的形态而言，劳动可以划分为生产劳动、科技劳动、管理劳动、服务劳动。以服务劳动为例，马克思在《剩余价值理论》中谈到服务劳动的性质时说："对于提供这些服务的生产者来说，服务就是商品。服务有一定的使用价值（想象的或现实的）和一定的交换价值。"[①]他又说："服务这个名词，一般地说，不过是指这种劳动所提供的特殊使用价值，就像其他一切商品也提供自己的特殊使用价值一样；但是，这种劳动的特殊使用价值在这里取得了'服务'这个特殊名称，是因为劳动不是作为物，而是作为活动提供服务的"[②]。这就是说，服务是人的劳动，也是商品，它既创造价值，又创造使用价值。在当今知识经济时代，劳动的内涵和外延均发生了变化，已极大地突破了马克思所处那个时代劳动创造价值的范围。

---

① 《马克思恩格斯全集》第26卷（Ⅰ），人民出版社1972年版，第149页。
② 同上书，第435页。

(二) 坚持和发展马克思的国际价值论，必须澄清理论认识上的一些误解

1. 有人认为管理不是生产要素，也不形成价值

管理是有层次的，一般来讲，管理可以划分为微观管理、中观管理、宏观管理和超宏观管理四个层次。这四个层次的管理都是脑力劳动，而且是高级的智力劳动，因而都创造价值。过去，人们在认识上有一种误解，好像只有农民种地、工人做工才算物质生产劳动，其他劳动都是非物质生产劳动。这样理解劳动的含义其内容就太狭窄了，因为劳动有体力劳动和脑力劳动之分，有简单劳动和复杂劳动之分，它们都是劳动者。尤其在现代农业和现代工业条件下，从事农业和工业的劳动，也需要科学技术和科学管理，不单纯是简单的体力劳动，管理劳动也是社会财富的创造者。以企业管理为例，一般理论分析认为，企业经营管理可分为技术管理、人事管理、分销管理、财务管理、安全管理、物流管理、信息管理等生产要素，这些要素共同形成企业完整的管理流程。管理主要靠知识和人才，一般来说，人才素质越高，创新思维能力越强，企业管理的经济效益越好，企业竞争力越强，越能够在国内外市场竞争中立于不败之地。例如有的产品成为全球知名品牌，有的企业成为全球名牌企业，有的企业老总成为全球知名的企业家，从而为国家赢得更大的荣誉。难道这些管理劳动创造的价值和形成的社会财富，已被社会公众认可，这不是事实吗？

2. 有人认为马克思的国际价值论的研究方法缺乏科学性

他们认为"劳动价值论"仅是一个空洞的名词而已，毫无实质内容，是"无根之木"。这种说法既缺乏科学论证而又无事实根据。政治经济学说史的发展表明，马克思的国际价值论是马克思在继承发展和批判古典经济学家亚当·斯密的"劳动价值理论"的基础上提出的。"国际价值论"这一科学论断，怎么能

说它不科学呢?!

（三）坚持和发展马克思的国际价值论，必须正确认识国际价值规律特点，科学发展对外经济贸易

在对外经贸工作中，坚持和发展马克思的国际价值论，这是搞好我国对外经济贸易必须遵循的一个理论原则。但是，在如何运用价值规律，如何同经贸合作伙伴国获得互利双赢的经济效果呢？大家知道，近年来随着我国工业现代化步伐的加快，大宗商品如铁矿石、石油等资源性初级产品进口量猛增，进口价格不断上涨。目前，我国工业总产值占 GDP 比重的 43%，是我国国民经济的主导。国内铁矿石和石油资源远远不能满足工业发展的需要，必须大量进口。在国际贸易中它们的交易均按期货市场价格进行，这些大宗商品一般实行协定价格或期货价格。所谓期货价格，从理论上讲，就是市场对未来现货价格的预测。近年来，由于国内生产商和贸易商分头与国外生产商签订进口合同，致使铁矿石进口价格大幅度上涨，使期货价格合同谈判搁浅。据报道，今年上半年我国进口铁矿石 2.97 亿吨，其中钢铁生产企业进口 1.66 亿吨，同比增长 9.65%；贸易商进口 1.31 亿吨，同比增长 90.4%。这说明我国一些企业不顾市场需求，盲目扩大生产，从而造成钢铁行业产能过剩超过 1 亿吨，今年以来新开工项目同比增长 20% 左右，致使铁矿石进口现货价格高出日本期货价格每吨"首发价"将近 20 美元。这是期货价格谈判搁浅的主要原因。前不久，8 月 17 日，中国钢铁工业协会宣布一个利好信息：中钢协已与澳大利亚第三大矿山公司 FMG 达成协议，FMG 公司承诺销售给中国钢铁企业的铁矿石实行长协与现货市场统一价格。谈定铁粉矿价格，比去年降价 35.02%，块矿价格降价 50.42%。这是我国进口铁矿石价格谈判的新突破，也是大宗进

口商品价格定价机制的一个创新。即期货价格与现货价格实现"统一价格",合同执行期间价格没有波动值,这样既可以防止价格炒作,又可以防止铁矿石供应商不实行长协价格。为什么说这是大宗产品价格谈判和定价机制的创新呢?这是因为中国铁矿石进口份额占澳大利亚铁矿石出口三大矿山生产商出口份额的90%,这对稳定澳大利亚对中国大市场的长期均衡出口,获得双赢的经济效果,为澳方长期占领中国大市场、改善管理、增加收入吃了"定心丸"。对中国而言,澳大利亚的铁矿石属于富矿,含铁成分高,供货渠道稳定,提高海运物流指数,价格相对稳定,有利于钢铁企业计划生产和国家宏观调控。当然,期货与现货价格统一,并不违背价值规律,它是根据中澳企业成本、利润变动的实际进行协议期货合同谈判,确定合理价格幅度加以调整的,不是固定价格,这样可能有利于形成国际生产价格,更符合国际价值规律的客观要求。

再以我国石油进口为例:目前,我国已探明的石油储存量只占世界总储量的1.8%左右,很难支持我国经济发展对石油及天然气的需求。自1993年我国成为石油净进口国以来,我国石油消费量逐年大幅度攀升,进口量急剧增加。我国已成为世界第二大石油消费国。据预测,到2010年我国石油对外依存度将超过50%,石油短缺已成为制约我国经济发展的一个重要因素。近年来,由于国际市场石油价格跌宕起伏,如果以原油价格每桶55美元,每天进口300万桶计算,那么国际市场油价每桶上涨10美元的话,我国每天就要多支付3000万美元。在改革开放以前,我国实行单一的计划定价体制和多年不变的低油价政策。后来,实行1亿吨原油产量包干后,原油和成品油销售形成了"计划内平价、计划外高价"的价格双轨制。1994年取消价格双轨制,实行同质同价政策,消除了因高价平价双轨而引发的油价混乱状态和投机行为，改变了过去原油、成品油扭曲的比价关系。从1998年起，国家开始实行新一轮原油和成品油流通体制改革，要求国内外油价并轨，建立国家宏观主导的适应国内外市场变化的石油价格体制和价格形成机制，当国际市场石油价格连续22个工作日平均浮动价格变化超过4%时，可相应调整国内成品油价格，这种做法是比较可行的。

总之，在市场经济条件下，我们必须遵循商品经济的基本规律，按价值规律办事，政府和中介组织应通过制定市场运行的法律法规、规范市场运行规则，为企业及时提供国内外市场信息服务，防止任何干预企业的经营行为，这在国内市场和国际市场都是一样的。

（原载杨圣明主编《马克思主义研究论丛马克思国际价值理论研究》，中央编译出版社2010年版）

第二部分
发展经济学国际贸易理论

发展经济学国际贸易理论文献研究

一 国际贸易对发展影响的理论分析

国际贸易理论是一门既古老而又年轻的科学。说它古老,是因为自重商主义以来国际贸易理论已有 400 多年的历史,在此期间已形成多种学术流派,为我们后人研究国际贸易理论,奠定了良好的理论基础,但却未能穷尽空白。若说国际贸易理论年轻,是因为在第二次世界大战结束以来,尤其是 20 世纪 80 年代以后的近 20 年,随着经济全球化、国际竞争、知识经济、电子商务为标志的时代迅速发展,传统国际贸易理论在徘徊多年的理论体系中,出现了一股创新思潮,为发展经济学填补了新的内容。国际贸易对发展影响的理论问题,属于发展经济学理论范畴的一个分支。这里选择的理论观点,基本上代表了 20 世纪五六十年代,特别是 80 年代以来的主要观点。

(一) 发展经济学关于国际贸易对发展影响的基本观点

1. 发展的定义

美国纽约大学经济学教授迈克尔·托达罗 (Mchaelp Todaro)

在《发展的含义》论文中,对发展的定义,作了如下的表述:发展必须既包括经济加速增长、缩小不平等状况和消灭绝对贫困,也包括社会结构、民众态度和国家制度的重要变化的多方面的过程。从本质上说,发展必须体现变化的全部内容。通过这种变化,整个社会制度顺应制度由个人和社会集团的多种多样的基本需要和愿望,从广泛被认为不满意的生活条件转变为物质和精神两方面都被认为更好一些的生活条件和状况。①

迈克尔·托达罗认为,从严格的经济学意义上说,"发展"在传统上意味着一个最初经济条件或多或少长期处于停滞状态的国民经济,具有能够产生支持每年5%—7%或7%以上的国民生产总值(GNP)或国内生产总值(GDP)增长率的能力。②

托达罗教授提出:总的来说,在70年代以前,发展几乎总是被视为一种经济现象,即迅速取得的总量和人均国民生产总值增长,或者以就业或其他经济机会的方式,逐渐地惠及(trickle-down)人民大众,或者为增长的经济和社会利益更广泛的分配创造必要条件。③

2. 国际贸易对经济发展的影响

迈克尔·托达罗教授认为,国际贸易对经济发展的影响,主要表现在:首先,贸易提供了对经济发展必不可少的物质手段(资本品、机器、原材料和半成品);其次,甚至更为重要的是传授技术知识,传授思想观念,吸收技能、技巧、管理才能和企业家才能的手段和工具;再次,贸易也是国际资本流动的媒介物;最后,自由的国际贸易还是最好的反垄断政策和维持健康的

---

① 郭熙保主编:《发展经济学经典论著选》,中国经济出版社1998年版,第6—7页。
② 同上书,第3页。
③ 同上书,第4页。

自由竞争的最佳保证。①

3. 经济增长发动机学说（theory of "engine for Growth"）

20世纪30年代由经济学家罗伯特逊（D. H. Robrtson）提出，20世纪50年代经诺克斯（Nurkse）进一步补充和发展成为对外贸易是"经济增长的发动机"的学说。认为，19世纪国际贸易的发展是许多国家经济增长的主要原因。一方面，各国按比较成本规律进行国际贸易，使资源得到更有效的配置，增加了产量；通过交换，各国都得到多于自己生产的消费量。这是对外贸易的直接利益。另一方面，对外贸易通过一系列的动态转换过程把经济增长传递到国内各个经济部门，从而带动国民经济的全面增长。20世纪60年代以来，西方经济学家进一步补充说明了对外贸易的动态利益：（1）出口扩大意味着进口能力的提高，进口中的资本货物对经济落后国家的经济发展具有决定性意义。（2）对外贸易的发展使国内的投资流向有比较优势的领域，其中进行专业化生产能力大大提高了劳动生产力。（3）规模经济利益。（4）出口扩大会加强部门之间的相互联系，促进国内统一市场的形成。（5）出口的不断扩大会鼓励外国资本的流入。（6）激烈的国际市场竞争会促进国内产业的发展。诺克斯认为对外贸易是"经济增长发动机"的学说，只适用于19世纪。其主要论据是英国的经济发展通过对外贸易带动了新兴国家如美国、加拿大、阿根廷、澳大利亚、新西兰和南非等国家的经济发展。到了20世纪，由于各种条件的变化，这一学说不再适用。20世纪60年代以后，随着亚洲一些国家和地区通过实行出口导向型战略而成为新兴工业国家和地区以后，这一学说再度流行。②

---

① 郭熙保主编：《发展经济学经典论著选》，中国经济出版社1998年版，第514页。

② 薛荣久、王绍熙、刘舒年、雷荣迪主编：《当代国际贸易与金融大辞典》，对外经济贸易大学出版社1998年版，第18页。

（二）国际贸易对发展影响的理论创新

当代国际贸易对发展影响的理论创新是一个贯穿国际贸易运行的全过程，涵盖着国际贸易领域的全部内容。这里重点从三个方面加以论述和分析。

1. 新增长理论

近 20 年来，国际贸易新增长理论非常关注技术在国际贸易和经济增长中的贡献。罗默在 1986 年发表的经典论文《递增收益和经济长期增长》中，将增长理论的研究引向了探索技术进步机制的新方面，从而开辟了新增长理论这一最富挑战性的新领域。新增长理论将技术进步视为在经济系统内部演化的结果。经济增长不是传统新古典理论所主张的外生因素作用的结果，而是由经济系统的内生变量决定的，经济不依赖外部力量的推动就能够实现持续增长。

新增长理论认为，经济能够实现持续增长是技术进步促使投资收益持续递增的结果。这一点解释了发达国家为何能够保持有活力的增长，而不是如同传统新古典理论所预言的那样投资收益会递减。技术进步在新增长理论中的表现形式多种多样：有边干边学、人力资本积累、新型资本品或消费品的出现、产品质量的提高、技术模仿、知识积累等。

因为发达国家社会知识存量和知识积累率较高，这些国家的物质资本收益率与人力资本收益率必将较高，因此当生产要素可以在各国自由流动时，资本和人力可能会从发展中国家流向发达国家，而不是相反。国际贸易可以使发展中国家利用国际上的先进技术，从而促进发展中国家的技术进步和经济增长；同时国际贸易也可能使发展中国家专业化于技术含量低的传统产品部门，从而对发展中国家的经济增长产生不利影响。新增长理论对这些经济现实的说明对发展中国家制定战略和政策有一定的参考价值。

2. 可持续发展贸易理论

可持续发展的概念是 1987 年联合国发展委员会在《我们共同的未来》一书中首次提出的,它的含义是既"满足当代人的需求,又不损害未来子孙后代满足自身需求的能力。"[①] 广义的可持续发展涉及经济、社会和生态诸方面,可持续发展强调经济增长与社会、生态间保持一种动态的平衡关系。可持续发展的贸易理论认为,为了人类持续发展的未来,国际贸易与社会及生态环境间应保持一种良性互动的关系。它集中研究贸易增长的环境效应,以及在自由贸易的条件下可持续发展的问题。实行贸易自由化的策略,存在着可持续发展与非持续发展两种可能性。这是因为:

一方面,如果市场机制失灵和政府干预失败继续存在,贸易开放则会引起更多的生态和社会问题;迅速工业化和贸易自由化将导致发展中国家粮食供应紧张、生态侵蚀、土地沙化和水资源污染等。上述工业化和贸易自由化虽然可以换来一时的生产发展,甚至是快速地增长,但却是以消耗过多的自然资源和环境资源,带来更多的社会不公,导致非可持续发展。另一方面,倘若能矫正扭曲性的贸易干预政策,则有助于改进环境质量和社会的公正健康发展;而废除补贴或其他非关税壁垒,则将使各国能按比较利益原则实现更大程度的专业化生产,从而有助于资源在全球范围内合理配置和有效利用。也就是说,倘若能采取正确的贸易发展战略与政策,国际贸易即可与自然及社会环境间保持一种

---

① 世界环境与发展委员会:《我们共同的未来》,世界知识出版社 1989 年版,第 19 页。

良性互动的关系。这是因为：

（1）开放的贸易战略和政策有利于促进出口，使消费者普遍受益，而环境保护则亦使世界大多数人受益。（2）国际贸易可以促进发展，从而为增加环保资金创造条件。有关资料显示，当一国人均收入超过 5000 美元水平时，将为该国的环境改善进入良性运转创造物质前提，因为让污染环境者付费或纠正政府对公共资源的廉价使用都将减少贸易扭曲。（3）推动贸易自由化，为环境资源定价，制定适当的环境标准，环境成本内在化，将有利于全球生态环境的保护；而实行贸易保护主义，则导致世界贸易萎缩，使环境质量恶化，从而不利于全球经济的可持续发展。

3. 国家竞争优势理论

波特在他的《国家竞争优势》一书中提出"一个国家的财富是创造出来的，而不是继承下来的"，这赋予了竞争"优势"新的内涵。因为"优势"不是一成不变的，"优势"是可以创造的，如果"优势"发挥不好可以转化为"劣势"。波特在这本书中将焦点集中于为什么某些国家的厂商在国际竞争中获得成功，更注重分析优势的动态面。他的目的既不想证明也不想去否定任何特殊的理论，他只是试图超越传统的比较优势理论。

波特认为，高级要素是提供竞争优势的持久基础。波特的核心观点是国家的性质决定国内厂商所面临的环境，这个环境或促进或阻碍竞争收益的形成。影响国家竞争优势的因素主要有要素状况，需求状况，相关和支柱行业的活力，以及与文化背景相联系的工业结构（决定国内竞争的性质）、政府行为和随机事件等。

波特采用了新古典的"要素禀赋"概念，并在两方面对其进行了修改。第一，他认为一国的要素禀赋在决定国家的竞争收益时起着比通常承认的更为复杂的作用。第二，他认为要素禀赋是动态的，因此可以被提高、创造和专业化，他的论点是很少有要素是被继承下来的；相反，他们通常是投资的产物。他同时推翻了要素充足是收益来源的古典概念。他假定选择性的要素的不利性，可以通过影响战略与刺激革新为国家工业化的成功作出贡献。一个有限资源的国家，某厂商可以通过使熟练工人重新作出选择或通过外国的授权以获得所需的技能来开发要素的灵活性。

波特认识到要素的等级结构，他将要素区分为基础要素和高级要素以及一般要素和特殊要素。"基本要素"（像自然资源、气候、位置、人口）不需要人力发展或仅需相对很少的社会或私人投资。"高级要素"（像通信设施、高级的劳动力、研究设备）通常需要大量而且持续的投资，高级要素对竞争优势是最重要的，它是提供竞争优势的持久基础。

波特认为国家繁荣与竞争优势升级休戚相关。波特认为，政府的基本政策目标应是使国家的资源在高的和正在增长的生产力水平上运作。而要实现生产力的提高，一国经济必须不断地升级。这就要求现存行业和新行业大胆地革新和提高竞争力。

波特对政府的政策提出了一系列建议。首先，由于厂商而非国家参与竞争，因此，政府政策应为竞争创造一个适宜的环境，为厂商持续的革新带来动力。政府不宜进行直接干预。第二，持续的国民收益需要持续的革新与变革。因此，政府不宜采取短期的、静态收益的政策，因为这将会阻碍革新与推动力。第三，要想使企业在国际竞争中占据有利地位，国家必须对高级生产要素进行投资。第四，国家竞争优势的建立需要几十年的时间，因此，政府的最佳政策应该是渐进而有耐心的，要有长远的眼光，而不能短视。最后，一国的厂商与劳动力，不能理解他们自身的长期利益。这意味着政府应该选择他们的政策，而不应该考虑他们一时的舒服或他们的选举人的愿望。

（三）国际贸易对发展影响的体制创新

国际贸易体制创新主要包括世界贸易组织的建立与健全，区域贸易组织与集团协调的增强和国别管理贸易制度的实施等方面。其中，世界贸易组织的创设，将为世界各有关国家地区间的贸易协调及全球贸易自由化与一体化开辟通道；而各区域集团内部协调机制的建立，将使得在全球贸易协调机制建立前，部分地承担全球协调的功能，并为未来实现全球协调创造条件。[①]

（四）国际贸易对发展影响的政策创新

在世界经济一体化、全球化浪潮的推动下，国际贸易发展是呈现自由化与一体化的趋势。在这一趋势下，国际贸易保护主义以更加隐蔽性和灵活性的形式出现，有限制可调节的自由贸易政策将逐渐取代传统的保护主义政策，直接的贸易限制措施亦将逐步为间接的贸易限制措施所代替，各国对外贸易政策中，单纯的关税措施和直接的非关税措施在减少，而各种间接的非关税措施如技术性贸易壁垒则成为贸易自由化发展的严重障碍。与此同时，随着冷战的结束，经济技术成为各国间协调与合作的主轴，经济外交日益成为各国间对外关系与协调的重点，贸易政策日益与其他经济乃至外交政策相融合，贸易政策的制定与实施，对一国其他领域政策措施的制定发挥着日益重要的作用。[②]

（五）国际贸易政策对发展的影响

国际贸易政策是国际贸易理论的重要组成部分。国际贸易理

---

① 滕藤主编：《中国可持续发展研究》下册，经济管理出版社2001年版，第1111页。

② 同上。

论是制定国际贸易政策的基础。因此，研究国际贸易政策对发展的影响，意义十分重大。

纵观国际贸易发展的历史，自由贸易与保护主义，是西方发达国家贸易政策交替使用，或搭配使用的两种手段。大体上经历了三个阶段。

第一阶段：自由贸易与保护主义

在资本主义发展史上，保护主义曾经起到加速资本原始积累，促进资本主义生产关系形成的作用。

自19世纪初叶以来的一个相当长的时期内，以李嘉图的比较成本学说为基石的崇尚自由贸易、反对国家干预的主张，不仅支配着英国的国际贸易政策，而且影响德国、美国及英国的许多殖民地附属国的对外贸易，其政策的实质在于：英国的产品可以自由地跨越各主权国家的边界进入世界各地市场，并从那里获得廉价原料和劳动力。

然而，英国的自由贸易却冲击了德国、美国的国内市场，阻碍着那里的机器大工业的建立，于是到了19世纪二三十年代，日益具有独立发展经济能力的德国、美国均先后借助关税壁垒，保护自身幼稚工业的发展。1841年，资产阶级历史学派先驱人物德国的李斯特出版了《政治经济学的国民体系》一书，提出了与斯密和李嘉图针锋相对的理论，推动了当时的保护主义浪潮。自此，在资本主义世界市场中，自由主义与保护主义并行不悖，自由贸易便越来越具有相对的含义。

19世纪六七十年代，垄断现象在资本主义各国经济中相继出现，随之各先进资本主义国家都纷纷转向实行贸易保护主义，保护各自具有出口能力的工业部门。其中，以美国实行的高关税保护尤为突出。第一次世界大战后，资本主义市场竞争加剧，1929—1933年资本主义世界经济危机加重，市场问题"进一步尖锐",许多国家再次提高关税,1930年美国推出《霍利—斯穆特关税法》,平均关税提高到59%以上,并开始实施许多非关税壁垒措施,掀起又一波保护主义浪潮,就连以往高唱"自由贸易"的英国,也转向全面实行保护贸易政策。

第二阶段:新贸易保护主义与管理贸易

第二次世界大战后,随着世界政治经济形势的变化,资本主义市场经历了自由贸易与保护主义起伏变化的不同时期。20世纪70年代以前,贸易自由化是主要倾向。主要资本主义国家关税水平明显降低,1947—1974年间,多数工业国关税从40%降为6%—8%。从70年代初开始,贸易保护主义重新抬头,非关税壁垒成为保护主义的主要手段。非关税壁垒包括直接与间接两大类,直接的非关税壁垒是指由进口国直接对进口商品的数量或金额加以限制,或迫使出口国直接限制商品出口,诸如进口配额制、进口许可制和"自动"出口限制等。间接的非关税壁垒是对进口商品制定严格的条例和规定,间接限制商品的进口,如进口押金制、进口最低限价以及苛刻复杂的技术标准等。

管理贸易可看作自由贸易与保护贸易的折中,然而就其本质而言则是新形势下的贸易保护主义的变种,许多非关税壁垒构成其主要部分。法国总统密特朗在1982年7月凡尔赛七国首脑会议上将管理贸易概括为"全球协调保护主义"。管理贸易的管理方式有单方管理、双边管理、多边和集团管理以及国际管理。美国作为世界超级经济强国,在推行管理贸易时,多采用单方管理和国际管理的方式。80年代末,美国参议院以2/3以上的多数,通过综合贸易法案和新的限制纺织品进口法案就是一例。与此同时,美国还常常将自己的管理贸易意图国际化,如通过关贸总协定(GATT)、西方七国首脑会议、多边纺织品贸易协定和其他国际组织贯彻自己的意图。

第三阶段：新贸易保护主义的手段——绿色壁垒

第二次世界大战后，美国曾凭借其经济实力，高举自由贸易的旗帜，挺进国际市场。以国际政治经济形势变化为背景，新贸易保护主义随之兴起，非关税壁垒大行其道，随着历时8年之久的乌拉圭回合协议达成，除要求进一步削减关税和非关税壁垒外，又产生了新的"绿色壁垒"。为维护自身利益，新形势下发达国家开始寻求新的贸易保护手段，目前盛行的除"劳工标准"，"反倾销条款"外，最典型的就数"绿色壁垒"了。

"绿色壁垒"的核心是借环保为名，行贸易保护之实。它包括"绿色技术标准"、"绿色环境标志"、"绿色包装制度"、"绿色卫生检疫制度"，以及"绿色关税和市场准入"等，日益成为技术性贸易壁垒的重要组成部分。[①]

(六) 简要评析

从上述简要介绍分析中，我们认识到国际贸易对发展影响的理论，不只是"发动机"理论一个，还有新增长理论、可持续发展贸易理论、国家竞争优势理论、国际贸易体制创新、国际贸易政策创新，以及国际贸易格局创新、国际贸易构成创新、国际贸易工具创新等。因为理论是常青的，但任何理论随着实践的发展，都在充实新的内涵而不断发展，因为理论创新是一个永恒的范畴，而非穷尽真理，它有与时俱进的特点。因此，我们认为国际贸易对发展影响是综合运用上述各种理论的具体体现和结果。

[①] 滕藤主编：《中国可持续发展研究》下册，经济管理出版社2001年版，第1113—1114页。

二 国际贸易对发展影响的实证分析

(一) 国际贸易发展对经济发展的影响

这个问题我们从国际贸易对世界经济、发达国家、发展中国家和中国经济发展的影响四个角度作些分析。

1. 国际贸易对世界经济发展的影响

国际贸易作为世界经济增长的"发动机",一直在推动世界经济增长方面起着举足轻重的作用。而近年来兴起的国际贸易创新,在促进国际贸易快速发展的同时,也使国际贸易对世界经济的重要性日益凸显出来。

在过去20年里,世界贸易与世界经济发展的速度对比关系发生了很大变化。据世界贸易组织统计,80年代中期以来,世界贸易与世界经济的增长率接近,1979—1982年间,世界贸易年均增长率只比世界经济年均增长率高出0.3个百分点,但在之后的10年里,二者差距明显扩大,世界贸易增长率比世界经济增长率平均高出3.5个百分点,特别是1994年,世界贸易的增长率为世界经济增长率的3倍,1995年也达到2倍多。据世界银行1996年《全球经济前景与发展中国家》的报告,在1985—1994年的10年中,世界贸易额在世界各国GDP中所占比例的增长率,是前一个10年的3倍;世界商品出口额占GDP的比重,已由70年代的10%提高到1992年的15.5%,估计2020年还将提高到32%。进入90年代,世界商品贸易的增长率已连续9个年头超过世界经济增长率。

近几年,世界贸易增长对经济发展作用加大,主要是由于贸易创新减少和消除阻碍商品、要素及服务流动的壁垒,取消了对与贸易有关的投资的限制,从而实现了生产要素的自由流动,资源可以获得更合理和更有效的分配。而竞争和兼并活动的加剧，加快了产业结构的调整，提高了劳动生产率和经济效益，从而有助于世界经济的发展。

据世界银行预测，20世纪90年代，世界贸易仍将成为推动经济发展的主要动力。在此期间，世界国内生产总值（GDP）年均增长率为3.5%，而世界贸易额年均增长率为6%—7%，从而成为自60年代以来世界贸易增长最快的一个时期。因此，无论是发达国家还是发展中国家，都把发展经济的立足点放在开拓世界市场上，努力扩大本国出口，其中，美国出口战略最具有代表性。克林顿上台就把经济作为国家安全的首要因素，1993年制定了国家出口战略，目标是2000年出口额达到1.2万亿美元，维持1600万个就业机会。这个战略已见成效，美国近年经济增长的1/3是靠出口的增长。

据联合国贸易和发展会议的最新报告，世界贸易是自亚洲发生金融危机后于1998年和1999年增长缓慢，而2000年的增长加快，其增长率约为1999年的两倍，比世界产出也快得多。①

2. 国际贸易对发达国家经济发展的影响

发达国家是当代国际贸易制度创新的发动者和主要参与者，主导着国际贸易制度创新的整个发展过程，因此，发达国家是当代国际贸易的最大受益者。

乌拉圭回合谈判，把服务贸易、与贸易有关的知识产权和与贸易有关的投资措施，纳入多边体制就是其中的一例。早在80年代，以美国为首的西方发达国家便将贸易重心由货物贸易转向服务贸易，并凭借其领先的技术、科学的管理，积极推行服务贸

---

① 《联合国贸易和发展会议2001年贸易和发展报告》，中国财政经济出版社2002年版，第33页。

易自由化,一直占据世界服务贸易的绝大部分份额。发达国家积极推行服务贸易,使其成为刺激贸易发展的新的增长点。以美国为例,服务贸易已成为美国平衡外汇收支、增加就业、降低资源能源消耗和减少污染的重要对外经济政策。据世界经济金融集团估计,1989—1993年,美国服务业出口年均增长13%,几乎是货物贸易出口增长率的2倍,这一时期服务业出口为美国提供了170万个就业机会。更为重要的是,自1976年起,美国服务业出口年年保持顺差,美国的服务贸易顺差大大抵消了货物贸易长期处于巨额逆差的不利处境,1994年服务贸易582亿美元的顺差,抵消了当年货物贸易1663亿美元赤字的40%。[①] WTO成立后,各成员方同意对外开放银行、证券、保险和金融市场并达成了协议。这样,发展中国家金融服务业在尚未成熟之前,便已被迫开放,使发达国家的金融机构能够占据垄断地位。

3. 国际贸易对发展中国家经济发展的影响

应当肯定,通过国际贸易,利用国际分工,参与国际竞争,一些新兴工业化国家和发展中国家,在90年代经济增长率逐年提高,经济发展速度较快。但是,从总体上看,发达国家与发展中国家的经济差距不是在缩小,而是在扩大。其主要表现是:(1)发展中国家在国际贸易中获利较少。因为发达国家在科技上占有巨大优势,目前世界科技人员90%左右集中在发达国家,发展中国家科技人员仅占10%。据统计,发达国家的科研与开发支出一般都占各国国民生产总值的2%—3%,而发展中国家只占国民生产总值的0.4%左右。(2)发达国家高新技术产业在出口中比重很高,而发展中国家高新技术产业在出口中的比重很

[①] 唐海燕:《国际贸易创新论》,华东师范大学出版社2001年版,第98—99页。

低，贸易条件趋于恶化。一般来说，发展中国家的出口商品结构比较单一，以初级产品出口为主，出口缺乏竞争力。我们以发展中国家几种主要产品出口为例。

2000年，金属原料如镍、铜、铝和钨的国际市场需求大，矿物、矿砂和金属的整体价格，比上一年的低水平回升了12%，但除镍以外，所有金属价格依然低于1996—1997年。

2000年，农产品如咖啡、可可、大米等供大于求，库存加大，其价格继续比上两年下跌45%之后，又继续大幅度下跌。

2000年，食品如植物油和油料种子价格主要出口国由于生产能力过剩，在2001年价格大幅度下跌的基础上，2002年又下跌23%。价格长期下跌，使发展中国家贸易条件进一步恶化。

就机电产品而言，随着亚洲经济的强劲复苏，2000年世界一些主要国家机电产品市场需求看好，前景趋好，有利于发展中国家机电产品，特别是与IT产业相关的产品扩大出口。

4. 国际贸易对中国经济发展的影响

我们可以从出口和进口两个方面，对中国经济发展的影响进行分析。出口贸易对我国经济增长的贡献，主要表现在以下几个方面：

（1）出口贸易的发展推动了国内生产结构的升级和产品结构的优化。产业结构与出口商品结构之间存在相互影响的辩证关系。在一个较为开放的经济社会中，一国通过进口先进技术（包括设备），可以促进产业结构的升级，使出口商品结构得以优化。同样，优化出口商品结构，也会加快产业结构的调整。因为优化出口商品结构，提高了出口的国际竞争力，增加了外汇收入，为技术进口创造了条件。我国改革开放后的实践，完全证明了这一点。1980年我国初级产品出口比重为50.3%，到2000年下降为10.2%；第一产业占国内生产总值的比重1980年为

30.1%，2000年下降到15%，二者都呈现下降趋势。我国工业制成品的出口比重在1980年为49.7%，到2000年升到89.8%；第二产业产值占国内生产总值的比例，1980年为48.5%，2000年上升到50.9%，二者都呈上升趋势。以上事实说明，改革开放20年来，我国出口商品结构的优化确实对国内的产业结构的升级起到了一定的推动作用。

（2）出口贸易的快速发展改善了我国的国际收支状况。从国际收支的角度看，经常项目的盈余或赤字是影响整个国际收支状况的最重要因素。在改革开放的前10年中，由于国内缺乏维持经济快速增长所必需的原料、技术及机械设备等生产要素，因而进口大量增加，贸易差额表现为持续逆差。整个80年代，我国共形成贸易逆差355.7亿美元。但进入90年代之后，一方面由于政府实行了大力促进和鼓励出口的贸易政策，另一方面由于我国在劳动密集型出口商品方面的比较优势逐渐显现，从1991年开始至今，除1993年出现了122.2亿美元的贸易逆差外，其余年份均出现了不同程度的贸易顺差。从1991年至2000年的10年时间里，我国共形成贸易顺差1721.7亿美元，其中仅1997年一年就创造贸易顺差403.4亿美元。这些贸易盈余在很大程度上缓解了我国的外汇短缺，改善了我国的国际收支状况，这是我国外汇储备增加的主要原因。

（3）出口贸易的快速发展为我国吸引了大量外资。出口贸易的快速发展之所以能够吸引外资，主要基于以下两方面的原因：一方面，出口扩张即意味着外汇余额的累积，而外汇余额的累积，无论对间接投资者还是直接投资者而言，都将使其投资中国更具信心；另一方面，外资企业可将自己的资金优势与我国的劳动力优势相结合，开拓我国以外的其他国际市场。我国出口产品占领国际市场的主要优势在于低成本竞争。当国外企业与我国争夺国际市场时，将发现他们并不具有同样的成本优势，于是便将他们拥有的生产要素优势——资金投入我国，以生产同样的产品共同开拓国际市场。除低成本优势外，我国享有的发达国家赋予的优惠关税，也是吸引外资进入我国的一个重要因素。在以上几种因素的共同作用下，外商投资企业在我国贸易总额中的比重逐年上升，截至 2000 年底，外商投资全年出口 1194.4 亿美元，增长 34.8%，占当年外贸出口总额的 47.9%，成为出口的生力军。

综合考察改革开放 20 年来我国出口贸易的发展，可以看出，出口贸易对我国经济增长的主要作用并不限于上述几个方面。实践证明，在增加就业等其他方面，出口贸易同样发挥了重要作用。

进口贸易与经济增长的关系更为密切。如何通过进口促进国民经济持续快速健康增长，是一个十分重要的经济问题。进口促进经济增长，主要体现在以下四个方面。

（1）通过进口补充国内生产要素的不足。现阶段，我国社会生产力还不够发达，资本有机构成低，劳动生产率较低，劳动力素质较差，现代科技水平滞后，人均国民收入较少。

在这种情况下，我们的进口带有生产性的特点，即通过进口补充国内生产所需的原材料、设备、技术、资金的不足。通过引进技术，使我国的生产在较高的起点上前进，从而不仅提高这种产品的生产能力，而且提高其技术水平，进而不断促进社会生产力的发展。应当看到，技术和人才比资金更能决定一国的经济和贸易发展水平。利用国外先进技术，走引进、消化、吸收、创新之路，可以在我国的企业对技术创新缺乏创新意识的情况下，引进竞争机制，从而提高国内企业开发和采用新技术的积极性。人才是最重要的资本，引进开拓型的企业家和经营管理人才，是十分必要的。

（2）通过进口更好地促进国内产业结构和产业组织的调整

和协调发展。实践证明，经济落后国家要想赶超先进国家，必须利用后发优势，要注重产业政策，优先扶持和发展最有发展前途的战略性产业。而产品进口政策应合理调整，以促进国内产业的改造和发展，要改变进口贸易与国内工业发展相脱节的状况，使进口政策与支柱产业发展相一致。为了避免进口政策的盲目性和波动性，要根据国内市场的容量、国内工业的承受能力确定产品的进口数量。

（3）通过适当进口消费品作为满足人民生活需要的补充，也是必要的。这既可提高人民生活水平，又有利于社会安定团结，从长远看，也有利于经济的发展。但是，对高档消费品，特别是奢侈品进口要严加控制，对香烟、酒类等商品也要加以控制，否则这些消费品进口过量，则会冲击民族工业的健康发展。如果进口消费品是为了追求过高的生活需要，则这种进口不仅会刺激国内的高消费，而且对本国经济的危害更为严重。一些发展中国家的消费性引进，使国家背上了沉重的外债负担而陷入债务国的教训，应引以为戒。

（4）通过进口推动出口，促进国民经济增长。进口是为了出口，这种进口有利于国民经济的发展。对外贸易犹如一根链条，可以将国际市场和国内市场有机地联系起来。劳动者和原材料是生产力的两个重要因素。但是，二者在彼此分离的情况下只在可能性上是生产力的因素。我国有丰富的劳动力资源，但目前加工能力过剩与原材料供应不足的矛盾很突出，就业问题又很大。而"以进养出"可以提供丰富的原材料（零配件），使物的因素与人的因素有机地结合起来，尽快形成现实的生产力，从而有力地促进社会生产力的发展。我国沿海地区的"以进养出"企业不仅使大批当地农业劳动力转移到出口加工工业，而且还从内地省份招收了许多民工，有效地扩大了我国社会就业机会。

对外贸易与经济发展的关系,要求我们研究经济发展不同阶段的贸易政策,即一国在它本身经济发展的不同阶段,应实行不同的贸易政策。我国是发展中国家,要实现经济的快速发展,关键是要实现生产力的跳跃发展。无论是进口贸易,还是出口贸易,均要强调生产要素的开发和动态比较利益原则,注重技术引进。尤其是在当今世界经济一体化的趋势下,一国的经济发展不再局限在本国之内,而是取决于生产要素的国际配置。东亚特别是亚洲"四小龙"经济的迅速发展,说明了民族经济发展中生产要素国际配置的巨大作用。我国的进出口贸易活动,必须为民族经济发展的总目标服务,使我国在外贸中不仅获得贸易利益的好处,更重要的是获得经济发展的好处,进而使我国的民族经济的发展纳入国际化高效益的轨道。

(二)目前各方对国际贸易对经济发展影响的态度和立场
1. 发达国家的态度和立场

这个问题从发达国家对乌拉圭回合协议的执行如农业问题、服务业问题和 WTO 新一轮谈判提出的议题,诸如投资政策、竞争政策、环境政策、电子商务、劳工标准等问题的态度和立场中充分反映出来。以环境政策为例:目前,由于绿色壁垒导致的贸易摩擦迭起,新一轮谈判中环境议题的核心问题是环境保护与市场准入的关系问题。美国和欧盟都主张将环境问题纳入谈判议程,美国的态度十分强硬,美国政府在 WTO 贸易与环境研讨会上公开发表声明,强调世贸组织未来议程在任何情况下都不能拿各国保护适当的健康、安全和环境水平的权力作妥协,只有融入严格的环境政策和有效的国家强化政策,世界贸易政策才会显示出勃勃生机。为此,美国提出谈判成功的基本原则,即公众参与、与民间团体密切合作、承认成员国有权谋求高层次的环境和消费安全、大幅度降低和消除对农产品的补贴、消除环保产品和环保服务的贸易壁垒。美国高筑环保壁垒,发挥民间环保组织作用和加强环保技术与环保服务的竞争优势的目的在上述声明中一览无余。欧盟则多少考虑到对发展中国家的照顾,指出新一轮谈判应当最大限度地使市场准入、环境保护和经济发展协调进行。日本则由于渔业问题而反对把市场准入纳入环境框架下讨论。这个问题分歧很大,需要充分协商和共识,否则,一些发展中国家难以适应这个要求。

2. 发展中国家的立场和态度

发展中国家在环境问题上面临着两难选择,一方面,推动达成一个包括贸易和环境问题的广泛协议,有利于尽早地、更为清晰、透彻地理解各种基于环保的市场准入限制,并进一步采取相应对策,但它们又担心这一协议的达成过程成为发达国家单方面滥用限制的合法化过程;另一方面,如不努力推动谈判达成协议,维持现行体制,又使发达国家继续以维护环境为由实施进口限制。发展中国家在环保问题上意见不一。一种预测是,由于美欧施加压力,而发展中国家难于应付发达国家使用争端解决机制维护其利益,发展中国家可能被迫同意将环境问题列入谈判议题,但力求达到广泛的谅解,并在解决贫困和促进环保产业发展等方面争取发达国家提供援助。[①]

3. 国际组织与非政府机构的态度和立场

联合国贸易会议秘书长鲁文斯·库里佩罗(R. Ricupero)认为:要增加出口,就需要世界需求增长,而增加国外借款则只有在增加的出口收入足以偿付增加债务的情况下才具有意义。因

---

① 张汉林:《发展中国家在与世贸组织新一轮谈判中的立场、目标及策略》,《国际贸易问题》1999 年第 12 期。

此,相互依存的全球经济中,自由化作为一种增长战略能否成功的关键是出口,而出口能否增加又在很大程度上取决于工业国家的增长和发展中国家能否更多进入其市场。在发展中国家方面,它们必须促进建立具有竞争力的高效率工业。

现在应当用长远眼光严格审查国际贸易制度,明确乌拉圭回合各项协定及其执行方式的缺点,以便为新的多边谈判或"发展回合"打下适当基础。注意力必须集中在市场进入上。在对发展中国家具有出口意义的许多领域,关税水平和关税高峰出现频率仍然很高。例如,在农产品方面,发达国家对发展中国家主要是具有出口多样化潜力的产品实行过高的税率。另外,北方对农业产出的补贴不仅阻挡了从发展中国家的进口,而且导致后者本身市场上的不公平竞争。1996—1998年,工业国家每年对农业的补贴是这三年中从发展中国家进口农产品费用的两倍。虽然欧盟生产者是世界乳制品成本最高的生产者之一。它们在世界市场中仍占50%的份额。

在工业产品方面,保护主义也同样严重,鞋袜、服装和纺织品的有关情况乃众所周知。但是,在其他低技术和以资源为基础的工业以及需要不熟练劳动力生产组件的高技术产品方面,也时常出现关税高峰。而且,南方生产者渗入市场的威胁也在引起各项世贸组织协定范围之内的新形式的保护主义。对南方成功出口者滥用反倾销程序以及卫生和安全标准正在引起严重关切。还有迹象表明,各项协定的条款并不总是得到适当遵守,例如,仍在实行自顾出口限制。[①]

联合国秘书长科菲·安南在《联合国贸易和发展会议2001

[①] 《联合国贸易和发展会议1999年贸易和发展报告概述》,中国财政经济出版社2002年版,第16页。

年贸易和发展报告》前言中指出：今年的《报告》为世界经济最新趋势和前景提出评估，其中特别侧重于工业化经济的事态发展和政策可能对发展中世界产生的影响。鉴于各国决策者都关注美国经济增长放慢的影响，《报告》呼吁在经济问题上加强协调与合作，这一点值得给以认真的考虑。

安南又指出：过去10年中，关于多边规则和条例能否解决全球金融市场提出的挑战，一直存在着日益严重的关切。今年的《报告》对当前改革多边金融制度的讨论进行了深入的审视。《报告》探讨了准则和标准、私营机构对处理金融危机的贡献以及汇率制度的运作等关键性领域。对每一课题都提供了如何推进改革的大胆建议。这些问题中有许多预期将在明年就发展筹资问题举行的高级别会议上得到讨论。

4. 中国的态度和立场

国际经济秩序是一种国际资源和价值的配置模式。① 任何国家都会在国际经济秩序发展和形成中有自己的意愿和倾向性，他们都争取在现存的或未来的国际经济秩序中得到公正、合理、平等的价值和权利。作为最早提出建立国际经济政治新秩序的发展中国家，中国仍然需要在世界经济信息化、全球化和多极化形势下，进一步调整南北关系，更好地建立国际经济新秩序。

发展中国家争取建立国际经济新秩序的斗争形式不仅仅限于南北对话，也应当在有关国际经济框架机制内进行。事实上，有些协调努力也正是这样做了。在经济信息化迅速发展的今天，不同国家进行产业结构调整，以便适应国际市场的能力是有差异的，因而，世界经济旧的秩序和信息经济的快速发展使得世界经

---

① 李清津：《冷战后时代终结了吗？——当前的国际秩序与中国的政策》，《世界经济与政治》2000年第2期。

济发展的不平衡性加剧。发展中国家也有可能把握住机遇而获得高速发展，甚至加入新兴工业国家的行列，因而，这使得南方国家内部差距扩大，进而发展中国家内部经济利益和采取的国际经济政策也有差别。北方国家的经济分化虽然较小，但是在多极化趋势支配下各自出于自身利益的需要，它们在国际金融、贸易、投资、科技等领域的竞争也将更加激烈，北方国家不同的经济利益、政策和行为将表现出各自对于建立国际经济新秩序需要的差别性。随着国际经济机制的不断改革和完善，世界经济调节功能不断增强，世界经济运行日益规范化，国际间的经济对话主要在各国际经济机构的主持下进行。

发展中国家争取建立国际经济新秩序的斗争，首先需要集中力量解决当前经济发展最紧迫的问题。虽然现存的经济机制本身存在着缺陷和不完善之处，但是在经济全球化和一体化条件下，任何国家都不能置身于世界经济之外而长期单独地发展。各国现实的做法应该积极争取成为国际经济机构的成员，在组织机构中坚持发展中国家的立场，通过与发达国家谈判协商方式，对不合理的规则和条款进行修改，使之更多地考虑发展中国家的利益和现实情况。在新的历史条件下，发展中国家还应该继续对国际经济新秩序的内涵进行深入探索。发展中国家需要着眼于世界发展的现实进行合理的选择，集中力量解决最为紧迫的问题。当前，在建立国际经济新秩序中主要任务是促使发达国家减轻发展中国家的债务。发达国家应该容许发展中国家根据自身情况来确定实现经济自由化、市场化的次序、方式和步骤，以便减轻发展中国家的债务负担。发展中国家还需要保持汇率的稳定，坚持权利与义务的平衡，使发展中国家以有序和平衡的方式融入世界经济贸易体系。

发展中国家采取多种形式进行国际经济和区域经济合作。80

年代以来，区域经济集团化广泛发展，特别是突破了只在发展中国家和发达国家各自内部发展的局限。世界各国积极地发展在地理位置邻近和具有经济互补性的国家之间融合的区域经济，这为发展中国家参与世界经济合作提供了新的机遇和途径。如中国主动参加"10 加 1 模式"，逐步建立自由贸易区和逐步建立中国香港、澳门、大陆自由贸易区就是正确的大胆举动。发展中国家需要打破传统的南北界限，重视本国所在地区和特定领域与各国进行经济贸易合作。发展中国家需要坚持经济开放的原则立场，积极开展多边合作和双边合作，赋予传统的南南合作以新的内涵。

最后，发展中国家为了提高国际地位，最重要的手段是要靠自身的发展，这不可能指望富国的特别优惠而能够实现目标。世界经济和多边贸易体制的发展历史表明，没有哪个国家的经济起飞是靠另一些国家的优惠发展起来的。发展中国家应认识到 WTO 贸易体制中"差别待遇"仅是它们参与多边贸易体制的过渡安排。发展中国家最终和最主要的手段还是要靠自己的力量发展经济，它们需要积极调整经济发展战略，积极参与国际经济合作和竞争，在推进世界经济贸易体制的改革和创新中不断发展自己。

（原载中国社会科学院《老年科研基金成果汇编》第二卷上册，中国社会科学院老干部工作局编，2006 年）

新中国对外经贸发展 60 年的伟大实践和理论创新及主要经验

在举国上下欢庆中华人民共和国成立60周年之际，回眸新中国对外经贸发展 60 年成长历程，真是感慨万千、心绪激动。60 年"弹指一挥间"，而我国的对外经贸事业却实现了历史性的跨越。在半殖民地半封建的旧中国，我国对外经贸管理和经营大权完全被帝国主义列强所瓜分和把持，控制旧中国外贸的洋行成为殖民统治者、封建官僚资本掠夺、剥削、压榨中国人民的工具。新中国的建立，使中国人民翻身得解放，在政治上站起来了，我国成为独立自主的主权国家，进出口贸易管理权和国家海关管理监督权重新掌握在人民手里。在我们党和政府的领导下，经过 60 年的艰难曲折、不屈不挠的努力奋战，迄今我国国内生产总值跃居世界第 3 位，进出口贸易额居世界第 2 位，成为世界对外经贸大国，对外经贸已成为拉动我国经济发展的"三驾马车"之一，在我国对外开放和国民经济又好又快发展中具有重要的战略地位，发挥了巨大的推动作用，为世界经济的发展作出了巨大贡献。

一　60年我国对外经贸发展的伟大实践

新中国的60年，大体上可以划分两个时期：从中华人民共和国成立到党的十一届三中全会（1949—1978年）为改革开放前的29年；自十一届三中全会至今（1978年到现在）为改革开放后的31年。应当指出，目前在国内外都存在着一种认识上的误区——似乎中国改革开放、对外经贸大发展和理论创新，都是改革开放以后才开始的。笔者认为，这种看法有片面性，是不符合历史事实的。实际上，早在新中国成立之前，我们党和国家第一代领导人对新中国成立后，如何发展对外经济交往关系就有所打算。新中国一成立，我国就非常重视对外经济贸易在国民经济恢复和社会主义工业化中的重要作用，并取得了很大成绩。其主要表现如下：

1. 大力开拓民间贸易渠道，突破西方国家"封锁"、"禁运"，积极开拓对外经济贸易。根据世界和平理事会1951年的倡议，1952年4月3日至12日在苏联首都莫斯科召开了国际经济会议。这是第二次世界大战后世界各国经济、贸易和金融界人士共同举行的一次重要的国际经济会议，旨在谋求消除各种人为障碍，促进世界各国之间经济贸易关系的正常发展，以缓和国际紧张局势，争取世界持久和平。当时，西方国家对中华人民共和国在外交上不予承认，在经济上采取"封锁"和"禁运"政策，因此，新中国同这些国家的经济贸易往来，只有通过民间渠道逐步展开。在莫斯科会议期间，我国代表团先后同11个国家的代表团签订了贸易协定。1952年5月4日，中国贸促会一成立，就邀请了日本代表团来华访问。1952年6月雷任民副部长以贸促会副会长身份，参加莫斯科国际经济会议的日本国会议员高良富先生、国会议员、日中贸易促进会代表帆足计先生和国会议员、日中贸易促进议员联盟常任理事宫腰喜助先生等三人访问北京，共同签订了中日贸易协议。这是新中国成立后中日两国间签订的第一个民间贸易协议，对于冲破当时日本敌视中国势力的阻挠，开创中日两国间的贸易往来，发挥了重要作用。此后，我国贸促会在1953年、1955年、1958年，同日本有关团体陆续签订了第2次、第3次和第4次中日贸易协定。在中日恢复邦交前的20年里，我国贸促会成为中方在中日两国民间贸易中的一个重要"窗口"。

2. 积极利用苏联援建项目，加快了我国社会主义工业化建设步伐。1953年6月至8月，中共中央召开全国财经工作会议，讨论贯彻执行过渡时期总路线，提出我国第一个五年计划（1953—1957年）的基本任务，其工业建设规模巨大，有限额以上的比较大型工业项目694个，其中包括苏联援建的156项重点项目中的145项。应当看到，如此大规模的工业建设项目，在我国历史上是前所未有的。苏联这些援助项目是"一揽子"的：苏联提供成套设备，免费提供工程项目设计和全部技术，并派来相关的专家。据统计，1949—1960年苏联先后派来的专家总计超过2万人。现在我国引进的国外生产线，除设备费外还要支付高额专利费、技术转让费，致使一些企业产量虽高而利润很低。所以，苏联援建的项目在这方面的费用，实际上相当于无偿的资金援助。设备费也不是"一手交钱一手交货"，而是以我国出口钨、锑、锡、橡胶及粮、油、肉、蛋、水果等进行贸易交换的。苏联提供的许多产品是当时我国急需的产品，而且价格便宜。这些产品，因为美国等西方国家对我国的"封锁"、"禁运"，在国际市场上是买不到的，苏联的援建项目和派来的大批专家，加快了我国社会主义工业化的进程。随着苏联援建的重点项目的实施，很快生产出解放牌汽车、东方红拖拉机、坦克、战斗机等多种产品。在原材料、能源、冶金、机械、化工、电力、兵器等产业领域初步构建了我国比较完整的现代工业和技术体系。

3. 扩大出口，进口粮食，对稳定国内市场物价和市场供应发挥了巨大作用。新中国成立后，我国粮食连年增产，1950—1960年，连续11年每年出口粮食100多万吨。但是，由于"大跃进"的失误，1960年我国粮食产量骤降至2870亿斤，全国粮食供应十分紧张。为此中央接受陈云同志的建议，从国外进口粮食。据统计，1961—1965年每年进口小麦500万—600万吨。经过5年的时间，我国粮食在1965年达到3891亿斤，恢复到1957年的水平。当然，这主要是由于贯彻党的调整国民经济八字方针的结果。但是，从国外进口大批粮食，对于我国农业生产恢复元气，稳定国内市场物价和市场供应，确实起到保障性的作用。我们一定不要忘记，为了完成进口粮食这一重要任务，我国对外贸易部门从上到下，齐心协力、日以继夜地努力工作，为克服国民经济的暂时困难作出了巨大的贡献。

4. 对外贸易和引进技术设备的重点转到西方主要发达国家，加快了我国工业化的进程。1960年6月，中苏两党在布加勒斯特会上对斯大林的评价发生了严重争执。7月16日，中央接到了赫鲁晓夫要撤退全部在华专家的照会，导致中苏关系恶化，苏联背信弃义，单方面撕毁合同，撤退专家。1962年，我国国民经济进行调整的方针已收到初步效果，当时最紧迫的问题是要解决好人民的"吃、穿、用"的根本大事，即发展我国的纺织业、轻工业和化学工业，同时，国防建设也迫切需要高精度机械设备进行建设。在加强自行研制的同时，必须尽快进口一批精密机床和精密仪器，所以，国家开始从欧美西方发达国家进口，包括13套大化肥、4套化纤、1套1.7米大轧机等，价值43亿美元，被称为"四·三方案"。引进国外的先进技术,建立了我国的石油化学工业的基础,逐步解决了老百姓的"吃、穿、用"民生的大问题。在贸易方式上,按照西方国家贸易做法和贸易惯例进行。1963年6月,我国和日本签订了第一个采用延期付款方式进口维尼纶设备的合同,然后又相继同英国、荷兰、法国、意大利等国签订了类似的合同。据统计,1962—1966年,我国同西方国家谈判成交的大小成套设备项目20多套,包括冶金、石化、电子、精密机械等。这些大项目成为我国工业的骨干,使我国有了一个比较完整的工业体系。

正如谷牧同志在回忆录中所说的那样:"'文革'前的17年中,帝国主义对我们进行封锁,后来又有苏联大国霸权主义的压力,我们发展对外经济关系很困难,但工作还是比较正常的。而在'文革'中,林彪和'四人帮'集团到处扣'卖国主义'、'洋奴哲学'的帽子,造成极'左'思潮泛滥,使我国的对外经济贸易工作受到严重干扰破坏。周恩来同志等老一辈无产阶革命家力抗逆流,与之进行了尖锐的斗争。也就在这个时期,毛主席根据变化了的国际形势,提出划分三个世界的理论,为当时的对外经贸工作指明了方向,使我们有机会尽量排除'左'的干扰,也为以后实行对外开放开辟了道路。"①

从上述论证分析中,我们可以肯定地说,新中国对外经贸发展的前29年的伟大实践,为改革开放后的31年对外经贸跨越性的大发展,打下了一定的物质技术基础,为改革开放后我国生产力的大发展创造了物质前提。1978年12月,党的十一届三中全会高度评价了关于"实践是检验真理唯一标准"的大讨论,确定全党工作的着重点转移到社会主义现代化建设上来,实行改革

---

① 谷牧:《谷牧回忆录》,中央文献出版社2009年版,第273—274页。

开放的战略决策,这是具有里程碑伟大意义的历史性转变。

在改革开放方针指引下,我国对外经贸发展成就斐然,使世人瞩目。目前,我国已成为全球对外经贸发展最快的国家。其主要表现是:

第一,货物贸易发展迅速,对国民经济发展的拉动作用很大。我国进出口贸易总额由1978年的206.38亿美元,占全球贸易总额的0.78%,增加到2008年的25616.32亿美元(受金融危机经济衰退影响,增长幅度下降20%),年均增长18%,占全球贸易总额的8%,30年增加104倍;进出口总额在世界排名中由第22位(1980年数据),跃居到2008年的世界第2位,仅次于世界贸易强国德国(美国由第1位降到第3位)。目前,我国确实已由一个贸易小国变成为一个贸易大国。更为奇特的现象,进入20世纪90年代以后,我国进出口贸易发展呈现"自乘"现象,或曰倍增现象,即进出口总额跳跃增长,每上1000亿美元台阶的时间越来越短。从纵向比较来看,1991年进出口总额为1357亿美元,比1978年的203.38亿美元增加1154亿美元,花费13年时间;1994年进出口总额2366亿美元比1991年新增1009亿美元,花费了3年时间。特别是进入21世纪,2001年比1999年新增1490亿美元,花费2年时间;2002年比2001年新增1111亿美元,花费1年时间;2003年比2002年新增2304亿美元,花费半年时间;2004年比2003年新增3035亿美元,仅花费4个月时间。从横向国际间比较来看也是如此,如中国进出口额超过10000亿美元只花费了16年时间,而美国却花费了20年时间,德国花费了25年时间,日本花费了30年时间。中国这样的发展速度在国际贸易史上是绝无仅有的。

同时,外贸对我国经济发展的拉动作用越来越明显。一是我国入世五年来外贸对GDP的贡献率年均为20%,2007年上半年拉动 GDP 增长 3.1 个百分点，促进了工业的发展，使我国的制造业仅次于美、日、德，居世界第 4 位。二是石油、铁矿砂等重要资源性商品进口大量增加，占生产需求量的 1/2 以上；而净进口的农产品约为 5 亿亩土地的产量。据国家统计局测算，进口对劳动生产率的贡献约为 46%，弥补了国内供应不足的缺口。三是外贸的进口关税和进口环节增值税已占国家税收的 20% 以上，成为国家财政收入的重要来源，2008 年外贸环节的税收达 9161 亿美元，再加上与外贸关联高的外资企业的税收，约占全国财政收入的 1/3。四是扩大了社会就业门路。据测算，我国每出口 1 亿美元的商品可提供 1.5 万人的就业机会。目前，外贸领域就业与进出口直接相关的人数已超过 8000 万人，其中，加工贸易近 3500 万人，绝大部分是农民工，间接为外贸服务的人数约 2000 万人，两者合计超过 1 亿人。五是促进了产业升级，改善了出口商品结构，而制成品特别是机电产品和高新技术产品出口比重和国际竞争力明显增强，增加了商品的附加值和出口创汇，这是导致外贸出口连年顺差和国家外汇储备增加的一个重要原因。六是出口市场和贸易方式多元化的进一步发展，对发展中国家出口的比重增加较快。七是外贸企业经营主体迅速增加，多种类型进出口企业蓬勃发展，使一些企业由代加工企业向自主品牌和贸工技一体化企业转变，并涌现出一批知名国际品牌，提高了国际竞争力。

第二，我国服务贸易的发展规模也在不断扩大。我国服务贸易起步较晚，服务贸易发展水平较低，竞争力较差，多年来一直处于逆差状态。服务贸易进出口总额 1982 年仅有 44 亿美元，至 2006 年增加到 1917 亿美元，是 1982 年的 43.57 倍，中国服务贸易进出口额占世界服务贸易的比重由 0.6% 提升到 3.6%。我国服务贸易出口的世界排名由 1982 年的第 28 位上升到 2006 年的第8位，进口排名由第40位上升到第7位。服务贸易包括运输、旅游、通信服务、建筑服务、保险服务、金融服务、计算机和信息服务、专有权使用费和特许费、咨询、广告宣传、电影音像、其他商业服务等诸多行业。服务贸易的快速发展，有利于改变我国外贸增长方式，缓解社会就业压力，拉动服务消费增长，提升国家软实力，提高企业和国民素质，从而"有利于促进国民经济又好又快地发展"。

第三，我国技术贸易的发展逐步呈现软硬件进出口并重的新局面。改革开放以前到改革开放初期，我国机电产品、机器设备及生产工具的进口，一般都是从发达国家购入，以硬件进口为主，纯软件技术进口很少。随着自制研发和技术消化能力的逐步增强，技术软件进口力度的加大，近年来出现软硬件进口并重的好现象。据统计，2003—2007年，我国技术引进合同项目由7130项增加到9773项，合同金额由134.51亿美元增加到254.2亿美元。

第四，我国利用外资的规模较大，居于发展中国家之首，而对外投资的能力也逐年增强。改革开放初期，由于我国资金缺乏，主要是利用国外资金为主，又由于国家采取积极鼓励外商投资政策，利用外资数量增长很快。据统计，1985年我国利用FDI仅有19.56亿美元，到2007年吸收外商直接投资690亿美元，累计外商投资企业32万家，存量资产达2925.59亿美元。自1991年开始连续15年居发展中国家首位。外商投资的进入带动了我国产业的升级和服务贸易的大发展，学到了国外先进的管理知识和经验。外商投资企业创造的工业增加值占全国工业增加值的28.3%，缴纳各种税收占全国税收总额的21.19%，大大促进了中国工业现代化的进程。

2000年国家实施"走出去"战略后，鼓励有条件的企业向国外投资，参与国际竞争，从2004年开始，我国企业对外直接投资增加很快，规模日益扩大。截至2008年3月底，我国共有5164家境内投资主体在172个国家和地区设立境外企业1.2万余家，投资总额1131亿美元。在建对外承包工程项目近4000个，合同金额1940亿美元，在外各类劳务人员74.26万人。中国与世界各国、各经济体之间经贸交易日益扩大，经济技术合作的路子越走越宽广。

第五，国家外汇储备大大增加，国际收支状况明显改善。1980年我国外汇储备存在逆差12.96亿美元，往后国家外汇逐年好转，但总未超过百亿美元大关。自1990年开始，我国开始扭转了进出口贸易长期处于逆差的被动状况，国家外汇储备每年都有上百亿美元增加。尤其是2002年以后每年都有上千亿美元增加。例如，2001年我国外汇储备突破2000亿美元大关，达2122亿美元；2002年底为2864亿美元；2003年底猛增到4033亿美元；2004年跨越6000亿美元大关，达6099亿美元，仅次于日本，居世界第2位；2005年底突破7000亿美元大关，达8189亿美元；2006年底为10663.44亿美元；2007年底为15282.49亿美元；2008年4月底为17600亿美元。截至2009年6月底，我国国家外汇储备余额已突破2万亿美元大关，达到21316亿美元，早在2006年2月超过日本，成为全球第一大外汇储备国。目前，日本国家外汇储备额达1.02万亿美元，我国国家外汇储备相当于日本的2倍。外汇储备如此迅猛增加的主要原因在于我国进出口贸易和利用外资的快速发展，这是我国国际竞争力提高、综合国力增强和国际地位提高的一个标志。它有利于增强外商在华投资的信心，对于防范金融风险，维护国家经济安全会起到一定的作用。

二 60年我国对外经贸发展的理论创新

新中国成立后，经过60个春秋，中国已初步建立起以公有制为主体、多种所有制经济共同发展的社会主义市场经济体制和开放型的对外经贸发展体系，改革开放获得很大的成功，对外经贸发展成绩举世瞩目。其原因在哪里呢？笔者认为，根本原因在于改革开放、求真务实、理论创新。因为我们党善于把马克思主义关于国际经贸的基本理论原理与中国国情实际相结合，善于集中全党和全国人民的智慧，善于根据国内外经济、政治环境变化的实际，不断总结对外经贸发展中的经验和教训，通过探索理论，指导实践，再探索，再实践的过程，用正确的发展战略和政策，指导对外经贸发展的结果。那么，在对外经贸理论方面有哪些创新呢？

（一）以毛泽东同志为核心的第一代党和国家领导人，包括周恩来、刘少奇、陈云等老一辈无产阶级革命家，他们为新中国对外经贸理论的发展作出了很大贡献。他们的对外经贸思想从本质上讲都是对外开放的，而非封闭的。对此，邓小平同志作出了十分准确的判断。他说："毛泽东同志在世的时候，我们也想扩大中外经济技术交流，包括同一些资本主义国家发展经济贸易关系，甚至引进外资、合资经营等等。但是那时候没有条件，人家封锁我们。"[1] 众所周知，1950年美国发动了侵朝战争，并派第7舰队和空军13航空队占据台湾，支持蒋介石准备反攻大陆，对我国实行"封锁"和"禁运"政策。我国面临的外部环境极度困难，没有全面对外开放的条件。早在新中国成立前夕，1949

---

[1] 转引自《谷牧回忆录》，中央文献出版社2009年版，第272页。

年6月15日，毛泽东同志《在新政治协商会议筹备会上的讲话》中已明确提出：新中国成立后，我国就确定了对外开放和对外经贸发展的原则和目的。他说："任何外国政府，只要它愿意断绝对于中国反动派的关系，不再勾结或援助中国反动派，并向人民的中国采取真正的而不是虚伪的友好态度，我们就愿意同它在平等、互利和互相尊重领土主权的原则的基础之上，谈判建立外交关系的问题。中国人民愿意同世界各国人民实行友好合作，恢复和发展国际间的通商事业，以利发展生产和繁荣经济。"① 1956年4月25日，毛泽东同志在《论十大关系》中指出："我们的方针是，一切民族、一切国家的长处都要学，政治、经济、科学、技术、文学、艺术的一切真正好的东西都要学。但是，必须有分析有批判地学，不能盲目地学，不能一切照抄，机械搬运。他们的短处、缺点，当然不要学。"② 他又指出："外国资产阶级的一切腐败制度和思想作风，我们要坚决抵制和批判。但是，这并不妨碍我们去学习资本主义国家的先进的科学技术和企业管理方法中合乎科学的方面。工业发达国家的企业，用人少，效率高，会做生意，这些都应当有原则地好好学过来，以利于改进我们的工作。"③

本文认为，毛泽东同志的思想本质上是开放的。他主张学习一切国家、一切民族的长处和先进的东西。他主张和世界上所有国家通商贸易、引进外资、经济合作，但必须是独立自主的。此外，毛泽东同志还主张，建设社会主义要以自力更生为主，争取外援为辅；中国发展经济主要依靠国内市场，还要同外国人做生

---

① 《毛泽东选集》第4卷，人民出版社1960年版，第1470页。
② 《毛泽东选集》第5卷，人民出版社1977年版，第285页。
③ 同上书，第287页。

意；学习外国先进经验要与中国实际相结合等思想。

新中国成立后，周恩来同志长期担任国务院总理，他深有感触地说："任何一个国家在建设中，任何一个国家在这个世界上，不可能完全闭关自给，总是要互相需求，首先就是贸易往来，技术的合作。"① 1956年9月16日，他在《关于发展国民经济的第二个五年计划的建议的报告》中指出："我们也愿意根据平等互利的原则，同世界上其他的国家发展经济上、技术上和文化上的联系。我们一直在努力扩大同西方国家的贸易，并且愿意把这些国家的科学技术和管理方法中有用的东西吸收过来，为我们的建设事业服务。"② 他又说："我们主张扩大国际间经济、技术和文化的合作和联系，不仅是为了加速完成我们的社会主义建设，而且还因为这将为各国之间的和平共处奠定可靠的基础。因此，这是完全符合于全世界人民的利益，完全符合于和平事业的利益的。"③

1949年2月16日，刘少奇同志为中共中央起草的《关于对外贸易的决定》中明确指出："由于天津及其他重要海口的解放，许多外国的商业机关和国民党地区的商业机关要求和我们进行贸易，而我们为了迅速恢复与发展新中国的国民经济，亦需要进行这种贸易，因此，我们应该立即开始进行新中国的对外贸易。目前我们与世界上任何外国尚未建立正式的外交关系，在未建立这种外交关系以前的对外贸易，自然只是一种临时性质的贸易关系。但这种临时性质的贸易关系，在对我有利及严格保持我国家主权独立并由政府严格管制等原则的条件下，是可以而且应

---

① 转引自《谷牧回忆录》，中央文献出版社2009年版，第272页。
② 中共中央文献研究室：《周恩来经济文选》，中央文献出版社1993年版，第328页。
③ 同上。

该允许的。"① 刘少奇同志重视发展与兄弟国家技术合作，主张要吸收资本主义国家技术。他说："凡是自己没有的技术，可以向别的国家去要资料，可以派学习小组赴国外去学习，可以请外国专家、技师来指导。与苏联及兄弟国家的技术合作应该努力发展，对资本主义国家的技术也要尽量吸收，花钱买他们的技术，向他们学。"② 刘少奇还非常重视利用外资和技术，主张共同办合资股份公司。

陈云同志早在延安时代就主持陕甘宁边区的财政经济工作，新中国成立后，他长期担负全国财经战线的主要领导工作。陈云同志的对外经贸思想内涵极为丰富，包括：关于新中国海关建设、关于对外贸易管理、关于内销与外销关系、关于对外贸易方式、关于打破帝国主义"封锁"和"禁运"同国外做生意、关于搞好外贸与稳定国内市场、关于改善进出口商品结构、关于研究当代国际经济（包括国际金融、国际市场价格、国际市场供求变化规律、国际金融危机等）、关于研究港澳经济、关于利用外资和技术引进、关于办好经济特区的思想等。

在新中国海关建设的思想方面，1949年10月8日，陈云同志在中央财政经济委员会召开的海关工作座谈上的讲话中指出："我们愿意在平等互利的基础上与各国政府和人民恢复和发展通商贸易。现在，我国沿海被帝国主义国家封锁，就是台湾解放后也会被封锁，美帝国主义会禁止某些战略物资出口到中国来。今天，我们首先是与苏联和新民主主义国家进行贸易，其他国家愿

---

① 刘少奇：《刘少奇论新中国经济建设》，中央文献出版社1993年版，第64页。
② 同上书，第276页。

意与我们通商也可以,但必须建立在平等互利的基础之上。"①陈云同志明确地指出:我们发展对外贸易的"目的在于推进中国的工业化。"② 他非常强调发挥和利用口岸进出口商的作用,强调出口要讲信用和提高出口商品质量,强调根据情况分别对待进口价格,强调对储存以外的巨额外汇要迅速运用。陈云同志主张搞易货贸易、转口贸易,发展同苏联的橡胶合作生产,发展与锡兰(现为斯里兰卡)、印尼的三角贸易等。陈云同志这些主张很适合于新中国成立初期恢复和发展国民经济的实际需要。从这里可以看出陈云同志善于调查研究、冷静思考问题,"不唯上,不唯书,只唯实"的优秀品质和作风,为我们树立了光辉的学习榜样。

(二)以邓小平同志为核心,包括陈云(陈云系第一代跨第二代党和国家领导人)、李先念、胡耀邦等第二代党和国家领导人。他们在新中国社会主义建设中,特别是改革开放以来,将马克思列宁主义对外经贸发展的基本原理与中国对外经贸发展的实践相结合,并吸收和借鉴西方关于社会化大生产的一切文明成果,创造了具有中国特色的对外经贸理论。邓小平同志是我国改革开放的总设计师。对外开放的理论是他在中共十一届三中全会前后,认真总结新中国三十多年的国内经济建设和对外关系的历史经验,观察研究国际环境的基础上提出的重大战略方针,是建设有中国特色社会主义基本路线的一项重要内容,也是在社会主义历史条件下对马克思、列宁和毛泽东同志关于对外开放理论的继承和发展,并作为我国一项长期的基本国策,对于加快我国的社会主义现代化建设具有划时代的战略意义。

---

① 《陈云文集》第2卷,中央文献出版社2005年版,第9页。
② 同上书,第12页。

在关于坚持独立自主和自力更生的理论方面，邓小平同志强调独立自主、自力更生始终是我国对外开放的立足点。1982年9月1日，他在党的十二大的开幕词中强调指出："中国的事情要按照中国的情况来办，要依靠中国人自己的力量来办。独立自主，自力更生，无论过去、现在和将来，都是我们的立足点。"[①] 1984年6月30日，邓小平会见第二次中日民间人士会议的日方委员会代表团时说："现在的世界是开放的世界。中国在西方国家产业革命以后变得落后了，一个重要原因就是闭关自守。建国以后，人家封锁我们，在某种程度上我们也还是闭关自守，这给我们带来了一些困难。三十几年的经验教训告诉我们，关起门来搞建设是不行的，发展不起来。"[②]

关于对外开放长期性和全方位对外开放的理论方面，1984年10月6日，邓小平同志会见参加中外经济合作问题讨论会全体中外代表讲话时指出："对外经济开放，这不是短期的政策，是个长期的政策，最少五十年到七十年不会变。为什么呢？因为我们第一步是实现翻两番，需要二十年，还有第二步，需要三十年到五十年，恐怕是要五十年，接近发达国家的水平。两步加起来，正好五十年至七十年。到那时，更不会改变了。即使是变，也只能变得更加开放，否则，我们自己的人民也不会同意。"[③] 1984年10月22日，在中央顾问委员会第三次全体会议上讲话，他又指出："因为现在任何国家要发达起来，闭关自守都不可能。我们吃过这个苦头，我们的老祖宗吃过这个苦头。"[④] 由此可见，邓小平同志的五十年到七十年不变的思想同他设计的我国

---

① 《邓小平文选》第3卷，人民出版社1993年版，第3页。
② 同上书，第64页。
③ 同上书，第79页。
④ 同上书，第90页。

社会主义现代化"三步走"的战略目标是完全一致的。邓小平同志对外开放理论从空间上看，是全方位的，1984年11月1日，他在中央军委座谈会上的讲话指出："而对外开放，我们还有一些人没有弄清楚，以为只是对西方开放，其实我们是三个方面的开放。一个是对西方发达国家的开放，我们吸收外资、引进技术等等主要从那里来。一个是对苏联和东欧国家的开放，这也是一个方面。国家关系即使不能够正常化，但是可以交往，如做生意呀，搞技术合作呀，甚至于合资经营呀，技术改造呀，一百五十六个项目的技术改造，他们可以出力嘛。还有一个是对第三世界发展中国家的开放，这些国家都有自己的特点和长处，这里有很多文章可以做。所以，对外开放是三个方面，不是一个方面。"[1]

关于外贸体制改革的理论方面，邓小平主张外贸体制改革必须同对外开放步伐相适应。早在1978年12月13日，他在中共中央工作会议闭幕会上讲话就已指出："现在我国的经济管理体制权力过于集中，应该有计划地大胆下放，否则不利于充分发挥国家、地方、企业和劳动者个人四个方面的积极性，也不利于实行现代化的经济管理和提高劳动生产率。应该让地方和企业、生产队有更多的经营管理的自主权。……在经济计划和财政、外贸等方面给予更多的自主权。"[2] 1979年10月4日，邓小平出席中共中央召开的省、市、自治区第一书记座谈会的讲话又指出："过去我们统得太死，很不利于发展经济。有些肯定是我们的制度卡得过死，特别是外贸。好多制度不利于发展对外贸易，对增加外汇收入不利。"[3] 他的这些重要指示对推动外贸体制改革发挥了先导作用。

---

[1] 《邓小平文选》第3卷，人民出版社1993年版，第98—99页。
[2] 《邓小平文选》第2卷，人民出版社1994年版，第145—146页。
[3] 同上书，第200页。

关于发挥智力资源作用的理论方面，1977年5月24日，邓小平同志同中央两位领导同志谈话时说："一定要在党内造成一种空气：尊重知识，尊重人才。要反对不尊重知识分子的错误思想。不论脑力劳动，体力劳动，都是劳动。从事脑力劳动的人也是劳动者。将来，脑力劳动和体力劳动更分不开来。发达的资本主义国家有许多工人的工作就是按电钮，一站好几小时，这既是紧张的、聚精会神的脑力劳动，也是辛苦的体力劳动。要尊重知识，重视从事脑力劳动的人，要承认这些人是劳动者"。① 1983年7月8日，邓小平同志与几位中央负责同志的谈话说："要利用外国智力，请一些外国人来参加我们的重点建设以及各方面的建设。对这个问题，我们认识不足，决心不大。搞现代化建设，我们既缺少经验，又缺少知识。不要怕请外国人多花几个钱。他们长期来也好，短期来也好，专为一个题目来也好。请来之后，应该很好地发挥他们的作用。"②

陈云同志是我们党和国家第一代、第二代跨代人物，他在改革开放后，对创建具有中国特色的对外开放理论也作出了很大贡献。他积极主张搞加工贸易、大搞"劳务出口"、办好经济特区，努力把我国电子工业搞上去。1984年3月3日，陈云同志在听取电子工业部部长江泽民汇报时，提出要把电子工业搞上去。他说："世界上即将出现一次新的技术革命，集成电路和电子计算机，就是这场技术革命的两个代表。从科学技术的发展来看，这些说法还是有些道理的。……在工业比较发达的国家，现在计算机的应用非常普遍，使生产、工作和生活方式都发生了变化，有'工厂自动化'、'农业自动化'、'办公室自动化'和

---

① 《邓小平文选》第2卷，人民出版社1994年版，第41页。
② 《邓小平文选》第3卷，人民出版社1993年版，第32页。

'家庭自动化'的说法，对经济发展起的作用很大。这些情况，对我们的国民经济，对我们的电子工业，都是一场新的挑战。"①

（三）以江泽民同志为核心，包括李鹏、朱镕基和李岚清等党和国家领导人，他们在对外经贸理论方面，提出了许多新思想、新理念和新主张，他们对开放型国际经贸理论有所创新和拓展。概括起来主要有以下思想：关于确立社会主义市场经济体制的思想，关于经济全球化思想，关于中国加入世界贸易组织的思想，关于亚太经合组织发展的思想，关于进一步提高利用外资水平的思想，关于实施"引进来"和"走出去"相结合的战略思想，关于金融危机和国家金融安全的战略思想等。

1992年春，邓小平同志南方谈话以后，在同年10月12日召开的党的第十四次全国代表大会上，江泽民同志首次明确提出"我国经济体制改革的目标是建立社会主义市场经济体制，以利于进一步解放和发展生产力。"并提出实现这一目标的步骤，使我国改革开放和现代化建设进入新的阶段。在市场经济体制下，对于如何处理好市场配置资源和加强国家宏观调控问题，如何组建大型企业集团提高国际竞争力问题，如何大力发展第三产业问题，企业如何"走出去"开展国际经济合作问题，不断提高对外开放水平问题等，以江泽民同志为核心的第三代领导人提出许多新思想和新思路。

1994年6月20日，江泽民考察广东时在深圳的讲话中说："要积极组建跨国界的大型企业集团，努力培养懂得国际金融、国际贸易的人才，努力形成和发挥规模经济效益，不断提高企业在国际市场上的竞争能力。还要努力发展同特区总体经济水平相

---

① 《陈云文集》第3卷，中央文献出版社2005年版，第533页。

适应、为外向型经济服务的第三产业。"①

2002年11月8日,江泽民同志在党的十六大报告中总结了自党的十四大以来13年的十条基本经验,其中的第三条主要是对外经贸方面如何坚持改革开放,不断完善社会主义市场经济体制方面的内容。他指出:"改革开放是强国之路。必须坚定不移地推进各方面改革。改革要从实际出发,整体推进,重点突破,循序渐进,注重制度建设和创新。坚持社会主义市场经济的改革方向,使市场在国家宏观调控下对资源配置起基础性作用。坚持'引进来'和'走出去'相结合,积极参与国际经济技术合作和竞争,不断提高对外开放水平。"②

1992年10月12日,江泽民在党的十四大报告中强调学习国外先进的东西和利用外资的长期性。他说:"社会主义要赢得同资本主义相比较的优势,必须大胆吸收和借鉴世界各国包括资本主义发达国家的一切反映现代社会化生产和商品经济一般规律的先进经营方式和管理方法。国外的资金、资源、技术、人才以及作为有益补充的私营经济,都应当而且能够为社会主义所利用。政权在人民手中,又有强大的公有制经济,这样做不会损害社会主义,只会有利于社会主义的发展。"③

1998年8月28日,江泽民同志在第九次驻外使节会议上的讲话指出:"经济全球化,是由发达资本主义国家首先推动起来的,而且他们在其中一直起着主导作用。"广大发展中国家总体上处于不利地位,我们既要"积极参与国际经济合作和竞争,充分利用经济全球化带来的各种有利条件和机遇,又要对经济全

---

① 《江泽民文选》第1卷,人民出版社2006年版,第377页。
② 《江泽民文选》第3卷,人民出版社2006年版,第534页。
③ 《江泽民文选》第1卷,人民出版社2006年版,第225页。

球化带来的风险保持清醒的认识。"①

（四）以胡锦涛同志为总书记的新一代领导人承担着中国改革开放、继往开来的历史重任，他们继承和发展毛泽东、邓小平、江泽民等第一、第二和第三代党和国家领导人的思想理论，与时俱进、开拓创新，提出创新的重要理论观点。综合起来，大体有以下重要思想：关于用科学发展观指导我国对外开放和对外经贸发展的重要思想，关于和平发展和互利共赢的战略思想，关于构筑和谐世界、改革国际经济旧秩序的思想，关于跨国公司在经济全球化中的地位和作用的思想，关于中国保护和尊重知识产权的思想等。

2003年10月14日，胡锦涛同志在中共十六届三中全会第二次全体会议上讲话指出："树立和落实全面发展、协调发展和可持续发展的科学发展观，对于我们更好地坚持发展才是硬道理的战略思想具有重大意义。"他说："要全面实现这个目标，必须促进社会主义物质文明、政治文明和精神文明协调发展，坚持在经济发展的基础上促进社会全面进步和人的全面发展，坚持在开发利用自然中实现人与自然的和谐相处，实现经济社会的可持续发展。这样的发展观符合社会发展的客观规律。"② 2004年2月21日，温家宝总理在省部级主要领导干部"树立和落实科学发展观"专题研究班结业式上的讲话中指出："党的十六届三中全会进一步明确提出了'坚持以人为本，树立全面、协调、可持续的发展观，促进经济社会和人的全面发展'；强调'按照统筹城乡发展、统筹区域发展、统筹经济社会发展、统筹人与自然和谐发展、统筹国内发展和对外开放的要求'，推进改革和发

---

① 《江泽民文选》第2卷，人民出版社2006年版，第199、201页。
② 《十六大以来重要文献选编》（上），中央文献出版社2005年版，第483页。

展。这样完整地提出科学发展观,是我们党对社会主义现代化建设指导思想的新发展。牢固树立和全面落实科学发展观,对于全面建设小康社会进而实现现代化的宏伟目标,具有重大而深远的意义。"①

2004年5月5日,胡锦涛同志在江苏考察工作结束时的讲话指出:"要解决中国的发展问题,实现又快又好的发展,必须牢固树立和认真落实科学发展观。这是我们以邓小平理论和'三个代表'重要思想为指导,从新世纪新阶段我国发展全局出发提出来的重大战略思想。"胡锦涛同志提出"坚持深化改革、扩大开放,为加快发展提供强大动力"的新思想。他说:"现在,我国社会主义市场经济体制已经初步建立,全方位、宽领域、多层次的对外开放格局已经基本形成,但改革开放的任务还远远没有完成。"同时,他又对改革开放提出进一步的要求:"要坚持'引进来'和'走出去'相结合,不断提高对外开放的水平。要继续坚定不移地实施对外开放的基本国策,下大气力提高对外开放的水平"②。

2005年10月11日,党的十六届五中全会通过的《中共中央关于制定国民经济和社会发展第十一个五年规划的建议》,首次提出"实施互利共赢的开放战略"及其主要内容。2006年10月11日,党的十六届六中全会通过的《中共中央关于构建社会主义和谐社会若干重大问题的决定》,提出"坚持走和平发展道路,营造良好外部环境","推动建设持久和平、共同繁荣的和谐世界"的新思想。

---

① 《十六大以来重要文献选编》(上),中央文献出版社2005年版,第755页。
② 《十六大以来重要文献选编》(中),中央文献出版社2006年版,第61、66、67页。

2007年10月15日，胡锦涛同志在党的十七大会议上发表的重要报告指出："改革开放是党在新的时代条件下带领人民进行的新的伟大革命"。他对如何进一步拓展对外开放的广度和深度，提高开放型经济水平，提出九项任务：（1）坚持对外开放的基本国策，把"引进来"和"走出去"更好结合起来，扩大开放领域优化开放结构，提高开放质量，完成内外联动、互利共赢、安全高效的开放型经济体系，形成经济全球化条件下参与国际经济合作和竞争新优势。（2）深化沿海开放，加快内地开放，提升沿边开放，实行对内对外开放相互促进。（3）加快转变外贸增长方式，立足以质取胜，调整进出口结构，促进加工贸易转型升级，大力发展服务贸易。（4）创新利用外资方式，优化利用外资结构，发挥利用外资在推动自主创新、产业升级、区域协调发展等方面的积极作用。（5）创新对外投资和合作方式，支持企业在研发、生产、销售等方面开展国际化经营，加快培育我国的跨国公司和国际知名品牌。（6）积极开展国际能源资源互利合作。（7）实施自由贸易区战略，加强双边多边经贸合作。（8）采取综合措施促进国际收支基本平衡。（9）注重防范国际经济风险。

三　60年我国对外经贸发展的主要经验

新中国成立60年来，特别是改革开放以来我国对外经贸发展的伟大实践和理论创新的巨变，被国际友人称之为"北京共识"，即成功的"中国经验"、"中国模式"和"中国道路"。我们从中应总结出哪些经验或受到哪些启示呢？

第一，解放思想、实事求是，抓住机遇，促进发展，是贯彻改革开放方针的根本保证。改革开放以来，在邓小平理论指导下，我国先后有过三次思想解放的重大突破。第一次思想解放是1978年党的十一届三中全会，确立我国改革开放的战略方针，为我国参与经济全球化奠定了指导思想的理论基础。20世纪80年代，我国抓住国际上的以轻纺产品为代表的劳动密集型产业向发展中国家转移的历史机遇，大力发展轻纺工业的加工贸易，使纺织品、服装、鞋类、玩具、箱包、塑料制品等一大批外向型产业在珠江三角洲等地区得以快速崛起。第二次思想解放是1992年邓小平在武昌、深圳、珠海、上海等地的谈话和党的十四大确立社会主义市场经济体制的关键时刻。在20世纪90年代，我国抓住了国际机电产业调整向发展中国家转移的机遇，促进了我国机电出口产业的大发展。例如，彩电、洗衣机、电冰箱、微波炉、激光视盘机、程控交换机、手机、微型计算机、集成电路等一大批新兴产业，在长江三角洲等地区得以振兴和发展，使珠江三角洲等地区机电产业得以全面升级，为我国机电产品出口创造了物质技术条件。第三次思想解放是2001年12月11日中国加入WTO，我国抓住以IT为代表的高科技生产制造环节向发展中国家转移的历史机遇，在长江三角洲、珠江三角洲、闽南三角洲及环渤海地区，建立一批各具特色的IT产业生产制造基地，全球100强IT企业已有90%以上在我国投资，实现了我国IT产业从新兴产业到重要支柱产业的历史性跨越。目前，我国IT产业规模已跃升世界排名第3位，其中，办公通信产品出口已超过美国，居世界第一位，占世界出口总额的19.8%。

第二，对外经贸发展必须同改革开放步伐相适应，稳步推进，逐步扩大。1978年，党中央和国务院从我国国情——东、中、西部地区经济发展不均衡、发展差距较大的实际出发，把沿海地区作为实行改革开放的重点。1979年7月，批准广东、福建两省在对外经贸活动中实行特殊政策和灵活措施。1980年8

月，第五届全国人大常委会第十五次会议作出决定，批准国务院提出的在深圳、珠海、汕头、厦门设置经济特区。1988年4月，第七届全国人民代表大会第一次会议通过设置海南省经济特区。1984年4月，批准天津、上海、大连、秦皇岛、烟台、青岛、连云港、南通、宁波、温州、福州、广州、湛江、北海14个沿海开放城市，在对外经贸活动的自主权、外商投资企业优惠政策，以及老企业技术改造等方面实行政策倾斜。1984—1988年间，先后在大部分沿海开放城市中建立14个经济技术开发区，参照经济特区的做法，进一步扩大外资项目审批权限。大力引进急需的先进技术，集聚开办中外合资、合作、外商独资企业，以及中外合作研发机构。与此同时，先后在珠江三角洲、长江三角洲、闽南三角洲地区的51个市县，以及辽东半岛、山东半岛等一些沿海市县，由省（直辖市）批准的工业卫星城市为沿海经济开放区。与此同时，我国出台了沿边开放、沿江开放，以及内陆开放等一系列重大政策，使对外开放由点、线、面向广度和深度拓展。2007年10月15日，胡锦涛同志在党的十七大报告中，又进一步提出新时期我国对外开放的目标和任务，即"深化沿海开放，加快内地开放，提升沿边开放，实现对内对外开放相互促进。"实践证明，我国对外开放由东向西，通过试点示范逐步梯度推进的做法是很成功的经验。

第三，在逐步扩大对外开放的同时，必须同步进行外贸体制改革。在改革开放初期，改革的重点是下放外贸经营权和逐步取消外贸指令性计划，代之以进出口许可证和配额制度，随着市场化改革的深入，逐步减少直至最后取消数量限制，使企业逐步建立起自负盈亏的经营机制。同时，建立起以间接调控手段如汇率、价格、利率、税率为主的通过市场与国家计划、财政及货币政策相结合的对外经贸宏观调控体系，健全外经贸协调服务机制，完善贸易促进措施。入世以后，根据我国加入 WTO 议定书的要求，大幅度地降低了关税率。平均关税率由 2001 年的 15.3% 降低到 2006 年的 9.9%，其中，农产品的平均关税率由 23.2% 降到 15.2%，工业品的平均关税率由 14.8% 降到 9.0%，基本上实现了贸易自由化的要求。并根据 WTO 规则要求，进一步下放了外贸经营权，由过去的经营审批制改为备案登记制，减少和简化进出口配额和许可证管理办法，积极探索企业股份制改革等，使中国社会主义市场经济体制更加健全和完善。

第四，逐步完善吸引外商投资的法律法规是吸收外商投资最重要的环境条件。在中外合资经营方面，1979 年 7 月颁布《中华人民共和国中外合资经营企业法》，1980 年我国批准第一批 3 家外商投资企业。在中外合作经营方面，1980 年颁布了《中华人民共和国中外合作经营企业所得税法》；1988 年 4 月颁布了《中华人民共和国中外合作经营企业法》。在外资企业方面，1981 年 12 月颁布了《中华人民共和国外国企业所得税法》；1986 年 4 月颁布了《中华人民共和国外资企业法》；1990 年 10 月颁布了《中华人民共和国外资企业法实施细则》。这些法律法规的形成和完善，为我国大力吸引外资创造了良好的法律环境和保障。20 世纪 90 年代，特别是邓小平同志南方谈话以后，党中央明确提出积极合理有效利用外资的方针，先后出台了一系列吸收外资的新政策。1995 年公布实施《指导外商投资方向暂行规定》和《外商投资产业指导目录》。1997 年发布《国务院关于调整进口设备税收政策的通知》。1998 年公布中共中央国务院《关于进一步扩大对外开放，提高利用外资水平的若干意见》。这些政策的出台，为我国抓住世界产业结构调整转移的机遇，免征投资总额内进口机器设备关税和进口环节增值税，为优化外商投资结构，提升外商投资企业技术水平创造了条件。2001 年 12

月 11 日，我国加入 WTO 以后，共清理废止和修改了不符合 WTO 规则要求的国内法律法规 3000 个，使我国对外经贸管理体制和经营体制及运作机制更加符合 WTO 等国际经济游戏规则要求。在 1994 年 5 月 12 日第八届全国人民代表大会常务委员会第七次会议通过的《对外贸易法》的基础上，于 2004 年 4 月 6 日第十届全国人民代表大会常务委员会第八次会议修订的《中华人民共和国对外贸易法》等一系列的新的法律法规陆续公布出台，使我国对外经贸活动已融入全球化的法制轨道。

第五，适应国际市场变化的新特点，及时调整我国对外经贸发展战略。1990 年我国对外贸易过于集中在美、日、欧、我国香港地区等发达经济体市场，为减少经济、政治风险的影响，我国及时提出市场多元化战略，即在继续巩固和扩大发达经济体市场的同时，加快开拓发展中国家、原苏东国家特别是周边国家市场。根据许多企业在出口经营活动中"以量取胜"、低价竞销等粗放经营状况，为维护国家利益和外贸信誉，提出"以质取胜"战略。为此，积极推行国际质量体系和认证，优化进出口商品结构，增加出口商品的附加价值和技术含量；完善质量保证体系，提高质量和加强质量监督，收到一定的积极效果。1994 年，根据我国对外经贸一系列重大改革的需要，以及对外经贸经营规模和经营主体的不断扩大和增加，提出"大经贸"战略。这一战略有利于实现对外经贸经营主体的多元化，有利于促进对外经贸活动相互推动和融合，有利于推动商品贸易、技术贸易和服务贸易的协调发展，有利于加强对外经贸主管部门与相关政府部门的协调与配合，提高了政府职能部门的工作效率。1999 年，为适应科技进步日新月异的变化和国际竞争力日趋激烈的新特点，为增强抵御各种外部风险和提升国际竞争力，推动我国由贸易大国向贸易强国的转变，提出"科技兴贸"战略。这一战略的实施，对于充分利用高新技术改造传统出口产业，促进高新技术产业和产品的发展，提高出口商品的国际竞争力大有裨益。2000年，为顺应经济全球化发展的历史潮流，在1998年鼓励企业对外投资"走出去"的基础上，中央又明确提出"走出去"战略。这一战略的实施，对于鼓励和支持我国具有国际竞争力的优势企业走出国门，扩大对外投资，开展跨国经营，大力发展境外加工贸易、境外资源开发、对外工程承包与劳务合作等项目，在全球范围内优化配置资源，培育我国自己的跨国公司和著名品牌具有巨大的推动作用。2005年党的十六届五中全会提出互利共赢的开放战略，使对外经贸交往更加重视平等互利原则。2007年党的十七大又提出实行自由贸易区战略，把自由贸易区作为对外开放的新平台。目前，我国已同新加坡、新西兰等7个国家和地区建立了自由贸易区，并签署了自由贸易协定，实现货物和服务贸易的自由流通，促进和发展与这些国家的经贸伙伴关系。

　　第六，以加入世界贸易组织为契机，加大改革开放力度，大力发展开放型经济。2001年12月11日，我国正式加入世界贸易组织。我国政府认真履行WTO法律文件所规定的基本权利和义务，标志着我国经济全面参与经济全球化，贸易、资投、生产要素流动更加自由化和便利化。目前已有76个国家承认中国市场经济地位。据统计，到2007年底，我国与全球150多个国家和经济体建立了双边经贸关系，双边贸易额超过1000亿美元的贸易伙伴有7个，分别是欧盟、美国、日本、中国香港地区、东盟、韩国及中国台湾省。目前，我国已进入开放型经济全面发展的新阶段，其主要标志是我国政府以改革开放的实践成果在世贸组织中树立了一个"重承诺、负责任、守信用"的大国形象，推动了我国进出口贸易、利用外资和对外投资大幅度增加。服务贸易加快发展，结构不断优化，成为多边贸易体制的主要受益者，国民经济持续快速发展。在全球金融危机影响下，尽管我国进出口贸易和利用外资数量都有所下滑，但出口保市场，保份额，扩大进口，增加投资，促进生产，对世界经济的复苏发挥了巨大推动作用。并进一步推动了我国的改革开放，有效地促进了我国社会主义市场经济体制的建立与完善，推动了我国构建社会主义和谐社会，营造良好的外部环境。

第七，巨大发展潜力的中国大市场是吸引大型跨国企业在中国"安家落户"的磁石。世界500强大型跨国公司，目前已有400多家在中国投资。早在20世纪70年代初期，英国石油公司就进入中国市场。美国摩托罗拉网络设备公司在1987年进入中国市场，美国通用电气公司在1991年进入中国市场。德国西门子电子电气设备公司在1982年进入中国市场，德国大众汽车与零件公司1984年进入中国市场。韩国的电子、电器设备公司1992年进入中国市场。荷兰的飞利浦电子、电器设备公司1985年进入中国市场。芬兰诺基亚网络通信设备公司1985年进入中国市场。瑞典爱立信网络通信设备公司1985年进入中国市场。日本跨国生产企业进入中国市场虽然较晚，但发展速度很快。日本全球存储技术公司、富士复印机公司、夏普电子公司以及松下的微波炉、模拟复印机、空调压缩机等海外生产基地均陆续转移到中国。这些跨国公司在中国均获得良好的经济效益。

第八，我国实施"走出去"战略已见成效，规模逐步扩大，领域不断拓宽，层次不断提升。我国境外资源开发包括油气、矿产、林业、远洋渔业、农业合作等诸多项目。在20世纪90年代初，我国中石油、中石化、中海油、中化等公司，开始走向国外市场。1996年中石油集团入股40%在苏丹组建国际石油投资集团，联合开发石油资源。1997年中石油购买哈萨克斯坦阿克纠宾油气公司60.2%的股权，成立中油—阿克纠宾油气控股公司。

2001年中石油与委内瑞拉国家石油公司签署《联合开发奥里乳化油合作协定》。1985年我国企业先后在俄罗斯、美国、加拿大、巴西、苏里南、新西兰、巴布亚新几内亚、尼日利亚、赤道几内亚、加蓬、柬埔寨等从事森林资源开发业务。"走出去"的领域不断拓宽。最初主要是从事商品进出口贸易、航运和餐饮业等，逐步发展到现在包括生产加工制造、资源开发利用、工程承包、劳务输出、农业合作、研究开发及各种国际服务贸易外包等多种方式。例如，对外工程承包已从各种硬件承包如地质勘探、航道疏浚、油气管道、港口设施、交通、建筑、电力、石化、冶金、煤炭、通信、航天等主要产业发展到今天的各类服务外包，诸如商务服务、计算机及相关服务、影院文化服务、互联网服务、各类专业服务等，劳务输出人员从事的工作范围越来越广，层次越来越高。"走出去"的层次不断提升，初期对外投资主要是在境外建立"走出去"的窗口，现在"走出去"对外投资已呈现多样化趋势，包括绿地投资建厂、跨国并购、股权置换、境外上市、设立研发中心、创办工业园、建立国际营销网络、建立战略合作伙伴关系等。

第九，在传统比较优势理论和当代国际竞争理论的基础上，根据中国国情特点，找出具有中国特色的各种优势。改革开放以来，我国适应经济全球化这一历史趋势，根据中国国情特点，积极发挥自己的独特优势。这些独特优势主要表现在以下八个方面：一是具有世界发展潜力最大的市场优势。随着我国工业化、城市化和城镇化水平的迅速提高，城乡居民收入的增加，城乡居民的消费需求规模不断扩大，城乡市场供求和内外交流会更加繁荣。二是具有高素质和低成本的人力资源优势。随着经济全球化的日益发展，世界市场对人才的争夺很激烈，我国劳动人数总量大、质量高、成本低，有利于增强我国在国际市场上的竞争力。

三是具有社会政治稳定和经济快速增长及投资回报良好的环境优势。这是吸引跨国公司在华追加投资的重要因素，使跨国公司在中国经营更加充满信心。四是具有竞争力较强的工程基础优势。我国已拥有各类齐全的工程体系，完备的工业能力和经验丰富的工程技术人员和技术工人，跨国公司的任何一个生产部门或生产环节，都可以在中国产业链条上找到相应的配套环节，能满足其生产工程流程工艺的需要。五是具有良好的基础设施优势。我国的交通和通信网络居世界第2位。铁路建设稳步发展，运营里程居世界第3位，客运列车大大提速，运营效率不断提高。民航运力显著提高，运输周转量居全球第3位，港口吞吐能力和运输能力进一步提升。通信设备跨越式发展，固定网络和移动网络规模居世界第3位。六是具有不断完善的法律法规优势。目前，我国对外贸易、吸引外资、国际经济技术合作、外汇和涉外金融、税收、海关及质量监督、检验检疫、知识产权等法律法规体系框架已经形成。国内贸易有关的法律法规体系正在完善和加强。加入WTO后，我国法律法规环境更加优化，积极对外签署有关促进自由贸易和保护投资等双边协定。七是具有可预见性的政策体制优势。我国已建立健全规范、透明、稳定的政策环境，认真履行加入WTO承诺降低总关税平均水平和取消相应的非关税措施，以及服务贸易的减税措施，使社会主义的市场经济体制不断完善。八是具有与日俱增的改革开放环境优势。通过改革开放的实践，我国社会各界改革开放意识普遍增强。商务主管部门与财政、银行、外汇、海关、质检，以及有关的综合或产业部门间建立了多种协作机制，通力合作，大大提高了驾驭对外经贸宏观调控的能力和效率。

第十，中华文化的和谐理念是我国对外经贸改革与发展必须遵循的一个重要原则。和谐是中华传统文化的本质特征。求和平、促发展、谋合作是世界各国人民共同追求的目标和愿望，也是我国政府在处理国际经贸争端中一贯坚持的原则。2001年我国加入WTO后，以一个负责任的大国姿态，应对各种复杂形势的挑战，提出新的思路和战略。2005年10月11日，党的十六届五中全会首次提出"实施互利共赢的开放战略"，2006年10月11日，党的十六届六中全会上又提出"推动建设持久和平，共同繁荣的和谐世界"的新理念。2007年10月15日，胡锦涛同志在党的十七大报告中又提出"拓展对外开放广度和深度，提高开放型经济水平"的新要求。这是以胡锦涛同志为总书记的党中央领导集体，根据世界经济、政治形势发展变化的新特点而作出的科学明确判断和重大战略决策，得到了国际社会特别是发展中国家的广泛赞同和支持，其历史意义相当深远。

在此文收笔之时，笔者还要说明，回顾总结我国对外经贸发展60年的实践、理论、经验，由于文章篇幅、文献及本人理论水平所限，文章内容只能做纲要性的评述和分析，难免有的重要问题有所遗漏，或有不当之处，敬请读者批评指正。我们要共同携起手来，为把我们伟大祖国由一个对外经贸大国变为一个对外经贸强国献计献策而不懈努力。

主要参考文献

1. 《毛泽东选集》第4卷，人民出版社1960年版。
2. 《毛泽东选集》第5卷，人民出版社1977年版。
3. 中共中央文献研究室：《周恩来经济文选》，中央文献出版社1993年版。
4. 刘少奇：《刘少奇论新中国经济建设》，中央文献出版社1993年版。
5. 《陈云文选》第2卷，人民出版社1995年版。

6.《陈云文选》第 3 卷，人民出版社 1995 年版。

7.《陈云文集》第 2 卷，中央文献出版社 2005 年版。

8.《陈云文集》第 3 卷，中央文献出版社 2005 年版。

9.《邓小平文选》第 2 卷，人民出版社 1994 年版。

10.《邓小平文选》第 3 卷，人民出版社 1993 年版。

11.《谷牧回忆录》，中央文献出版社 2009 年版。

12. 江泽民：《全面建设小康社会 开创中国特色社会主义事业新局面》，人民出版社 2002 年版。

13.《江泽民文选》第 1、2、3 卷，人民出版社 2006 年版。

14. 江泽民：《论社会主义市场经济》，中央文献出版社 2006 年版。

15. 胡锦涛：《树立和落实科学发展观》，中共中央文献研究室编《十六大以来重要文献选编》（上），中央文献出版社 2005 年版。

16. 温家宝：《提高认识，统一思想，牢固树立和认真落实科学发展观》，中共中央文献研究室编《十六大以来重要文献选编》（上），中央文献出版社 2005 年版。

17. 胡锦涛：《把科学发展观贯穿于发展的整个过程》，《十六大以来重要文献选编》（中），中央文献出版社 2006 年版。

18.《中共中央关于制定国民经济和社会发展第十一个五年规划的建议》，人民出版社 2005 年版。

19.《中共中央关于构建社会主义和谐社会若干重大问题的决定》，人民出版社 2006 年版。

20. 胡锦涛：《高举中国特色社会主义伟大旗帜 为夺取全面建设小康社会新胜利而奋斗》，人民出版社 2007 年版。

21. 周化民：《陈云在对外贸易理论和实践方面的重大贡献》，《陈云与新中国经济建设》，中央文献出版社 1991 年版。

22. 沈觉人主编：《当代中国对外贸易》（上、下），当代中国出版社 1992 年版。

23. 刘向东：《邓小平对外开放理论的实践》，中国对外经济贸易出版社 2001 年版。

24. 杨圣明:《中国经济开放理论创新》,华文出版社2001年版。

25. 薛荣久总主编,陈家勤、范新宇编著:《国际经贸理论通鉴——中国党和国家领导人论国际贸易卷》,对外经济贸易大学出版社(内部发行)。

26. 薛荣久:《中国党和国家领导人对外开放思想与实践探究》,《不失其所记》,对外经济贸易大学出版社2009年版。

27. 辛承越编:《经济全球化与中国商务发展》,人民出版社2005年版。

28. 王子先主编:《中国对外开放与对外经贸30年》,经济管理出版社2008年版。

29. 崔新健主编:《中国利用外资三十年》,中国财政经济出版社2008年版。

30. 裴长洪:《我国利用外资30年经验总结与前瞻》,《财贸经济》2008年第11期。

31. 夏先良、张宁:《中国外经贸发展:改革开放30年的优势变迁》,《国际贸易论坛》2008年第5期。

32. 陈家勤:《我国对外经贸发展30年的成就、经验及启示》,《社科党建》2008年第8期。

(原载《财贸经济》2009年第9期)

加快外贸发展方式转型
全面提升开放型经济水平

一 "十二五"是我国外贸发展转型的重要战略机遇期

实践证明,"十一五"时期,以胡锦涛同志为总书记的党中央,紧紧抓住这一战略机遇期,有效实施应对百年不遇的国际金融危机冲击的一揽子计划,有针对性地加强和改善宏观调控,巩固和发展应对国际金融危机冲击的成效,加快转变经济发展方式,保持我国经济平稳较快发展,着力保障和改善民生,有力应对汶川、玉树强烈地震、舟曲特大山洪泥石流等严重自然灾害,使党和国家的各项事业和各项工作都取得了新的显著进展,令世人瞩目。2010年我国GDP达到39.5万亿元左右,提升到世界第二位。人均国内生产总值超过4000美元。对外贸易快速发展,结构优化,进出口总额位居世界第二位,2010年中国成为世界第二大进口国,货物贸易进口总量超过1.4万亿美元,占世界总贸易量的10%。从2010年开始,中国承诺在三年内给予41个最不发达国家免除95%以上的关税,为其向中国出口创造了自由化、便利化条件。利用外资质量提高,"走出去"步伐加快,开放型经济水平不断提高。对此,世界贸易组织总干事帕斯卡尔·拉米对中国的改革开放给予了高度评价:"中国加入世贸组织不仅使中国受益,也为世界提供了发展动力和市场机遇。中国加入世贸组织也符合其他世贸组织成员的利益。"

应当指出,中央关于"十二五"是"关键时期"和"攻坚时期"的正确判断和科学定位,是根据邓小平同志"三步走"的战略设想而确定的。为什么说"十二五"时期是全面建设小康社会的"关键时期"呢?根据"三步走"的战略设想,从现在起到2020年全面建设小康社会还有十年时间。因此,"十二五"时期是"十一五"和"十三五"规划承前启后的关键阶段,当然,也是我国外贸发展方式转型的关键阶段,并将为完成"十三五"规划奠定坚实的基础。

为什么说"十二五"时期又是深化改革开放、加快转变经济发展方式和外贸发展方式的"攻坚时期"呢?因为我国是发展中国家,人口多,人口总数比整个经济合作与发展组织(OECD)国家人口总和还要多。应当看到,改革开放以来,在发达经济体产业转移到中国的过程中,原来由发达经济体生产的高能耗、高污染产品转移到中国生产,使中国成为"世界工厂"、"制造业大国",推进了我国工业化进程,为扩大对外贸易和国际经济技术合作,作出了历史性的贡献。这个历史功绩必须给予充分肯定。底子薄,我国长期以来经济发展实行粗放型发展模式,即高投入、高消耗、高污染、低效益模式,为保护生态环境必将付出高昂的代价。尽管"十一五"时期,这一状况有所改观,但与发达经济体相比仍存在很大差距。由于人口多、底子薄、长期存在着粗放经营增长方式,要彻底改变经济增长方式,必将面临更大的压力和挑战。但是,从"十二五"我们面临的国内外环境看,也有许多有利的条件。就国内环境看,目前我国正处在现代化和城市化的快速发展过程之中，生产力发展潜力巨大。我国有6亿多城市人口，7亿多农村人口，市场和消费发展空间极大。资金、劳动力、技术等生产要素的比较优势依然存在。因此，从国内发展趋势看，"十二五"时期我国人民生活随着收入水平的提高，正在由人均4000美元中等偏下收入水平向中等偏上收入水平迈进。同时，随着我国生产要素条件的改善，基础设施的不断完善，企业自主创新能力和产品质量和附加价值的提高，国际竞争力的日益增强，政府宏观调控能力的提高，完成和实现"十二五"规划目标是完全可能的。从外部环境看，尽管国际形势复杂多变，不确定因素日益增多，但是中国对外开放的战略方针不会变，而且会更加开放。因为世界发展的大趋势没有变，中国以市场配置资源的作用没有变，世界以和平、发展、合作的主流没有变。总之，机遇大于挑战，对此我们必须增强信心，加快形成消费、投资、外贸进出口协调拉动经济增长新局面。

二 协调拉动经济发展"三驾马车"顺序有新变化

"十二五"时期，我们要继续坚持扩大内需战略、保持经济平稳较快发展，加强和改善宏观调控，建立扩大消费需求的长效机制，调整优化投资结构，加快形成消费、投资、进出口协调拉动经济增长新局面。

我国是发展中的大国，将长期处于社会主义发展的初级阶段，扩大内需是我们必须长期坚持的正确战略方针。因为改善民生、以人为本、提高人民生活水平是治国安邦、建设和谐社会的长远大计。据报道，目前我国恩格尔系数在40%左右（此前维持在37%左右），这说明一方面老百姓食品支出在家庭支出的比重有所上升，生活水平有所下降。另一方面说明工资上涨跟不上物价上涨的速度。之所以产生这种状况的主要原因：一是劳动者工资收入在初次分配中比重偏低；二是企业收入比重偏高，尤其是垄断性企业。我们国家在分配制度上必须坚持走共同富裕的改革方向，要防止分配上差距过分拉大，造成两极分化而引发人民内部因分配不公平而造成的矛盾。但是，另一方面又要防走"回头路"，既要承认差距，又要防平均主义。

坚持扩大内需的战略方针，绝不能忽视进出口贸易对经济增长的拉动作用。因为对外经技术合作，包括进出口贸易是经济增长的一种动力，充分利用国内外两种资源、两个市场，既可以使生产者有机会实行新的国际分工和采用新的工艺技术，提高劳动生产率，又能促进资金的积累，不断增加一国的经济资源和社会财富。反过来说，资金积累和劳动生产率的提高，又将扩大该国在国际贸易中的竞争优势，增加一国的财富，有利于增加人民的生活福祉。因此，经济增长与对外贸易二者是互为因果的互动关系。社会生产与社会需求之间互相依存、互为条件，它们之间的对比关系，在市场经济条件下，是通过流通领域、通过市场上商品供求关系反映出来的。

应当看到，中国作为发展中经济体的代表，综合国力正在日益强大，经济实力正在迅速崛起，对世界的经济、政治、和平和文化发展的影响力大幅度上升，在国际上的话语权得到尊重，作为世界经贸大国的地位已基本确立。

第一，"十二五"时期，我国经济总量将保持世界第二位，同美国的差距将进一步缩小，继续保持世界第一出口大国的地位，并成为世界第一大进口国是完全可能的。在达沃斯年会上，我国商务部部长陈德铭预计，中国将在5年之内实现进口额翻番，美国对中国的出口额也会在同期翻番至2000亿美元。如果美国在高科技产品领域放宽对中国出口限制，美国对中国的出口额就可以大幅度增加，扭转中美贸易逆差现状。

第二，中国拥有快速增长的世界大市场和低成本的优势。国务院发展研究中心对500家在华外商投资企业的问卷调查结果显示，中国在跨国公司未来发展战略中的地位会进一步提升，跨国公司不仅将继续把中国作为其面向全球市场的制造基地，而且计划大力开拓中国市场，将更多的研发活动、区域总部、先进服务业和高端制造等高附加价值的产业活动向中国转移。

第三，后金融危机时期为中国企业"走出去"提供了难得机遇。金融危机后，世界大部分经济体的企业市场价值缩水，资源、技术、品牌、渠道等价格下降，为中国企业向海外投资提供了难得的历史机遇，有利于发挥中国企业在国际竞争中的优势地位。

第四，为推进发展中国家"南南合作"，加快实现工业化，提供了千载难逢的良好机会。一大批发展中国家，已进入工业化的快速发展阶段，这些国家对基础设施建设、建筑设备、工业装备和成套设备等资本密集型产品需求量极大。南亚，特别是东南亚国家，对中国的机电产品需求很大，在这些广阔的市场，中国机电产品质量、性能和价格上具有很强的竞争力，深受消费者青睐。

同时，必须看到"十二五"时期，中国对外关系极其复杂，面临许多不确定因素和挑战。一是大国责任和国际安全的责任进一步增加。包括对国际经济、政治、军事、外交、人权、安全、生态、环境等诸多领域处理能力提出更高的要求。二是国际经济贸易摩擦会进一步增加。随着对外经济交往的深入和扩大，涉及贸易与合作伙伴利益的矛盾会进一步增加，竞争会越来越激烈。在中国入世后12年内，尚存在"特殊保障条款"，在15年内，取消"非市场经济国家"标准两个歧视性条款在"十二五"期间仍将有效。三是应对气候节能减排的承诺,很可能挤压我国发展空间,发达国家可能采取碳关税等进口保护措施,影响中国出口商品的竞争力。四是国际金融风险依然存在,西方国家不断对中国人民币汇率进行打压。总之,"十二五"时期,我国经济发展方式和对外贸易发展方式,以及经济结构调整等,机遇与挑战并存,但是"机遇前所未有,挑战也前所未有,机遇大于挑战",我们必须紧紧抓住这个战略机遇期。

三 对我国外经贸均衡发展和加快转型的几点思考和建议

"十二五"时期,世界经济仍处于后金融危机的缓慢复苏阶段,中国经济仍将保持较高的增速,这为我国经济在全球化大趋势下,充分利用国内外两种资源、两个市场,加快经济发展和外贸发展转型和调整经济结构创造了有利的条件。我国经济按照10年左右中周期的规律,"十二五"时期正处于新的"复苏—繁荣"周期。根据中国社会科学院及有关单位建议和预测,中国经济应适当放缓增长速度,保持在8%左右。由于受资源和环境的制约,经济结构的失衡,以及国际市场不确定因素的影响,因此,实行经济结构转型已成为"十二五"时期经济持续增长的必要捷径。

解决经济结构失衡,实现GDP转型。"十二五"时期,我国GDP结构转型,首先,要重视扩大国内消费需求,把改善民生问题放在第一位。包括增加劳动者收入,提高购买力水平,改善住房条件,特别重视扩大农村消费水平,以及医疗、教育、就业等基本社会生活保障问题。其次,要扩大投资需求,包括住房投资、生产投资和基础设施投资。据有关专家测算,今后长期正常的情况，大概会出现这样的格局，30%是房地产、住房投资，40%是企业投资，30%是基础设施公共投资。就投资需求区域而言，我国东部地区将以"城镇化"带动消费型投资的增加。中西部地区将以工业"产业园"区带动制造业投资的增长。而基础设施投资在全国范围内仍将持续维持高位。再次，在外贸净出口方面，要坚持进出口平衡的原则，进口坚持以资源产品和高技术产品为主，出口产品结构要加速升级，积极扩大资本密集型机电产品和服务产品出口，全方位开拓国际市场。

解决产业结构失衡，实现产业结构转型。"十二五"时期，是我国产业结构转型的关键时期。要从过去的"以量取胜"到"以质取胜"根本转变，不但要加快以轻纺传统产业和以劳动密集型的食品加工业的改造升级，而且要培育和发展战略性新兴产业。"十二五"时期，要在节能环保、新一代信息技术、新能源、生物、高端装备制造、新材料、新能源汽车等新型产业发展方面有新的突破。同时，促进第一、第二产业向第三产业和新兴产业转移，提高产品的技术含量和附加价值，大力发展服务业，扩大社会就业。

解决区域结构失衡，实现区域结构转型。我国区域经济非均衡发展成为"十二五"时期新一轮经济增长的引擎之一。随着国内能源、原材料、土地和劳动力等生产要素价格的不断攀升，我国农业生产、工业生产都面临生产成本上升的巨大压力。由于我国的原油、部分有色、黑色金属对外依存度较高，国际市场价格上涨导致国内企业进口产品使用成本增加。为此，"十二五"时期，应积极对西部和中部区域产业发展进行新的战略布局，使珠三角、长三角、环渤海三个经济区，以及东部沿海地区高成本产业向中西部低成本产业梯度转移，使生产布局优化配置，接近原材料产地，提高加工深度和附加价值，这是企业减轻成本上升压力，扩大生产和转型升级的重要途径，并将使西部和中部地区的比较优势进一步凸显。要在完善基础设施的基础上，进一步提升中西部地区产业发展的活力，夯实承接东部沿海地区产业转移的基础。

进一步提高利用外资水平，让外资企业在中国扎根。外商在华投资企业属于中国企业，要使外商企业的经营享受与中国企业同样的国民待遇，保护外商企业的合法利益，为中国经济转型和外贸企业转型，作出更大贡献。要进一步贯彻落实2010年4月国务院《关于进一步做好利用外资工作的若干意见》精神，从过去主要依靠优惠政策吸收外资转变为靠制度，实行统一的国民待遇。进一步优化利用外资结构，丰富利用外资方式，拓宽利用外资渠道，提高利用外资质量，更好满足我国现代化和"城镇化"的需要。要引导外资向中西部地区转移投资，促进利用外资方式的多样化，比如开展信托投资使之逐步成为银行之外企业融资的重要渠道。在宏观经济结构调整和经济稳定增长的前提下，信托企业在证券投资和私募股权投资（PE）更加活跃。严格执行知识产权保护的力度，坚决打击侵权行为。

积极推动区域经贸合作发展，为我国企业"走出去"发展创造有利的条件。东南亚和东亚国家是我国的近邻，南亚、中亚、西亚和非洲大陆同样是拥有巨大潜力的市场。我们要充分利用和发挥同我国已建立自由贸易区和签署自由贸易协定国家实行低关税或零关税的自由化、便利化条件，进一步推动我国对外经贸事业的大发展、大繁荣。

（原载《国际商报》2011年3月19日第3版）

第三部分
中国对外经贸发展战略

论制定对外经贸"十五"规划的几个重要问题

对外经济贸易作为国民经济的重要组成部分,如何制定好"十五"发展规划,如何保持较快的发展速度,搞好对外经贸的结构调整,提高对外经贸增长的质量和效益,这是摆在我们面前的一项重要的战略任务。本文仅就对外经贸"十五"规划中如何坚持发展是主题,结构调整是主线,改革开放和科技进步是动力三个重要问题,谈谈个人的见解。

一 制定对外经贸"十五"规划,必须坚持以发展为主题

所谓以发展为主题,实质上是发展国民经济,大力发展社会生产力,就是要坚持以经济建设为中心不动摇。马克思主义的历史唯物论认为,社会的发展归根结底要表现在生产力发展上,它是提高人民物质和文化生活水平最基础的物质保障,也是国家处理对外关系和解决国内各种复杂问题的关键。邓小平曾强调指出,中国解决所有问题的关键是要靠自己的发展,发展才是硬道理。这是我们坚持以发展为主题的重要理论依据。

"十五"外经贸发展规划,为什么要强调以发展为主题呢?(1)这是加快经济发展提高国际竞争力的需要。应当看到,改革开放以来我国的国际竞争力有了很大提高,但同国外先进国家相比尚有较大的差距。据瑞士洛桑国际研究所2000年国际竞争力报告,1999年在参评的46个国家中,中国排名次序为第31位。主要原因在于我国高科技创新能力不足。根据美国评价亚洲发展中国家高技术能力的四项指标(国家价值取向、社会基础结构、技术基础结构、生产能力),认为中国处于亚洲国家的中下水平。目前,在我国出口经营中"以量取胜",低价竞销的粗放经营的状态尚未根本消除。(2)这是我国由贸易大国走向贸易强国的需要。预计2000年我国GDP实现89283亿元人民币,按现行汇率计算,折合10783亿美元,首次突破1万亿美元大关,这是历史性的跨越。但是,我国人均GDP水平却很低,人均只有849美元,在世界属于低等水平。我国的外贸出口1999年居世界第9位,进口居第11位,属于世界贸易大国,但由于我国人口众多,人均出口水平低,虽然是个出口大国,但却不是出口强国,与发达国家和中等发达国家相比存在较大的差距。(3)这是增加社会就业、改善和提高人民生活水平的需要。目前,我国人民生活水平总体上已进入小康,但就全国看不同地区收入水平差距很大,城市下岗人口比重很高,全国仍有3400万人口没有解决温饱问题。同时,我国又是个人口大国,每年新增人口有1000万人左右,就业压力很大,这是影响社会政治、经济稳定的一个大问题。

"十五"外经贸发展规划要坚持以发展为主题,应采取的主要对策是:

1. 要提高对外经贸在国民经济中的战略地位和作用的正确认识。有一种模糊观点认为,我国出口依存度太高,会影响国家的经济安全。我国的出口依存度1978年为4.62%，1998年上升为19.17%，除1994年出口依存度为22.28%之外，其他年份都低于世界平均水平，1970年世界出口依存度为14%，1997年为25%。我认为，合理的出口依存度的界限，要看出口是否有效益，只要出口企业不亏损，国家也不亏损，在这一前提下，只要国际市场上有需求，出口产品卖价又合理，我们就应当鼓励多出口，这样做就不会影响国家的经济安全。还有一种模糊认识，就是只强调扩大内需而忽视外需的作用。我国是发展中的大国，扩大内需是我们长期应坚持的正确方针，但是，在开放经济条件下，在任何时候都不应当忽视外需对经济增长的拉动作用，应始终如一地坚持投资、消费、出口需求的三轮推动作用。还有一种模糊认识，认为加工贸易产业链条短，产品附加价值低，走私猖獗，不宜大力发展。这种认识也是片面的。应当强调，发展加工贸易是我国参与国际分工和国际交换的客观需要，有利于发挥我国劳动力资源丰富的优势，扩大社会就业，弥补国内短缺的资源，只要搞好技术创新，提高加工深度和技术含量，加工贸易也会延伸链条，增加附加价值，加工贸易也会向高层次发展。走私严重是监管力度不够造成的，不是加工贸易自身的弊端。

2. 要对"十五"期间国际环境和国内环境作出正确的判断。有关专家按俄罗斯尼古拉·康德拉季耶夫的长波理论预测，从2001年到2025年乃至2030年左右，世界经济将处于第五个新的长波上升期。"十五"期间，尽管世界经济发展存在着许多矛盾和不确定的风险因素，但仍保持继续增长的势头。美国的"新经济"已保持近10年的持续增长，目前出现泡沫释放，力争"软着陆"，短期内经济依然安全；日本经济已走出长期低迷，正在走向复苏；欧盟经济正处于继续回升发展阶段；俄罗斯及东欧国家经过结构调整，经济正在缓慢回升；亚洲受金融危机冲击的国家经济出现复苏，近期内重新发生危机的可能性较小。随着经济全球化步伐的加快，新技术革命和信息时代的到来，国际贸易和国际投资仍将继续增长。总之，"十五"期间或21世纪前10年，国际经济环境好于20世纪末。

就国内环境而言，经过二十多年的改革开放，我国经济发展令世人瞩目。随着"九五"计划的圆满完成，我国告别了短缺经济，商品供求关系有了明显的改善；经济发展的体制环境发生了重大变化；对外开放领域更加拓宽，全方位对外开放格局已基本形成。"九五"计划确定的2000年实现进出口总额4000亿美元的目标将会突破，比1995年增长40%以上；国家外汇储备超过1600亿美元，比1995年增加一倍多；"九五"实际利用外资总额达到2800亿美元，利用外资的质量有了明显提高。当然，"十五"期间对外经贸发展还会遇到这样或那样预想不到的困难，但是，我们有知难而进的勇气，有宏观调控的宝贵经验，什么困难都会克服。

3. 对外经贸"十五"规划的目标，既要力争有一定的发展速度，又要坚持国际收支的基本平衡，特别是经常项目的收支基本平衡。因为我国是发展中的大国，经济基础比较脆弱，没有一定的发展速度，没有一定的外汇储备，保证进口先进技术设备，促进产业结构调整升级，增强出口后劲，保证必要的海外投资，推进"走出去"战略，保证西部大开发战略的实施，要实现第三步战略目标，达到小康社会，实现现代化是不可能的。在力争一定的发展速度的同时，又要强调国际收支的基本平衡。因为在经济全球化和国际资本流动加快的条件下，我们缺乏管理金融的经验和方法，缺乏管理金融的法律和制度，金融资本宏观调控是我们的薄弱环节。所以，在"十五"期间或较长一个时期，如何防范可能出现的金融和财政风险也是一项重要的战略任务。

根据《中共中央关于制定国民经济和社会发展第十个五年计划的建议》,2010年我国GDP要实现翻两番的战略目标,"十五"期间我国GDP平均年增长必须保持7.2%的发展速度是可取的("七五"为7.9%,"八五"为12%,"九五"预计8.2%),因为基数大了。据中国社会科学院经济形势分析与预测课题组报告,如果按GDP年平均增长7.2%计算,"十五"期间出口年均增长12.6%,进口年均增长13.8%。根据历史经验,外贸进出口增长速度高于GDP增长3—5个百分点是可能的,因此,"十五"规划外贸进出口增长速度目标不应低于10%("七五"出口年均增长17.8%,进口年均增长4.8%;"八五"出口年均增长19.1%,进口年均增长19.9%;"九五"预计出口年均增长8.5%,进口年均增长8%,因受亚洲金融危机影响),"十五"计划的预期目标,既高于国内GDP的增长速度,也高于世界贸易量的年平均增长速度。

二 制定对外经贸"十五"规划,必须坚持以经济结构调整为主线

经济结构调整是一个宽泛的概念,其内涵相当丰厚。就对外经贸而言,包括第一、第二、第三产业结构,出进口贸易结构、利用外资结构、对外投资结构、出进口市场结构、出口货源地区结构、外经贸企业组织结构等。对外经贸发展以结构调整为主线,就是要把对外经贸发展过程中存在的诸多矛盾问题,用经济结构调整这根主线串起来,综合地加以解决。因此,对外经贸结构战略性调整是解决对外经贸发展中的深层次矛盾,提高国际竞争力的关键所在。

为什么在对外经贸"十五"规划中要强调以结构调整为主

线呢？这主要是由我国对外经贸发展结构现状决定的：（1）出口商品结构非优化。应当肯定，改革开放以来，特别是实施外经贸集约经营方针以来，我国出口商品结构发生了很大变化。目前，工业制成品出口虽然已占到近90%的比重，但在工业制成品中高新技术产品和高附加价值产品的比重低，缺乏国际名牌产品，以劳动密集型产品和中低档产品出口为主，与发达国家相比，仍然存在着较大的差距。因此，进一步优化出口商品结构是"十五"规划中的一项重要任务。（2）出口产品货源地发展不平衡。根据海关统计资料分析，1999年我国主要城市商品出口，以东部、中部、西部划分，发展极不平衡。东部地区按京、津、沪三个直辖市和省属32个城市的统计，全年出口额为1253亿美元，占当年全国出口总额1949亿美元的64.29%；中部地区17个城市，1999年出口额为64.68亿美元，占当年全国出口总额的3.23%；西部地区13个城市，1999年出口额为44.75亿美元，占当年全国出口总额的2.30%。很显然，我国城市的出口优势在东部，而不在中部和西部。因此，"十五"规划中如何提高中西部地区城市在出口中的地位，发挥中西部地区的特色商品优势是值得引起重视的一个问题。当然，强调发挥中西部地区出口优势，调整出口结构，并非是放弃东部地区的优势。（3）第三产业发展落后。第三产业占国内生产总值比重和就业比重，是反映一个国家经济发展水平和经济管理水平高低的一个重要标志。目前，在发达国家的第一、第二、第三产业中，服务业一般都在60%以上。而我国的服务业占GDP的比重，1999年为30%，不但低于发达国家，也低于一些较为先进的发展中国家，而且服务业内部的结构不够合理。从服务业的出口看，我国的差距就更大，1998年世界服务贸易额占世界贸易总额的20%多，而我国当年服务贸易出口额只占出口总额的11.1%，降低近9

个百分点。因此,"十五"规划中,大力发展国际服务贸易应当成为结构调整的一项重要内容,并注意提高服务贸易的质量和效益。除此之外,利用外资、对外投资、对外承包工程和劳务合作中也存在着类似的问题。

如何解决结构调整问题,需要国家采取扶持发展的产业政策和相应的财政政策、金融政策及发展战略。应该强调,对外经贸在结构调整中大有用武之地。例如,通过进口国外先进技术,引进良种,调整农业结构,可以为增加农民收入服务;通过利用外资引进国外先进技术设备,改造传统工业和通过对外投资,转移成熟技术设备,可以优化产业结构,为提高工业素质和国际竞争力创造条件;通过利用网络技术,吸引国外先进管理技术和手段,大力发展服务贸易,改变我国服务贸易落后面貌,以实现服务贸易跨越式的发展,提高服务贸易在国民经济中的地位。

三 制定对外经贸"十五"规划,必须坚持以改革开放和科技进步为动力

实践证明,改革开放和科技进步是推动我国现代化建设的两大动力杠杆,也是提高国际竞争力,由对外贸易大国走向对外贸易强国的主要推动力。要发展就要改革,要改革一切不适应对外经贸发展的经济体制和经济制度。经济结构调整也是为了发展,结构调整要依靠科技进步。因此,对外经贸发展和结构调整,必须依靠体制创新和科技创新。

1. "十五"期间对外经贸体制改革,应在完成市场化和制度化改革方面下功夫,着眼于提高国际竞争力,在涉外经济管理制度创新方面,应由行政管理型向服务管理型转变。为此,要加快外贸经营权的审批制向登记备案制过渡转变,因为过渡期还只

有两年时间了。要完善进出口商品管理体制,使配额和许可证招标制度,符合统一、科学、公开、公正和规范化规则。要求外贸中介组织更加健全,在反倾销和维护市场秩序方面发挥更大的作用,为企业提供信息服务,在企业和政府间起桥梁作用。

2. 加快建立国有大型外贸企业现代企业制度,早日实现股份化。加入WTO后,大型国有外贸公司,应当实现产权结构多元化、经营主体股份化,实现资本经营,组建成跨地区、跨行业、跨所有制的跨国经营集团,实行产供销一条龙,贸工农一体化,搞好集约经营,与国外大的跨国公司相抗衡。省、市以下的国有外贸企业,通过兼并、租赁、托管、股份制改造等手段,实现资产重组资本经营,增强竞争优势,避免大而不强,组而不优的现象发生。要加快国有企业内部制度改革的步伐。目前,国有外贸企业业务骨干、客户、商业信息等资源流失严重,经营业绩下滑,国有资产难以保值,因此要"以人为本",大胆改革用人机制、分配机制、激励机制已是当务之急。

3. 优化外贸政策和法规环境。目前,通关环境有待改善,出口退税制度有待完善,银行信贷制度有待放宽,企业税赋有待减轻,各种涉外法律法规有待修改调整,等等。应当指出,市场经济是法制经济,政府涉外部门的主要职责是搞好宏观调控和宏观监督,通过制定政策和法规,为企业健康发展创造良好的外部环境。例如,建立和完善出口融资担保制度、中长期出口信贷保险制度、促进出口基金、反倾销基金等,逐步形成一个支持对外经贸发展的政策体系。同时,要建立规范的进口市场管理体制,建立与完善反倾销、反补贴、反不正当竞争和反垄断法规,创造公平、合理的竞争环境。特别要出台和完善西部大开发的特殊优惠政策法规,保证西部大开发战略的顺利实施。

4. 要大力扶持民营企业发展,并鼓励其直接参与国际竞争。

目前，我国民营企业发展很快，许多省市特别是东部沿海地区的民营企业已成为出口新的增长点。预计"十五"期间民营出口企业将会大量涌现，因此，应当大力加以扶持，特别是西部地区要为它们培养外向型的复合型人才，加快民营企业的发展。

5. 要积极推行"科技兴贸"战略。邓小平曾高瞻远瞩地指出，科学技术是第一生产力。这是对马克思的"科学技术是生产力"观点的重大发展，他强调指出：世界上一些国家都在制订高科技发展计划，中国也制订了高科技发展计划。下一个世纪是高科技发展的世纪。我国实施"科技兴贸"战略时间不长，但它对我国高新技术产业发展和产品出口发挥的作用，已被世人所瞩目。因此，对外经贸"十五"规划，必须在科技进步上大做文章。

在对外经贸"十五"规划中，应当把以上三个问题突出来，并在实施过程中始终如一地把发展作为主题，把结构调整作为主线，把改革开放和科技进步作为动力，这样自然就会把提高人民生活水平作为我们对外经贸工作的出发点和归宿点了。

（原载《财贸经济》2001年第4期，中国人民大学《外贸经济、国际贸易》全文转载，2001.1.15－18）

我国外贸出口依存度比较研究

对外贸易依存度又称对外贸易系数，它是指一个国家或地区进出口贸易额占国内生产总值的比重，也是衡量一个国家或地区进出口对国际市场依赖程度的一个指标。如果从整个世界进出口贸易供给和需求平衡考虑，进出口依存度等于重复计算，因此，本文的研究仅限于出口依存度。

一　我国外贸出口依存度变化的分析

中华人民共和国成立以来，直到1978年这段较长时间内，我国对外经济联系基本上处于封闭或半封闭状态，对外贸易规模较小，外贸出口依存度很低。党的十一届三中全会决定，把实行对外开放作为中国的一项基本国策。随着对外开放的扩大和进出口贸易的迅猛增长，我国外贸出口依存度增长极快。现将我国出口依存度的各阶段变化情况分述如下：

50年代，我国外贸出口依存度比较低。一直徘徊在4%—4.6%之间。50年代初，我国经济处于恢复时期（1950—1952年），出口贸易也处于恢复增长阶段，在三年经济恢复时期出口年平均增长22.1%，1952年我国出口总额占GDP的比重为4.0%。第一个五年计划期间出口年平均增长14.2%，外贸出口依存度上升到5%以上。从1958年开始全国上下掀起"大跃进"，外经贸部门不切实际地"大进大出"，超越国力导致外贸出口较大幅度下降，1960年外贸出口依存度下降到4.34%，倒退到1954年的水平。整个60年代，我国外贸出口依存度低于50年代的水平，徘徊在2.5%—4%之间。由于"文化大革命"的破坏，1960—1970年，我国出口贸易增长率降到了1.3%的低水平，到1970年我国出口贸易依存度由1960年的4.3%降低到2.5%的水平。60年代中期，由于我国进出口贸易逐步转向西方国家，对西方国家出口比重从1957年的17.9%上升到1965年的52.8%。应当指出，70年代是整个世界经济贸易快速增长的时期，1970—1980年间世界出口贸易年平均增长20.3%，但是，由于接二连三的政治运动，使我国进出口贸易大上大下，极不稳定，外贸出口依存度在4%左右徘徊，出口发展较慢，越来越跟不上世界经济贸易发展的步伐。

1978年，党的十一届三中全会后，经过拨乱反正，80年代我国对外贸易进入了大发展的黄金时期，由于我国逐步改革外贸体制，极大地调动地方、部门和企业扩大出口的积极性，外贸出口逐年大幅度增加。外贸出口依存度由1978年的4.62%上升到1980年的6.03%，到1990年外贸出口依存度又上升到16.10%，比整个70年代高出12个百分点。

进入90年代，我国外贸出口相继实施了市场多元化和"以质取胜"战略。同时随着我国社会主义市场经济体制的建立，我国外贸管理体制由过去的计划经济管理模式逐步转向市场调节的管理模式，从而进一步提高了我国外贸出口能力，外贸出依存度在80年代的基础上，又有较大程度的提高。在整个90年代，除1993年外贸出口依存度略有下降为15.26%外，其他年份均比80年代普遍有所上升。1991年和1992年外贸出口依存度分别为17.70%和17.55%；1994—1996年三年中，外贸出口依存度分别为22.28%、21.29%和18.53%；1997年和1998年出口依存度分别为20.26%、19.69%，也就是说，在亚洲金融危机严重冲击下，我国外贸出口额虽然大大下降，低于国内生产总值的增长，但出口依存度仍然居高不下。2000年我国外贸出口额达到2492.97亿美元，国内生产总值达到10801亿美元，首次突破1万亿美元大关，外贸出口依存度高达23.08%。

中国外贸出口依存度为什么会逐步上升呢？50年代以后，随着国际贸易、国际金融、国际技术和国际投资自由化协调框架的建立，为经济全球化提供了制度保障，促进了生产要素的跨国界流动，为我国的产业升级和结构调整，以及扩大出口创造了外部条件。由此，我国外贸出口依存度和生产国际化程度的迅速提高，是中国经济融于全球经济体系，参与国际分工和国际交换的必然结果。

改革开放以来，随着中国工业化进程的加快，经济的快速发展，产业和出口商品的优化，逐步提高了出口产品的国际竞争力。80年代，随着国家轻纺工业优先发展战略和沿海经济发展战略实施，轻纺工业滞后失衡状况得以好转，开放型经济发展迅速。随着我国产业结构的升级，出口贸易规模的扩大，我国出口商品结构也发生了很大变化。1980年改革开放初，初级产品出口额为91.14亿美元，占出口总额的比重为50.30%，到1999年初级产品出口达到199.9亿美元，占出口总额的比重下降到10.23%。工业制品出口额1980年为90.5亿美元，占出口总额的49.70%，到1999年工业制成品出口额增加到1749.9亿美元，占出口总额的89.77%。工业制成品出口额在1980—1999年平均增长16.9%。这个增长率比同期国内生产总值和出口总额的增长率分别高出7.2个和3.6个百分点。

由于中国外贸出口规模迅速增长，出口依存度增加很快，于是有的同志提出，中国外贸出口依存度已大大高于世界贸易大国和贸易强国的美国和日本，"这是一个值得引起注意的发展动向"。甚至有的同志提出，要防止出口可能造成"贫困化增长"，担心出口规模过大，增长速度过快，出口经济效益下降。从理论上讲，一国或地区过度出口不仅可能会造成出口"贫困化增长"，而且由于过度扩大出口使国内商品供应短缺，导致物价波动太大而引起通货膨胀。同时，过度出口也容易诱发伙伴国的贸易报复，引起贸易摩擦。因此提醒注意和重视研究这一问题是十分必要的。但是只要搞好宏观调控，实施最优化的政策，这种过度出口现象也是可以避免的。

二 中国与部分国家出口依存度变化的比较分析

首先，中国的外贸出口依存度是否高于美国和日本？我们的回答是否定的。从名义出口依存度来看，中国确实比美国和日本都高。在1950—2000年这段较长时期内，美国除1998年出口依存度为11.10%外，其他年份都在10%以下，历年平均出口依存度为6.94%，大大低于中国。但这是表面现象，实际上中国出口依存度远远低于美国。众所周知，美国和日本都是生产力高度发展的、成熟的发达国家。美国的出口依存度1950年为3.6%（中国1952年为4%），美国1960年为4.1%（中国为4.34%），美国1970年为4.4%（中国1969年为3.08%），美国1980年为8.5%（中国为6.03%）。改革开放后，特别是80年代和90年代期间，由于中国经济和外贸出口的快速发展，中国外贸出口依

表1　　　　　　　　　　　　　　　　　　　中国和部分国家出口依存度的比较（%）

年份 国别	1950	1960	1970	1980	1981	1982	1983	1984	1985	1986	1987	1988	1989	1990	1991	1992	1993	1994	1995②	1996	1997	1998	1999	2000	平均
美国	3.6	4.1	4.4	8.5	8.0	7.0	6.2	5.9	5.4	5.3	5.6	6.6	6.9	7.1	7.4	7.4	7.3	7.6	8.1	8.5	8.49	11.10	7.59	8.38	6.94
德国③	8.5	15.7	18.5	23.7	25.8	26.8	25.9	27.9	29.5	27.3	26.5	27.1	28.8	27.2	25.3	23.6	22.1	23.2	21.7	22.28	24.37	25.47	25.77	30.18	24.30
日本	7.1	9.4	9.4	12.5	13.2	13.0	12.7	13.4	13.1	10.5	9.6	9.1	9.5	9.8	9.4	9.3	8.6	8.6	8.6	7.7	10.05	10.22	9.86	10.36	10.21
英国	17.4	14.7	15.8	20.6	19.9	20.0	20.1	21.7	22.0	19.0	18.9	17.3	18.2	18.8	18.3	18.2	19.2	19.9	21.9	22.62	21.43	19.59	18.25	22.59	19.43
法国	10.7	11.4	12.8	17.7	18.6	17.8	18.4	19.5	19.3	17.0	16.7	17.1	18.6	18.8	18.1	17.8	16.8	16.5	18.5	18.5	20.58	21.05	20.93	23.83	17.78
加拿大	17.3	14.5	20.1	25.9	24.8	23.4	23.5	26.3	26.0	24.8	23.6	23.8	22.2	22.2	21.5	23.6	26.3	30.1	34.0	32.97	33.97	35.5	38.21	44.60	26.63
中国①	—	4.34	—	6.03	9.4	9.7	9.4	8.3	9.5	11.2	13.0	12.6	12.2	16.6	18.6	18.5	16.7	23.6	21.29	18.53	20.26	19.17	19.69	23.08	15.18
巴西	—	—	6.4	8.1	8.5	7.1	10.5	12.9	11.5	6.1	9.1	10.2	7.6	6.6	7.8	8.7	7.9	7.4	6.8	7.0	6.61	6.60	8.86	9.17	8.26
印度	—	—	—	—	—	—	—	—	3.54	—	4.48	5.0	5.92	5.87	6.54	7.21	7.5	7.56	8.15	8.32	8.03	8.04	8.09	8.09	6.87
韩国	—	—	—	—	—	—	—	32.4	32.6	32.8	35.8	34.7	29.3	26.6	25.3	24.9	24.7	25.3	35.6	24.96	28.58	11.25	35.33	37.66	31.05
新加坡	—	162.3	82.7	170.9	154.4	139.2	131.2	128.2	128.9	126.7	141.4	158.1	153.3	150.1	146.7	13.07	129.4	139.9	138.9	136.8	130.28	130.14	135.08	146.20	138.76

资料来源：①中国1980—1983年出口依存度系出口额占国民收入的比重；1984—1994年出口依存度系出口额占国民生产总值的比重。以上数据均来自《中国对外经济贸易年鉴》，部分数据是由个人计算的结果。

②1995—2000年中国出口依存度系根据国际货币基金组织2001年6月《国际金融统计》数据计算。

③德国1984年以前系联邦德国数据。

存度明显大大高于美国。1985年美国出口依存度为5.4%（中国为9.5%），1990年美国为7.1%（中国为16.0%），1995年美国为8.1%（中国为21.29%），2000年美国为8.38%（中国为23.08%）（见表1）。如果从绝对数看，无论是出口总额还是国内生产总值，美国的基数大，中国的基数小，中国同美国的差距都很大。例如，2000年美国国内生产总值为93204亿美元，相当于中国国内生产总值10810亿美元的8.62倍；而出口总值美国为7811.25亿美元，相当于中国出口总值2492.97亿美元的3.13倍。我们假设2000年中国的国内生产总值和美国一样，那么中国的出口依存度仅为2.67%。又如，2000年日本国内生产总值为46279亿美元，相当于中国国内生产总值的4.29倍；而日本的出口总额为4792.49亿美元（见表2），相当于中国出口总值的1.92倍，如果2000年中国国内生产总值和日本相等的话，那么2000年中国出口依存度只有5.38%。因此，中国出口依存度简单直接与发达国家比较缺乏可比性。

表2　　　1999年和2000年中国与主要发达国家出口
总额及国内生产总值比较　　　　单位：亿美元

项目 国名	1999年 出口总额	世界位次	国内生产总值	世界位次	2000年 出口总额	世界位次	国内生产总值	世界位次
美国	7020.98	1	92561	1	7811.25	1	93204	1
德国	5428.69	2	21066	2	5495.78	2	18207	2
日本	4193.67	3	42356	3	4792.49	3	46279	3
法国	3007.57	4	14334	4	2950.41	4	12379	4
英国	2682.11	5	14695	5	2814.36	5	12459	5
加拿大	2384.46	6	6240	6	2766.35	6	6203	6
中国	1951.50	7	9912	7	2492.97	7	10810	7

资料来源：国际货币基金组织：《国际金融统计》，2001年6月。

其次，中国的外贸出口依存度为什么不能直接同日、美等工业发达国家相比较？因为世界发达国家工业化发展已有200多年的历史，许多发达国家已经完成了工业化的过程。目前，中国无论在经济发展水平、产业结构差异、工业化发展阶段，还是在经济发展模式和经济发展规模等诸方面，与世界上许多发达国家相比差距都很大。因此，参照发达国家出口依存度同中国相比较，可比性很差，从而必然夸大了中国对国际市场的依赖程度。根据经济学家H.钱纳里的划分，按人均收入多寡，经济增长可以划分为六个时期，三个阶段，即初级产量生产阶段、工业化阶段、发达经济阶段三个历史阶段。按照H.钱纳里等人的人均收入水平划分，人均收入水平280—560美元为工业化的第一阶段，人均收入水平560—1120美元为工业化的第二阶段，人均收入水平1120—2100美元为工业化的第三阶段。[①] 目前，中国是发展中国家，按人均收入水平划分，正处在工业化发展的第二阶段。中国经济发展的模式正在由粗放型经营向集约型经营方向转变。中国经济发展的规模还不够强大，2000年中国国内生产总值虽然达到10810亿美元，出口总额达到2492.97亿美元，但与发达国家比较，还有相当大的差距（见表2）。日本情况也大致如此。在80年代中期以前，日本出口依存度一直高于中国，80年代中期以后，中国出口依存度则一直攀升，高于日本。1986年中国出口依存度为11.2%（日本10.5%），1990年中国为16.6%（日本9.8%），1995年中国为21.29%（日本8.6%），2000年中国为23.08%（日本10.36%）。美日等发达国家，由于技术资本和人力资本非常雄厚、集约经营、劳动生产率高，国内生产总值很

---

① ［美］H.钱纳里等：《工业化和经济增长的比较研究》第3章，上海三联书店1989年版。

高。而中国经济增长主要依靠资本和廉价劳动力投入的粗放经营，劳动生产率不高，因此，国内生产总值相对较小，出口依存度相对较高，2000年中国出口贸易额尽管数量很大，但仍然低于美、德、日、法、英、加等发达国家，居世界第7位，而国内生产总值虽然排名世界第6位，但按人均生产总值排名则大大滞后。虽然，名义外贸依存度相对较高，但不能用中国外贸出口依存度简单直接同发达国家作比较。

再次，我国外贸出口依存度是否被高估？回答是肯定的。外贸出口依存度的高低涉及三个变量因素，即汇率、国内生产总值、出口额，这三个因素都与价格因素相关。

第一，我国人民币兑换美元汇率被高估。从理论上讲，在纸币流通的条件下，比较合理的折算人民币汇率的方法应是购买力平价。为了准确客观地分析一个国家经济发展的规模和程度，世界银行和国际货币基金组织在90年代初，先后停止使用误差很大的市场汇率方法。国际货币基金组织从1993年起开始按购买力平价方法计算各国的国民生产总值。根据朱立南教授按购买力平价计算，1990年中国的GNP为1.66万亿美元（相对于当年按人民币计算的GNP为1.77万亿元，购买力平价为1美元兑换1.07元人民币），比按市场汇率计算的GNP（3633亿美元）高出3.6倍。如果采用这一计算方法，1990年我国外贸出口依存度为3.74%。世界银行1992年首次公布了按购买力平价计算的我国GNP。据此，我国1992年GNP为2.35万亿美元，出口依存度为3.62%，与国际货币基金组织的估算结果基本一致。[1] 同时，我国出口额按当年美元现价计算，而当年GNP或GDP按基

---

[1] 袁宝华、黄达主编：《市场化改革整体推进条件下的中国经济》，中国人民大学出版社1995年版，第173页。

期可比价格计算，二者之间的可比性也差。

第二，我国国民生产总值或国内生产总值被低估。从上面人民币购买平价分析中，我们判断美元汇率被高估，人民币汇率被低估确实存在，因此，在我国 GNP 或 GDP 统计中，存在低估现象，实际上外贸出口依存度并没有那么高。至于 GDP 或 GNP 被低估多少，目前尚无令人信服的数据。除此之外，我国 GDP 被低估与我国城乡二元经济结构存在，我国第三产业发展落后有关。比如，在我国农村中农民自产自销的部分中，商品的价格往往被低估，甚至有的部分并未被计算在 GDP 之中。我国的第三产业非常落后，价格相对低廉，计算统计的范围也比市场经济发达的国家明显偏低。

第三，我国加工贸易的出口额被高估。加工贸易是我国"三资"企业对外贸易的主要方式。改革开放以来，我国加工贸易的出口比重上升迅猛，1995 年加工贸易额超过一般贸易，成为我国外贸出口的生力军，出口贸易额占出口总额的 56.9%，这是我国劳动密集型产品出口优势的具体体现。随着国内经济的快速发展，利用外资数量的增加和质量的提高，我国加工贸易的技术层次逐步提高，加工环节的增加，其国内增值水平和对国内经济的带动作用大大提高，特别是 1993—2000 年，当期国内增值水平（当年出口/当年进口 − 1）由 17% 提高到 39%。但是，目前我国的加工贸易，即使属于高新技术产业中的加工贸易也是从事劳动密集型的加工组装环节，附加价值不高，国内采购率较低，如果进口器件和零部件的价格不被剔除，等于夸大了出口贸易额，这样计算的出口依存度必然高估。

根据以上的论述和分析，我国外贸出口依存度与世界上一些贸易大国，包括发达国家美国和日本，发展中国家巴西、印度等相比，还是比较低的。因此，那种认为我国外贸出口依存度太高

"值得引起注意的发展动向",或担心出口过度造成出口"贫困化增长",是没有必要的。特别应当指出的是,在国际贸易发展的历史上,虽然不少国家出现过由于出口增长过猛而造成贸易条件的恶化,但真正使整个社会经济利益下降的例子,实属罕见。

三 从中国与部分国家出口依存度的比较分析中得到的启示

透过对出口依存度的比较分析,我们得到如下几点启示。

启示之一:有的同志用外贸出口依存度作为对外开放的指标并不科学。我国即将加入世贸组织,我国的对外贸易、国际金融、国际投资领域已实行全面对外开放,对外开放的领域、程度和质量都有很大的提高。但是,在统计指标方面至今尚未形成完整的指标体系,不适应与国际接轨和对外开放的需要。过去,我们习惯使用单项增量指标,如出口依存度来反映对外开放的程度,而缺乏综合性考核指标、宏观管理警戒性指标、经济效益等指标体系。仅就商品货物而言,外贸出口依存度只能大体上反映出口对国民经济产出的实现程度,大体上反映外贸出口在国民经济中的地位和作用,而不能反映外贸出口对国民经济增长的拉动程度和国民经济的国际竞争力。

启示之二:不能说外贸出口依存度变化毫无规律,无法把握。外贸出口依存度作为反映出口占国内生产总值比重和对国际市场的依赖程度的指标。一般来说,一国出口贸易的依存度往往与国内市场的规模(即人口多寡、购买力强弱和资源优劣)成反比,也就是说,国内市场需求量越大,出口依存度相对就低;一般资源短缺的小国,人口较少,国内市场狭小其出口依存度就高。但是,也不能说出口依存度没有任何限度。美国在1950—

2000年半个世纪里，除1998年出口依存度为11.1%以外，其他年份出口依存度都在10%以内，发展相对比较稳定，而非大起大落。日本情况，也大致如此。在80年代，由于日本实行了更加开放的贸易自由化政策，出口不断扩大，出口依存度相应提高，1986年以前出口依存度一直在10%以上，在80年代后期和进入90年代，由于日本经济发展速度迟缓，扩大内需，出口依存度下降到10%以内，近年来又有所回升，总的看出口依存度发展比较平稳。德国、英国、法国、加拿大等发达国家，因为已经完成工业化，经济发展比较成熟，出口依存度都比较高，发展相对比较平稳，这是一个规律或趋势。从长期趋势看，美国出口依存度平均为6.94%，德国为24.30%，日本为10.21%，英国为19.43%，法国为17.78%，中国为15.8%，巴西为8.26%，印度为6.87%，韩国为31.05%，新加坡为138.76%。韩国和新加坡是新兴工业化国家，由于成功地实施出口导向的贸易发展战略，外贸出口额和国内生产总值均实现了较高的增长速度。80年代出口依存度一直很高，出口在经济发展中处于至关重要的战略地位。

启示之三：我国出口依存度参照目标的选择。通过长期动态的出口依存度变化比较，印度平均出口依存度为6.87%，巴西为8.26%，而且两个国家的出口依存度一直没有超过10%。我国情况有所不同，出口依存度长期平均为15.8%，比印度、巴西高7—9个百分点。我国是世界上最大的发展中国家，人口多，许多资源相对短缺，国内市场消费需求潜力很大，同时，我国又是世界贸易大国，出口总额大大高于印度和巴西，在世界市场上具有劳动密集型出口产品成本低的竞争比较优势。因此，我国外贸发展规划出口依存度目标的选择，应以印度和巴西发展水平相当或略高，选择区间为10%—12%。但是，它不能作为宏观调控的警戒性指标。根据 WTO 规则的规定,我国加入 WTO 后不允许出口补贴,在这一前提下,只要国际上有需求,国家财政不补贴,企业出口又不亏损,那么外贸出口依存度高一些也不可怕,不要人为地加以限制。而对于不同地区,不同产业,不同企业的出口依存度更不能划一,要坚持因地制宜、因时制宜和需要可能的原则,并非越高越好。

启示之四:外贸出口依存度除受价格竞争因素影响外,还受各种非价格竞争因素的影响,诸如贸易战略、贸易政策、贸易环境等变化。80 年代中期,我国实施沿海地区对外贸易发展战略,大力发展外向型经济。进入 90 年代以来,我国实行以出口导向为主的贸易战略,在这段时间内,除 1993 年出现了 100 多亿美元的贸易逆差外,其余年份均为顺差,使我国外汇储备不断增加,外贸出口依存度一直保持在 20% 左右的水平。同时,根据加入 WTO 的国际环境变化和建立社会主义市场经济的要求,我国多次主动大幅度降低关税税率,调整关税结构;合理调整人民币汇率;坚持出口退税的机制作用等,所有这些措施都为我国出口产业和出口商品的优化,外贸依存度的提高起了很大作用。

四 研究外贸出口依存度的重要意义

第一,从外贸出口依存度的比较研究,使我们进一步加深外贸在国民经济中的地位与作用的认识。外贸出口依存度的提高,是扩大出口的具体体现和必然结果。因为扩大出口可以促进国内产业结构的升级和出口商品的优化,改善国际收支状况,更多地吸引外资,扩大社会就业,从而更好地推动经济增长和良性循环。我国对外开放的实践充分证明,外贸出口是经济增长的发动机,是一切对外经济交往的基础,因此,在国民经济发展过程中绝不能忽视外贸出口的作用。

第二,通过外贸出口依存度的比较研究,为我国今后科学制定对外经贸发展战略提供依据。根据我国经济发展中长期或年度规划的需要,预测年度或中长期外贸发展的数量和质量指标,并根据外部环境变化,及时采取相应对策也是非常必要的。但是,过去我们在制定规划时习惯采用增量指标,只追求速度,而忽视采用效益指标,或习惯于用一个指标衡量,实际上外贸出口是多种综合因素的结果,绝不是用一个指标可以反映出来的。外贸出口依存度只能大体上反映出一国出口占国民经济比重、出口对国际市场的依赖度和外贸在国民经济中的地位、作用。除此之外,还需要出口竞争力指数(包括全国、地区、大类商品)、出口商品国际市场占有率、出口经济效益(宏观、中观和微观)等经济指标。

第三,从外贸出口依存度的比较研究,使我们认识到建立适应对外开放与国际全面接轨的对外开放的宏观指标体系的紧迫性。我国的对外开放已进入全方位、多层次、宽领域的新阶段,我国即将加入WTO,现有的外经贸指标不能全面反映生产国际化、生产要素在国际间的自由流动,不能反映我国参与国际分工的深度和广度等涉外诸多经济方面的内容。因此,设计一套能反映国家宏观管理警戒性管理指标、宏观经济效益指标、对外开放度指标、综合国力竞争指数指标体系是一项紧迫的任务。

(原载《财贸经济》2002年第2期)

经济增长导向的外贸发展战略研究

到20世纪末，我国现代化建设的前两步战略目标已经胜利实现，人民生活总体上达到了小康水平。从21世纪开始，我国进入全面建设小康社会，为实现第三步战略目标，加快推进现代化建设的新阶段，中共十六大提出全面建设小康社会的奋斗目标，即在优化结构和提高效益的基础上，国内生产总值到2020年力争比2000年翻两番，综合国力和国际竞争力明显增强。对外贸易如何在全面建设小康社会中促进国民经济持续快速健康发展，为国内生产总值翻两番作出贡献，制定符合中国国情特点的对外贸易发展战略十分重要。

一 经济增长导向的外贸发展战略提出的时代背景和基本含义

外贸发展战略是国民经济总体发展战略的子系统和重要组成部分。一些小国家（地区）的对外贸易发展战略也就是它的经济发展战略。大国在各个发展时期的经济发展战略和对外贸易发展战略尽管在战略目标、战略任务和战略重点上有所不同，但战略的总目标应该是一致的,是相互关联的。我国外贸发展战略的制定必须依据国民经济整体发展战略并为其服务,即为全面建设小康社会战略目标服务。同时,一国对外贸易发展战略的制定,会受到国内经济发展水平、科技教育水平、规模经济水平,以及国际环境等各种因素的制约。

战略一词,最早是指有关战争的军事全局的部署,后来人们把战略一词泛指有关全局性、前瞻性、战略性的重大问题,如全球战略、政治战略、经济战略、文化战略等。"内向发展"即替代进口,"外向发展"即鼓励出口,作为外贸发展战略,是拉丁美洲当代最有影响的经济学家普雷维什等人,在研究发展中国家经济发展问题时首次提出来的。普雷维什认为,发展中国家要摆脱经济上的贫困落后状态,必须走工业化道路。他说:"工业化不可能在封闭的狭小天地实现,需要输入和输出。"[1] 他提出,要扩大出口,必须"把出口的选择与替代的选择结合起来",[2]即把出口导向战略与进口替代战略结合起来的重要贸易战略思想,使贸易战略成为经济发展或增长的一个重要因素。

根据世界银行和国际货币基金组织对第二次世界大战后发展中国家推行外向型贸易战略和内向型贸易战略的长期考察和研究,1987年他们把出口导向和进口替代两种贸易战略又细分为坚定的外向型战略、一般的外向型战略、一般的内向型战略、坚定的内向型战略四种类型。它们各自的特点是:坚定的外向型战略——实行对外贸易自由化;一般的外向型战略——注重内销生产,忽视外销生产,对进口有一定的保护;一般的内向型战

---

[1] [阿根廷]劳尔·普雷维什:《外围资本主义》,苏振兴、袁兴昌译,商务印书馆1990年版,第171页。

[2] 同上书,第177页。

略——用许可证进行直接保护，保护率高；坚定的内向型战略——强烈保护内销生产，保护率极高。上述情况表明，世界银行与发展经济学关于贸易战略的划分在本质上是一致的。

对外贸易战略问题的研究，中国学者的研究比国外研究在时间上滞后，我国自1978年实行改革开放后才开始。但提出的战略模式却相当多。诸如进口替代战略，出口替代战略，出口导向与进口替代相结合战略，国际竞争力导向战略，外向型经济发展战略，国际大循环战略，沿海经济发展战略，对外贸易集约经营战略，外贸自乘发展战略，进口替代、出口导向和扩大内需并重的对外贸易发展战略，等等。我国外经贸部提出市场多元化战略、以质取胜战略、科技兴贸战略，等等。这些战略从不同的侧面和角度探讨和总结了我国对外贸易发展的战略问题，不仅活跃了学术研究气氛，而且为政府决策提供了理论支持，推动了我国对外贸易的快速增长。

自中华人民共和国成立到20世纪末，我国对外贸易发展大体上经历了三个发展战略阶段。第一阶段：在1978年改革开放以前，我国对外贸易实行的是以重化工业为重点的进口替代战略。因为新中国是在半封建半殖民地的基础上建立起来的，工业基础相当薄弱，产业结构严重失衡，在重工业内部，又是以采矿业和初级原材料工业为主，根本没有独立的机器制造工业，所以，从国民经济的长远发展来看，在这一时期实行进口替代战略，替代的重点主要是重化工业和国防工业。第二阶段：1979年之后，在整个80年代，我国东部推行沿海地区外向型经济发展战略，呈现出口导向的趋势，但就全国而言，仍以进口替代为主。这一阶段进口替代的重点已不再是重化工业，而是与人民生活密切相关的轻纺工业、家电工业。第三阶段：从20世纪90年代开始，到20世纪末，我国外贸实行的是出口导向与进口替代相结合的战略。一方面，通过积极鼓励出口措施，诸如加大出口退税力度，大幅度调整汇率等，充分利用劳动密集型轻纺工业的比较优势，积极推行出口导向战略，扩大了出口；另一方面，通过适度保护进口，对重化工业实行进口替代战略，为今后扩大出口奠定了良好的基础。

加入世界贸易组织（WTO），标志着中国对外开放进入一个新阶段。中国将由贸易大国走向贸易强国，在世界多边贸易体制中发挥更大作用，这是时代对我们提出的更高要求。应当看到，我们现在所处的时代与一百年前资本主义大机器的垄断时代不同，20世纪90年代到21世纪初，是经济全球化发展最快的历史时期，也是现代工商企业诞生以来，世界经济、技术和社会变革最快的时期。经济全球化包括生产全球化、市场全球化和金融全球化，大大推动了科技创新和技术进步，从而加速了世界区域经济一体化和贸易与投资自由化的进程，为我国开放型经济的发展创造了良好的外部环境。就国内环境而言，自1978年改革开放以来，中国经济制度发生了巨大变化，由社会主义计划经济制度向社会主义市场经济制度变迁。随着我国外贸体制改革的不断深入和进出口贸易的不断扩大，特别是社会主义市场经济体制的确立，我国外贸增长方式发生了重大变化，集约化经营理念明显增强，外贸经营主体，目前已形成国有外贸公司、外商投资企业、自营生产出口企业、民营出口企业，以及科研院所等"大经贸"多元化经营的格局，大大促进了国民经济的持续快速健康发展。1998年以来，我国进出口贸易经受住了亚洲金融危机蔓延和2000年下半年世界经济衰退和世界市场需求不旺的严峻考验，取得了举世瞩目的显著成就。全国进出口总额从1997年的3252亿美元增加到2002年的6200亿美元左右，年均增长13.8%，分别高于同期国民经济和世界贸易年均增速6.2个百分点和11.8个百分点。对外贸易排名由 1997 年的世界第 10 位上升到 2001 年的第 6 位, 占世界贸易的比重由 1997 年的 2.9% 上升到 2001 年的 4.3%, 成为名副其实的世界贸易大国。如何使我国由贸易大国走向贸易强国,制定新的对外贸易发展战略更显得紧迫。

本报告从发展经济学的观点考察和分析在开放经济条件下,我国进出口贸易对国民经济发展作用的战略高度,提出"经济增长导向的外贸发展战略"的命题,也就是说,从对外贸易与经济增长关系的角度来看待对外贸易对国民经济发展的拉动作用和贡献。

所谓经济增长导向的外贸发展战略,是指在经济全球化、贸易与投资自由化的驱动下,抓住加入世贸组织和世界产业转移的机遇,积极参与国际分工与合作,充分利用国内外两种资源和两个市场,大力发展出口贸易,加快国内产业结构调整与升级,促进出口商品结构优化,推动国民经济持续快速健康发展,满足人民日益增长的物质文化生活的需要。同时,提出制定经济增长导向的外贸发展战略的理论依据、战略目标、战略任务、战略重点和战略对策的框架设计。因此,这一研究对于我国加入 WTO 后,如何应对经济全球化和贸易投资自由化趋势带来的机遇和挑战,对于实现党的十六大提出的国内生产总值到 2020 年力争比 2000 年翻两番和充分发挥对外贸易在全面建设小康社会中的重要作用,具有极其重要的理论价值和实践意义。

二 制定经济增长导向的外贸发展战略的理论和实践依据

(一) 从发展经济学的视角看制定经济增长导向的外贸发展战略的必然性

经济发展问题,在发展中国家称之为"经济发展",而在发达国家称之为"经济成长或增长"。发展经济学诞生于第二次世界大战之后,当时亚洲、非洲、拉丁美洲许多国家,先后从殖民统治下解放出来,政治上获得独立,他们纷纷要求发展本国经济。国际贸易发展理论,属于发展经济学理论范畴的一个分支。何谓发展,美国纽约大学教授迈克尔·托达罗作了如下表述:发展必须既包括经济加速增长、缩小不平等状况和消灭绝对贫困,也包括社会结构、民众态度和国家制度的重要变化的多方面的过程。在 20 世纪 70 年代以前,发展几乎是被视为一种经济现象,即迅速取得的总量和人均国民生产总值增长,或者以就业或其他经济机会的方式,逐渐地惠及人民大众,或者为增长的经济和社会利益更广泛的分配创造必要条件。国际贸易对经济发展的影响,主要表现在:首先,贸易提供了对经济发展必不可少的物质手段(资本品、机器、原材料和半成品);其次,甚至更为重要的是传授技术知识,传授思想观念,吸收技能、技巧、管理才能和企业家才能的手段和工具;再次,贸易也是国际资本流动的媒介物;最后,自由的国际贸易还是最好的反垄断政策和维持健康的自由竞争的最佳保证。

国际贸易有关发展的理论,主要有以下几种。

1. 经济增长发动机学说

这一学说是 20 世纪 30 年代由英国经济学家罗伯特逊提出的,20 世纪 50 年代经美籍爱沙尼亚学者诺克斯进一步补充和发展成为对外贸易是"经济增长的发动机"学说。该学说认为 19 世纪国际贸易的发展是许多国家经济增长的主要原因。一方面,各国按比较成本规律进行国际贸易,使资源得到更有效的配置,增加了产量;通过交换,各国都得到多于自己生产的消费量。这是对外贸易的直接利益。另一方面,对外贸易通过一系列的动态转换过程把经济增长传递到国内各个经济部门,从而带动国民经济的全面增长。20世纪60年代以后，随着亚洲"四小龙"通过出口导向型战略而成为新兴工业化国家和地区以后，这一学说再度流行起来。

2. 新增长理论

这一理论是由美国哈佛大学罗默教授在1986年提出来的。他将增长理论的研究引向探索技术进步机制的新方面，从而开辟了新增长理论这一最富挑战性的新领域。新增长理论将技术进步视为在经济系统内部演化的结果。经济增长不是新古典理论所主张的外生因素作用的结果，而是由经济系统的内生变量决定的，经济不依赖外部力量的推动就能够实现持续增长。技术进步在新增长理论中的表现形式多种多样，如边干边学、人力资本积累、新型资本品或消费品的出现、产品质量的提高、技术模仿、知识积累等。国际贸易一方面可以使发展中国家利用国际上的先进技术，从而促进发展中国家的技术进步和经济增长；另一方面，国际贸易也可能使发展中国家专业化于技术含量低的传统产品部门，从而对发展中国家的经济增长产生不利影响。新增长理论对这些经济现实的说明对发展中国家制定对外贸易发展战略和政策有一定的参考价值。

3. 可持续发展贸易理论

可持续发展的贸易理论认为，为了人类持续发展的未来，国际贸易与社会及生态环境间应保持一种良性互动的关系。它集中研究贸易增长的环境效应，以及在自由贸易的条件下可持续发展的问题。实行贸易自由化的策略，存在着可持续发展与非持续发展两种可能性。一方面，工业化和贸易自由化虽然可以换来一时的生产发展，甚至是快速地增长，但却是以消耗过多的自然资源和环境资源，带来更多的社会不公，导致非可持续发展；另一方面，倘若能矫正扭曲性的贸易干预政策，则有助于改进环境质量和社会的公正健康发展；而废除补贴或其他非关税壁垒，则将使各国能按比较利益原则实现更大程度的专业化生产，从而有助于资源在全球范围内合理配置和有效利用。也就是说，倘若能采取正确的贸易发展战略与政策，国际贸易即可与自然及社会环境间保持一种良性互动的关系。这是因为：（1）开放的贸易战略和政策有利于促进出口，使消费者普遍受益，而环境保护则亦使世界大多数人受益。（2）国际贸易可以促进发展，从而为增加环保资金创造条件。（3）推行贸易自由化，为环境资源定价，制定适当的环境标准，环境成本内在化，将有利于全球生态环境的保护；而实行贸易保护主义，则导致世界贸易萎缩，使环境质量恶化，从而不利于全球经济的可持续发展。

4. 国家竞争优势理论

这一理论是1990年由美国哈佛大学教授迈克·波特在《国家竞争优势》一书中提出来的。他认为"一个国家的财富是创造出来的，而不是继承下来的"，这就是说，一国的竞争优势不是一成不变的，而是可变的，可以创造的。说明优势可以变成劣势，同样，劣势也可以变成优势。波特认为，影响国家竞争优势的因素，主要有要素状况，需求状况，相关的支柱行业的活力，以及与文化背景相联系的工业结构、政府行为和随机事件等。波特将要素区分为基本要素和高级要素，认为高级要素如通信设施、高级的劳动力、研究设备，一般需要大量持续的投资，而且高级要素对竞争优势而言，是持久的最重要的经济基础。国家繁荣与竞争优势升级休戚相关。政府的基本政策目标应是使国家的资源在高的和正在增长的生产力水平上运作。而要实现生产力的提高，一国经济必须不断地升级。这就要求对现存行业和新行业大胆地革新和提高竞争力。

从上述简要介绍分析中，我们认识到国际贸易与发展有关的理论，不只是"发动机"理论一个，还有新增长理论、可持续发展贸易理论、国家竞争优势理论等。这些理论都是在前人研究成果的基础上有所创新和发展，蕴涵着新的科学理念和哲理，都有可以借鉴之处。如国际贸易"发动机"学说，既分析了国际贸易的静态比较利益，又分析了国际贸易的动态比较利益，主张从国际贸易动态比较利益的角度来考察国际贸易对经济增长的积极影响。这一观点颇有道理。新增长理论认为，经济增长主要靠技术进步，指出发展中国家通过国际贸易既可以利用国际先进技术，促进技术和经济增长，又可能专业化于技术含量低的部门而产生的不利影响，为我们趋利避害，正确选择政策措施，具有启迪价值。可持续发展贸易理论认为，发展中国家采取正确的贸易战略和政策，国际贸易可以与自然、社会环境之间保持一种良性互动关系。国家竞争优势理论，特别强调高级要素是竞争优势持久的最重要的经济基础，强调政府的基本政策目标是国家的资源在高的和正在增长的生产力水平上运作，主张大胆革新和提高竞争力。上述各种发展理论，尽管其表述不同，认识的角度有所差异，但它们具有共同的特点，即政府的宏观战略决策和企业的微观战略决策正确，能够按经济发展规律办事，对外贸易确实是经济增长的发动机或动力。理论是常青的，它随着社会经济的不断发展，不断地充实新的内涵，并作出新的理论概括。因为理论创新是一个永恒的范畴，而非穷尽真理，它有与时俱进的特点。所以，我认为经济增长导向的外贸发展战略，必须以上述各种国际贸易发展理论的综合运用为依据。

（二）从国际贸易体制创新要求，与世界贸易组织规则接轨角度看制定经济增长导向的外贸发展战略的必要性

国际贸易体制创新，主要包括世界贸易组织的建立与健全，区域贸易组织与集团协调的增强和国别管理贸易制度的实施等方面。其中，世界贸易组织的创设，为世界各有关国家地区的贸易协调及全球和地区贸易自由化开辟通道；而各区域集团内部协调机制的建立，使得在全球贸易协调机制建立过程中，部分地承担全球协调的功能，并为实现全球协调创造条件。

在区域经济集团化、经济全球化和贸易自由化浪潮的推动下，国际贸易保护主义以更加隐蔽性和灵活性的形式出现，有限制可调节的自由贸易政策逐渐取代传统的保护主义贸易政策，直接的贸易限制措施也逐步为间接的贸易限制措施所代替，各国对外贸易政策中，单纯的关税措施和直接的非关税措施在减少，而各种间接的非关税措施如技术性贸易壁垒则成为贸易自由化发展的严重障碍。与此同时，随着冷战的结束，经济技术成为各国间协调与合作的主轴，经济外交日益成为各国间对外关系与协调的重点，贸易政策日益与其他经济乃至外交政策相融合，贸易政策的制定与实施，对于制定经济增长导向的外贸发展战略具有十分重要的作用。

（三）从对外贸易在我国经济发展中的作用看制定经济增长导向的外贸发展战略的必要性

我们可以从出口和进口两个方面来进行分析。

1. 出口贸易对我国经济增长的贡献

出口贸易对我国经济增长的贡献，主要表现在以下几个方面。

（1）出品贸易的发展推动了国内生产结构的升级和产品结构的优化。产业结构与出口商品结构之间存在相互影响的辩证关系。在一个较为开放的经济社会中，一国通过进口先进技术（包括设备），可以促进产业结构的升级，使出口商品结构得以优化。同样，优化出口商品结构，也会加快产业结构的调整。因为优化出口商品结构，提高了出口的国际竞争力，增加了外汇收入，为技术进口创造了条件。我国改革开放后的实践，完全证明了这一点。1980年我国初级产品出口比重为50.3%，到2000年下降为10.2%；第一产业占国内生产总值的比重1980年为30.1%，2000年下降到15%，二者都呈现下降趋势。我国工业制成品的出口比重1980年为49.7%，到2000年上升到89.8%；第二产业产值占国内生产总值的比例，1980年为48.5%，2000年上升到50.9%，二者都呈上升趋势。以上事实说明，改革开放20年来，我国出口商品结构的优化确实对国内的产业结构起到了一定的推动作用。

（2）出口贸易的快速发展改善了我国的国际收支状况。从国际收支的角度看，经常项目的盈余或赤字是影响整个国际收支状况的最重要因素。在改革开放的前10年中，由于国内缺乏维持经济快速增长所必需的原料、技术及机械设备等生产要素，因而进口大量增加，贸易差额表现为持续逆差。整个80年代，我国共形成贸易逆差355.7亿美元。但进入90年代之后，一方面由于政府实行了大力促进和鼓励出口的贸易政策，另一方面由于我国在劳动密集型出口商品方面的比较优势逐渐显现，从1991年开始至今，除1993年出现了122.2亿美元的贸易逆差外，其余年份均出现了不同程度的贸易顺差。从1991年至2000年的10年时间里，我国共形成贸易顺差1721.7亿美元，其中仅1997年一年就创造贸易顺差403.4亿美元。这些贸易盈余在很大程度上缓解了我国的外汇短缺，改善了我国的国际收支状况，这是我国外汇储备增加的主要原因。

（3）出口贸易的快速发展为我国吸引了大量外资。出口贸易的快速发展之所以能够吸引外资，主要基于以下两方面的原因：一方面，出口扩张即意味着外汇余额的累积，而外汇余额的累积，无论对间接投资者还是直接投资者而言，都将使其投资中国更具信心；另一方面，外资企业可将自己的资金优势与我国的劳动力优势相结合，开拓我国以外的其他国际市场。我国出口产品占领国际市场的主要优势在于低成本竞争。当国外企业与我国争夺国际市场时，将发现他们并不具有同样的成本优势，于是便将他们拥有的生产要素优势——资金投入我国，以生产同样的产品共同开拓国际市场。除低成本优势外，我国享有的发达国家赋予的优惠关税，也是吸引外资进入我国的一个重要因素。在以上几种因素的共同作用下，外商投资企业在我国贸易总额中的比重逐年上升，截至 2000 年底，外商投资全年出口 1194.4 亿美元，增长 34.8%，占当年外贸出口总额的 47.9%，成为出口的生力军。

综合考察改革开放 20 年来我国出口贸易的发展，可以看出，出口贸易对我国经济增长的主要作用并不限于上述几个方面。实践证明，在增加就业等其他方面，出口贸易同样发挥了重要作用。

2. 进口贸易与经济增长的关系更为密切

如何通过进口促进国民经济持续快速健康增长，是一个十分重要的经济问题。进口促进经济增长，主要体现在以下四个方面。

（1）通过进口补充国内生产要素的不足。现阶段，我国社会生产力还不够发达，资本有机构成低，劳动生产率较低，劳动力素质较差，现代科技水平滞后，人均国民收入较少。在这种情况下，我们的进口带有生产性的特点，即通过进口补充国内生产所需的原材料、设备、技术、资金的不足。通过引进技术，使我国的生产在较高的起点上前进，从而不仅提高这种产品的生产能力，而且提高其技术水平，进而不断促进社会生产力的发展。应当看到，技术和人才比资金更能决定一国的经济和贸易发展水平。利用国外先进技术，走引进、消化、吸收、创新之路，可以在我国的企业对技术创新缺乏创新意识的情况下，引进竞争机制，从而提高国内企业开发和采用新技术的积极性。人才是最重要的资本，引进开拓型的企业家和经营管理人才，是十分必要的。

（2）通过进口更好地促进国内产业结构和产业组织的调整和协调发展。实践证明，经济落后国家要想赶超先进国家，必须利用后发优势，要注重产业政策，优先扶持和发展最有发展前途的战略性产业。而产品进口政策应合理调整，以促进国内产业的改造和发展，要改变进口贸易与国内工业发展相脱节的状况，使进口政策与支柱产业发展相一致。为了避免进口政策的盲目性和波动性，要根据国内市场的容量、国内工业的承受能力确定产品的进口数量。

（3）通过适当进口消费品作为满足人民生活需要的补充，也是必要的。这既可提高人民生活水平，又有利于社会安定团结，从长远看，也有利于经济的发展。但是，对高档消费品，特别是奢侈品进口要严加控制，对香烟、酒类等商品也要加以控制，否则这些消费品进口过量，就会冲击民族工业的健康发展。如果进口消费品是为了追求过高的生活需要，则这种进口不仅会刺激国内的高消费，而且对本国经济的危害更为严重。一些发展中国家的消费性引进，使国家背上了沉重的外债负担而陷入债务国的教训，应引以为戒。

（4）通过进口推动出口，促进国民经济增长。进口是为了出口，这种进口有利于国民经济的发展。对外贸易犹如一根链条，可以将国际市场和国内市场有机地联系起来。劳动者和原材料是生产力的两个重要因素。但是，二者在彼此分离的情况下只在可能性上是生产力的因素。我国有丰富的劳动力资源，但目前加工能力过剩与原材料供应不足的矛盾很突出,就业问题又很大。而"以进养出"可以提供丰富的原材料(零配件),使物的因素与人的因素有机地结合起来,尽快形成现实的生产力,从而有力地促进社会生产力的发展。我国沿海地区的"以进养出"企业不仅使大批当地农业劳动力转移到出口加工工业,而且还从内地省份招收了许多民工,有效地扩大了我国社会就业机会。

对外贸易与经济发展的关系,要求我们研究经济发展不同阶段的贸易政策,即一国在它本身经济发展的不同阶段,应实行不同的贸易政策。我国是发展中国家,要实现经济的快速发展,关键是要实现生产力的跳跃发展。无论是进口贸易,还是出口贸易,均要强调生产要素的开发和动态比较利益原则,注重技术引进。尤其是在当今世界经济一体化的趋势下,一国的经济发展不再局限在本国之内,而是取决于生产要素的国际配置。东亚特别是亚洲"四小龙"经济的迅速发展,说明了民族经济发展中生产要素国际配置的巨大作用。我国的进出口贸易活动,必须为民族经济发展的总目标服务,使我国在外贸中不仅获得贸易利益的好处,更重要的是获得经济发展的好处,进而使我国的民族经济的发展纳入国际化高效益的轨道。

三 经济增长导向的外贸发展战略目标、任务和重点

(一) 经济增长导向的外贸发展战略目标,应当包括进出口的数量目标和质量目标两个方面

1. 数量目标

根据党的十六大报告确定,我国国内生产总值到 2020 年力争比 2000 年翻两番,也就是说,要在 2000 年国内生产总值 89404 亿元的基础上,到 2020 年翻两番。按当年汇率计算,

2000年国内生产总值为10783亿美元，首次超1万亿美元（为方便计算，以1万亿美元为基数），到2020年达到4万亿美元，年均增长速度为7.2%；人均国内生产总值由2000年的849美元（为方便计算，以人均800美元为基数），到2020年人均国内生产总值为3200美元，达到中等发达国家的水平。

与国内生产总值翻两番相适应，商品货物翻两番是个什么概念呢？2000年我国进出口总额为4743.1亿美元，其中，出口2492.1亿美元，进口2251亿美元（2001年进出口额为5097.7亿美元，其中，出口2661.6亿美元，进口2436.1亿美元；2002年进出口总额为6200亿美元左右）。如果按2000年进出口额5000亿美元为基数，进出口额大体平衡计算，到2020年我国进出口总额将达到20000亿美元，平均每年增长7.2%，大体上相当于美国2000年的进出口规模。

（1）外贸翻两番的必然性。为什么要提出外贸进出口总额到2020年要翻两番呢？这是全面建设小康社会的需要。因为社会经济的发展归根到底表现在生产力发展上，发展要保持一定的速度。这是保障提高人民的物质和文化生活水平的物质基础，也是国家处理对外关系和解决国内各种复杂问题的关键。邓小平曾强调指出："中国解决所有问题的关键是要靠自己的发展。"因为"发展才是硬道理。"邓小平还告诫我们："我们在国际事务中起的作用的大小，要看我们自己经济建设成就的大小。如果我们发展了，更加兴旺发达了，我们在国际事务中的作用就会大。"这是被社会历史发展实践所证明的科学结论，也是我们坚持需要一定发展速度的重要理论依据。

（2）外贸翻两番的必要性。首先，外贸翻两番是加快我国经济发展提高国际竞争力的需要。应当看到，改革开放以来我国的国际竞争力有了很大提高。据瑞士洛桑国际研究所2000年国际竞争力报告，1999年参评的46个国家中，中国排名次序由第31位降为第33位。主要原因在于我国高科技创新能力不足。2002年联合国开发计划署首次公布了2001年世界主要国家技术成就指数（TAD）评价体系和资料，该指数由技术创新、新技术传播、传统技术传播和人类技能等四个方面构成。在72个参加评估的国家（地区）中，技术成就指数平均为0.743。而中国的技术成就指数为0.299，排序为第45位，居世界中等偏下水平。

其次，外贸翻两番是我国由贸易大国走向贸易强国的需要。2000年我国GDP首次突破1万亿美元大关，这是历史性的跨越。但是，我国人均GDP水平却很低，在世界属于低等水平。我国的外贸出口2000年居世界第6位，进口居第7位，属于世界贸易大国，但由于我国人口众多，人均出口水平低，还不是出口强国。与发达国家和中等发达国家相比存在较大的差距。

再次，外贸翻两番是增加社会就业，改善和提高人民生活水平的需要。目前，我国人民生活水平总体上已进入小康，但就全国看不同地区收入水平差距很大，城市下岗人口比较多，每年新增人口有1000万人左右，就业压力很大，这是影响社会政治、经济稳定的一个大问题。

（3）外贸翻两番的可能性。这是根据未来20年国际环境和国内环境发展趋势而作出的结论。就国际环境而言，随着世界多极化趋势的发展，给世界的和平与发展带来了机遇和有利条件。和平与发展是当今时代的主题，也是世界爱好和平人民的共同愿望，新的世界大战在可预见的时期内打不起来，为我国对外贸易的发展创造了和平的国际环境和周边环境。有关专家按俄罗斯尼古拉·康德拉季耶夫的长波理论预测，从2001年到2025年乃至2030年左右，世界经济将处于第五个新的长波上升期。随着经济全球化步伐的加快，新技术革命和信息时代的到来，国际贸易和国际投资仍将继续增长。

就国内环境而言，经过20多年的改革开放，我国经济和对外贸易发展令世人瞩目。我国短缺经济时代已经过去，商品供求关系有了明显改善；社会主义市场经济体制已初步建立，经营主体多元化"大经贸"格局已形成；产业结构和进出口商品结构进一步得到优化；利用外资的质量和效益有了明显提高；进出口贸易呈现良好的发展态势；对外开放领域更加拓宽、市场准入不断扩大，全方位对外开放格局已基本形成。当然，未来20年外贸发展还会遇到这样或那样不确定的因素或预想不到的困难，但是，只要我们坚持邓小平理论伟大旗帜，贯彻"三个代表"重要思想，知难而进，开拓进取，抓住加入世贸组织和国际产业结构调整转移的机遇，加速国内产业结构调整，加快对外贸易发展，什么困难都不可能阻挡我们前进。

2. 质量目标

坚持外贸发展速度和结构、质量、效益的统一。这是因为：首先，我国出口商品结构有待于优化。应当肯定，改革开放以来，特别是实施对外贸易集约经营方针以来，我国出口商品结构发生了很大变化。2000年我国工业制造业生产能力居世界第四位，工业制成品出口比重，尽管已占出口总额的89.8%。2001年占90.1%，但在工业制成品中高新技术产品和高附加值产品比重仅占15%，更缺乏国际名牌产品，主要以劳动密集型产品和中低档产品出口为主，与发达国家相比，仍然存在着较大的差距。因此，进一步优化出口商品结构是制定经济增长导向的外贸发展战略的一项重要任务。

其次，我国出口货源地发展不平衡。主要表现在如下三个方面：一是主要增长极（城市）商品出口很不平衡。根据东部、中部、西部划分，东部地区按京、津、沪三个直辖市和省属32

个城市的统计，1999年出口额占当年全国出口总额的64.29%。中部地区17个城市，1999年出口额占当年全国出口总额的3.23%。西部地区13个城市，1999年出口额占当年全国出口总额的2.30%。很显然，我国城市增长极的优势在东部地区，而不在中部和西部地区。因此，在外贸翻两番过程中，如何加大中西部地区增长极在出口中的地位，发挥中西部地区的特色商品优势是值得引起重视的一个问题。二是西部外贸出口依存度低。根据海兹统计，我国西部12个省（区、市）1999年出口总额77.2亿美元，占全国当年外贸出口总额的4%。而西部地区出口依存度多数省区在3%左右，大大低于全国20%的平均水平。这表明外贸出口对西部地区国民经济的发展贡献较小，反映出西部地区参与经济全球化的程度低。三是西部地区的出口商品结构层次低。由于受西部地区经济发展水平和产业结构特点的影响，西部地区出口商品结构以资源型、原料型初级产品为主，而工业制成品如机电产品和深加工、高附加值产品出口很少。

从上述分析可见，我国在确定外贸发展质量目标时，一定要抓住结构调整升级这个关键环节，由产业结构调整升级带动出口商品结构和地区商品结构优化，从而提高出口国际竞争力和增强出口后劲。

在重视发展速度与结构相统一的同时，我们还应当重视速度与质量、效益的统一。目前，我国工业已进入工业化中期阶段，国民经济总体实力居世界第6位，许多产品产量居世界第一位。我国拥有一批企业的产品质量达到了国际先进水平，市场占有率居世界前列，具有较强的国际竞争力。同时，还要看到，由于产业结构不够合理，技术装备和管理比较落后，高档产品和名优产品较少，如机电产品出口虽然成为出口额最大的商品，但在世界机电产品的名牌中所占份额极小，而在信息产业中的关键技术、关键工业、关键产品尚处于劣势地位。特别是在我国出口经营中,长期存在的市场秩序混乱,低价竞销、"以量取胜"的粗放经营状态尚未根本消除。

从上述分析中,我们应当意识到出口产品质量的重要性,因为忽视产品质量或出口产品质量不佳,导致出口竞争力下降,容易失掉市场和消费者。同样道理,如果忽视出口的经济效益,则会影响企业的生存和发展,甚至会导致企业的破产。因此,我们应当把提高产品质量和效益作为经济增长导向的外贸发展战略的重要任务之一。

(二) 经济增长导向的外贸发展战略任务的核心,是提高我国工业制成品出口的国际竞争力

自中华人民共和国成立以来,特别是改革开放以来,我国出口商品结构发生了很大变化。在20世纪50年代,1953年初级产品出口占全部出口总额的比重达到79.4%,工业制成品出口比重为20.6%,主要向苏联及东欧国出口大米、大豆、食用植物油、冻肉、茶叶、桐油、绸缎、呢绒、棉布、稀有金属和有色金属等。60年代,我国轻纺产品出口增长较快,初级产品出口占出口总额的比重下降为60%左右,工业制成品占出口额的比重提高到40%左右。70年代,1979年初级产品出口的比重降到53.6%,工业制成品出口比重上升到46.4%,尽管工业制成品出口发展很快,但仍然以初级产品出口为主。80年代,在改革开放浪潮推动下,我国轻纺和机电产品出口增长强劲,1989年初级产品出口占出口额的比重下降到34.7%,工业制成品出口占总出口额的比重上升到65.3%。90年代,1998年我国工业制成品出口占总出口额的88.8%,初级产品出口占出口总额的11.2%。总的看,20世纪后半叶,我国出口商品结构呈现不断

优化的趋势,这表明我国生产力和经济技术发展水平从较低水平向更高水平方向迈进,从而为提高我国出口商品国际竞争力奠定了一定的基础。目前,我国已加入世贸组织,进入全面对外开放新阶段。在这种情况下为什么还要进一步提高我国出口商品国际竞争力呢?竞争力是国际经济学中的一个概念,它是反映一个经济体在市场竞争中经济实力强弱和发展趋势的重要标志。一个经济体的竞争力具有层次性、综合性、动态性特点。所谓层次性主要表现在国家竞争力(大国还有地区竞争力)、产业竞争力、企业竞争力(主要是产品竞争力),在国际竞争中,竞争的主体是企业而不是国家,但在国与国之间竞争力比较上则以国家竞争力为主体。所谓综合性是指一个竞争主体的竞争力的强弱,受多种因素的影响。影响一国产业或产品国际竞争力的因素很多,除价格(直接受成本制约)竞争因素外,还有各种非价格竞争因素,如商品质量、商品品牌或商标、商品市场营销手段、商品的性能安全,以及对人身健康影响等综合因素的影响。但在商品质量等非价格竞争因素相同的条件下,商品价格竞争因素还起主要作用,这就是物美价廉的道理。所谓动态性是指一国国际竞争力的强弱,包括产业或产品竞争力或比较优势,并非一成不变,而是动态变化的。

根据竞争力的上述特点,如何衡量和判断一国产业和出口商品的国际竞争力,即正确选择出口产业或产品的战略重点,这对于带动本国经济发展和进出口的持续、快速和健康发展非常重要。一般来讲,一国产业的发展变化过程和出口产品优化过程,二者相一致,即劳动密集型产业(包括资源密集型产业)和产品—资本密集型产业和产品—技术(知识)密集型产业和产品的发展阶段。从我国出口商品结构变化看,由新中国成立初期的矿产品、农产品出口为主,逐步扩大到以农产品为原料的轻工产品、纺织品和服装出口为主，现在，机电产品包括高科技产品出口成为出口拳头商品。这表明经过多年的进口替代和改革开放后的引进适用的先进技术设备，改造传统老设备，对于提高我国工业制成品出口和国际竞争力起了积极的作用。

（三）经济增长导向的外贸发展战略的重点，是选准我国出口的主导产业和产品

目前，我国工业发展已进入工业化中期阶段。根据中央"十五"计划建议，应把经济结构的战略性调整作为主线。这是适应经济全球化、国际产业转移、生产要素在世界范围内大规模重组和优化配置的特点而作出的正确的战略选择。党的十六大明确提出，要积极发展对经济增长有突破性重大带动作用的高新技术产业。用高新技术和适用先进技术改造传统产业，大大振兴制造业，走新型工业化道路。应当看到，高新技术产业包括微电子技术、信息技术、生物技术、能源技术和新材料等技术，越来越多地被应用，使高新科技产品成为我国出口的新增长点。这是从长远战略着眼，扩大我国国际竞争力的关键。这是因为：

第一，发展高新技术产业和产品出口可以促进我国出口产业从低附加值产业向高附加值产业升级和转移，有利于提高我国出口产品的国际竞争力。一国的经济增长，主要取决于三个基本因素：一是生产要素尤其是资本要素的增长；二是产业结构从低附加值产业向高附加值产业升级；三是科技进步，这是促进产业结构升级最重要的因素，因而也是提高出口产品国际竞争力的最重要的因素。2000年我国高新技术产品出口370亿美元，比上年增长25.4%，占出口总额比重为15%，而经合组织（OECD）国家高新技术产品出口占出口比重平均为40%，其中，美国为44%，新加坡最高为72%，与它们相比，我国尚存在相当大的差距。

第二，发展高新技术产业和产品出口，可以吸收国外高科技资源，加快产业结构的调整，为我国出口的可持续发展，提供技术保障。高科技资源不仅包括高新技术，还包括高新技术人才和管理，对于提高我国的生产管理水平和研究开发能力大有裨益，能够为我国走出一条科技含量高、经济效益好、资源消耗少、环境污染小、人力资源得到充分利用和发挥的新型工业化道路，为我国经济的持续、快速、健康发展和外贸扩大出口提供强大动力。

第三，发展高新技术产业和产品出口，有利于加快产业结构调整和升级，保证我国外贸翻两番目标的实现。亚洲"四小龙"经济腾飞和中国90年代新一代家电行业包括彩电、电冰箱、洗衣机、空调生产和出口的高速增长，最根本的原因，就是引进发达国家的先进技术，进行产业结构快速升级，促进出口商品结构优化的结果。实践证明，引进发达国家的先进技术是加快发展的一个决定性因素。

在积极发展高新技术产业和产品出口的同时，必须用高新技术改造传统产业，充分发挥我国劳动力资源丰富和工资成本低的比较优势，在一个相当长的时期内，至少在20年内，必须依靠劳动密集型产业和产品来推动经济增长和扩大出口。这是因为：

第一，我国劳动密集型产业和产品成本较低，在国际市场上具有相当强的竞争力。我国在轻工产品、纺织品、服装、家用电器、部分机械和电子产品等成熟技术的劳动密集型产业已具有相当的生产规模，目前已成为亚太地区最大的劳动密集型产品出口国。1978年，亚洲"四小龙"向工业国出口的劳动密集型产品占了亚太地区劳动密集型产品总出口的70%以上，中国仅占不到10%；20年后，出口到日本、澳大利亚、欧洲和北美的劳动密集型产品中，中国的平均市场份额上升了42%，从而为我国经济持续、快速、健康发展创造了条件。

第二，发展劳动密集型产业和产品出口，可以减轻我国扩大就业的压力。我国是一个人口众多的发展中大国，目前正处于并将长期处于社会主义初级阶段，与发达国家相比较，我国工业化和城市化程度还相当低，技术较为成熟的传统产业即劳动密集型产业尚有很大的成长空间。同时，我国人口总量还在继续增加，扩大就业仍是当前和今后相当长时期一项重大而艰巨的任务。一般来说，民营企业（包括集体企业和私营企业），适合于从事加工贸易如家电产品、服装、制鞋、玩具等生产，可以容纳更多的劳动力，有利于缓解我国严峻的就业压力。

第三，发展传统劳动密集型产业或产品出口，可以加快资金积累，为产业升级创造条件。一般来说，发达国家向外转移的技术都是较成熟的技术，技术（包括专利软件，有时也包括硬件设备）价格较低，相当于原来R&D成本的1/3，而且这种技术对于我们来说，属于适用的先进技术，比我们自己R&D成本低，投资周期短，收益比较快，可以发挥"后发优势"，特别是在资金技术密集型的产业中，包括高新技术产业中的劳动密集型生产环节的零配件产品更适于我国国情特点，可以为国家创造更多的外汇收入，更有利于推动我国经济的持续、快速和健康发展。

四 实施经济增长导向的外贸发展战略，实现外贸翻两番的应对措施

根据江泽民同志关于发展要有新思路，改革要有新突破，开放要有新局面，各项工作要有新举措的指导思想，必须紧紧抓住21世纪头20年这个大有作为的重要战略机遇期，加快外贸发

展，深化外贸体制改革，健全外贸法制建设，为我国外贸翻两番，推动国民经济持续、快速、健康发展，全面建设小康社会作出新贡献，特提出如下对策建议。

（一）坚持以发展为主题，把外贸发展作为推动经济增长的第一要务来抓

1. 要克服几种片面认识，正确理解外贸在国民经济发展中的重要作用

有一种模糊观点，认为"我国出口依存度太高，会影响国家的经济安全或造成出口贫困化增长"。我认为，合理的出口依存度的界限，要看出口是否有效益，只要出口企业不亏损，国家也不补贴，在这一前提下，只要国际市场上有需求，出口产品卖价又合理，我们就应当鼓励多出口，这样做就不会影响国家的经济安全或造成出口贫困化增长。还有一种模糊认识，就是只强调扩大内需而忽视外需的作用。我国是发展中的大国，扩大内需是我们长期应坚持的正确方针，但是，在开放经济条件下，在任何时候都不应忽视外需对经济增长的拉动作用，应始终如一地坚持投资、消费、出口需求的三轮推动作用。还有一种模糊认识，认为加工贸易产业链条短，产品附加值低，走私猖獗，不宜大力发展。这种认识也是片面的。应当强调，发展加工贸易是我国参与国际分工和国际交换的客观需要，有利于发挥我国劳动力资源丰富的优势，扩大社会就业，弥补国内短缺资源，只要搞好引进技术的消化吸收，鼓励国内厂商技术创新，提高加工深度和技术含量，由外商委托制造向委托设计制造和自主品牌加工方向发展，加工贸易也会延伸链条，增加附加值，加工贸易也会向高层次发展。走私严重是监管力度不够造成的，不是加工贸易自身的弊端。

2. 要发挥增长极（城市）产业群和地方特色产业群优势在扩大出口增长中的带动作用

产业集聚效应理论认为，某种产业在一个地区的集聚，可以带动相关产业的共同发展，可以吸纳智力人才，实现企业间的合理分工，因而，这一地区的产业和出口商品竞争力会越来越强。我国幅员辽阔，东、中、西部地区外贸发展极不平衡，具有各自的发展优势，在外贸发展中不能人为地"一刀切"，应因地制宜制定不同的经济增长导向的外贸发展战略。

（1）东部发达地区应在保持IT产品出口高速增长，机电产品快速增长的同时，保持纺织品服装、轻工和农产品的稳定增长。现阶段，我国珠江三角洲、长江三角洲和环渤海地区已成为我国出口商品的主要生产基地，机电产品，特别是信息通信高新技术产品出口已成为该地区新的出口增长亮点。我们应当在珠江、长江、环渤海三个经济带和东部12个省、市的32个主要出口城市的基础上，再选定培育若干个增长极的主要企业作为发展基地。通过吸引国外大型跨国公司投资，建立研发中心，继续扩大加工贸易规模和产业配套能力，形成新的产业带，加快产业结构升级，发展现代化农业，发展高新技术产业和高附加值企业，在更高层次上参与国际分工、国际交换和国际竞争。充分发挥浦东新区、经济特区、高科技园区、经济技术开发区、出口保税区在大力发展外向型经济中的骨干作用。

（2）中部地区应当利用资源优势，特别是劳动力成本低的优势，积极发挥地方产业群优势，大力发展深加工产品出口。我国中部地区的17个城市，原来出口规模小、基数低，近年来发展很快，发展潜力比较大。随着我国现代交通、物流、通信的发展，要加大结构调整力度，推进农业产业化，改造传统产业，培育新的经济增长点，加快工业化和城市化进程。通过这些政策措施，我国中西部地区地理位置上的劣势会越来越小。同时中部地区工业具有一定的基础，矿产资源，农业资源及劳动力资源丰富，这些优势为接受东部地区加工贸易梯度转移创造了条件。我国对外开放由东向西，从沿海到内地梯度发展。目前，东部沿海地区加工贸易劳动力成本接近于国际水平，这就决定了沿海地区加工贸易必须向中部地区转移。而中部地区可以利用自身的优势，特别是劳动力成本低的优势，通过利用外资，合作研发，大力发展地方特色工业和农业，发展高科技农产品加工和绿色产品出口，发展潜力巨大。

（3）西部欠发达地区应紧紧抓住西部大开发的机遇，在重点抓好基础设施和生态环境建设的基础上，大力培育和发展具有地方特色的优势产业，积极开发和培育新的外贸出口的增长亮点。我国西部地区的13个城市，近年来在西部大开发战略推动下，外贸发展很快，但增长极和产业群发展极不平衡，必须进一步解放思想，增强开放意识。应当充分利用工业基础较好的重庆、成都、兰州、乌鲁木齐等中心城市的产业优势，在进一步开发机电产品、高新技术产品出口的同时，还应加大农产品的出口培育，提高农产品的科技含量和附加值。宁夏、甘肃、青海等省区，还要以利用外资和东部沿海地区资金，积极发展有特色的优势产业，推动重点地带开发。比如，宁夏回族自治区可以利用当地的资源优势和中东伊斯兰国家的资金优势，共同开发建厂，发展伊斯兰国家需要的新材料产业和特色医药产业向伊斯兰国家出口等等。

3. 要坚持国际收支的基本平衡，特别是经常项目的收支基本平衡

在经济全球化和国际资本流动加快的条件下，由于我们缺乏管理金融的经验和方法，由于缺乏管理金融的法律和制度，金融资本实现调控是我们的薄弱环节，必须十分重视国际收支的基本

平衡。同时，还要强调经常项目的收支平衡。因为我国是发展中的大国，没有一定的外汇储备，保证进口先进技术设备，促进产业结构调整升级，增强出口后劲，保证必要的海外投资，推进"走出去"战略，保证西部大开发战略的实施，要实现第三步战略目标，全面建设小康社会，实现现代化是不可能的。所以，在中长期计划中和未来 20 年间，如何防范可能出现的金融风险和财政风险也是非常重要的。

此外，要充分重视民营企业在出口中的发展潜力，培育新的出口增长点。要坚持"以德经商"，发扬中华民族传统"诚信"美德，建立诚信机制，树立良好企业和国家形象。要重视企业的外贸发展战略问题，建立中国式的跨国公司等。

（二）坚持以改革促发展，始终把外贸体制改革和创新作为外贸推动经济增长的强大动力

外贸体制改革，应包括政府管理职能改革、企业制度改革和中介组织功能改革三个方面。这里仅就外贸体制改革的框架，谈点粗浅线条设想。

1. 政府管理职能改革

政府管理职能改革，必须符合世贸组织法律体系框架和管理体制的要求。政府管理职能，应是制定政策、制定发展战略、经济调节、组织协调、市场监管、公共服务等。以经济调节为例，就是运用经济手段，通过价格、利率、汇率和税率等经济杠杆进行调节。在财税政策方面，坚持与完善财政资金支持制度和出口退税制度。在货币政策方面，建立与完善进出口信贷、融资担保、信用保险等金融支持体系，以及实施鼓励出口的产业政策，来调控进出口贸易的运行，维护正常的市场竞争秩序。

2. 企业制度改革

企业是市场竞争的主体，深化企业改革，特别是深化国有外贸企业的改革，是搞活进出口的关键所在。企业制度改革的内容，主要是两个方面：一是企业体制要有灵活的机制，诸如自主经营权、改造发展权、留利权（包括分配使用、职工的工资和福利）、企业组织结构自决权等；二是企业在享有充分自主权的基础上，建立企业的治理结构，建立现代企业制度，加强企业的制度管理，包括岗位责任制度、财务分配制度、经营管理（含技术管理）制度、民主监督制度等。

3. 中介组织功能的改革

组建行业协会，替代政府行使一部分管理职能，是国外普遍行使的有效管理办法。它既符合世贸组织规则的要求，又有利于实现国内外市场一体化的需要。改革的总取向是弱化行业协会与政府管理部门的关系，强化行业协会与本行业企业的经济利益关系，使行业协会真正成为政府与企业的桥梁和纽带。改革的框架思路：（1）行业协会的组建和主要负责人的确定，不应由政府主管部门委派，而应由本行业民主协商选举产生。（2）行业协会的经费主要应由会员单位按其经营收入的一定比率交纳。（3）外贸进出口商会应当深化改革，逐步由依托外贸企业转变为依托工业企业的行业化改造，才能克服工贸分离的弊端，提高外贸管理的有效性和行业管理的自律性。

（三）坚持依法行政，加大外贸立法力度，做到有法可依、有法必依、执法必严，保障外贸可持续发展和推动经济的不断增长

1. 加大外贸立法和执法力度，不断完善外贸法律法规体系

运用法律手段对进出口贸易实行法制化管理是国际上普遍采

用的行之有效的管理方法。外贸立法必须符合世贸组织规则和中国政府有关承诺的要求。应当看到，我国涉外经济管理中无法可依或法律依据不足的现象相当普遍；现行的《对外贸易法》及其配套的法规、法律条款内容比较简单，不够具体，不够清晰；《反不正当竞争法》尚不完善，《反垄断法》和《反倾销法》尚属空白，等等。因此，在立法方面应关注中国经济与国际间的联系，比较世界各国经济制度的优劣，加快完善《对外贸易法》，条款要具体和明晰化，加快制定《反垄断法》和《反倾销法》，完善《反不正当竞争法》及其相配套的法规。在执法方面，外贸管理部门要依法行政，一方面应遵守中国对加入世贸组织的承诺和有关国际公约；另一方面要遵循有法必依、执法必严的准则，对于走私犯罪、合同欺诈、制假售假等违法行为，必须狠狠打击，严加惩罚，以维护国家的形象和尊严，维护企业的合法权益和市场的流通秩序。

2. 坚持对世贸组织法律制度的跟踪研究，为维护国家利益和企业合法权益提供法律依据

世贸组织法律体系框架具有开放性、发展性和可预见性特点，因此跟踪研究世贸组织法律体系框架规则的修改变动情况，为我所用并非权宜之计，而是一项长期性任务。我国中央和省、市区外经贸部门应组织大专院校、社会科学研究单位有关专家，成立 WTO 研究咨询中心，专门研究 WTO 有关规则、法律条款的内容变化，为维护国家利益、企业权益和为 WTO 谈判提供理论支持和服务。(1) 向中央、省（市、区）外经贸管理部门提供外贸管理制度的调整和改革的建议和对策；(2) 向中央和地方的外贸公司、企业，提供 WTO 的有关信息和咨询建议；(3) 向中央外贸管理部门反映政府和企业履行 WTO 承诺中存在的困难和问题，为中国参与 WTO 谈判代表提供情况和具体建议，为维护国家的利益和经济

安全服务。

3. 坚持贸易自由化、便利化、公平化原则，为各类企业参与国际竞争创造良好的外部条件

（1）实行自由化的外贸行业市场准入制度；（2）实行市场化的外汇管理制度；（3）创造公平化的市场竞争环境。同时，要充分利用世贸组织的规则，建立有效的监控保护机制，即：实行合理有效的关税制度、适宜的非关税保护制度，以及实行技术性贸易保护措施；充分利用反倾销反补贴的保障措施，以维护国家利益和国家经济安全。

（原载中国社会科学院《老年科研基金成果汇编》第二卷上册，2006年；2007年作者母校中国人民大学农业农村发展学院庆祝建校七十周年文集《实事求是以文会友集》全文刊登）

充分发挥对外贸易在新型工业化中的重要作用

走新型工业化道路是我们党和政府在深刻反思和科学总结新中国成立以来工业化实践正反两方面经验的基础上提出的一项重大战略方针。新型工业化道路是相对于发达国家走过的传统工业化道路和我国半个多世纪走过的工业化道路而言的。新型工业化道路与我国计划经济时期走过的工业化道路最本质的区别在于经济增长方式不同。前者走的是在社会主义市场经济条件下的集约化经营道路，而后者走的则是粗放式的经营道路。新型工业化的主要特征：以信息化带动工业化，以工业化促进信息化，工业生产科技含量高，经济效益好，资源消耗低，环境污染少，人力资源优势得到充分发挥。这样做，既能适应经济全球化、世界经济与科学技术发展新趋势的客观要求，又能从中国的国情特点出发，符合我国国民经济可持续发展的实际需要。因此，新型工业化这一重大战略方针的提出，对于21世纪头20年基本实现工业化和全面建设小康社会的战略目标，具有划时代的历史意义。本文仅从发挥对外贸易在新型工业化中的重要作用的角度，谈谈个人的几点粗浅看法。

一　扩大对外贸易与新型工业化的互动关系

对外开放就经济领域而言，可以概括为"引进来"和"走出去"两大经济范畴，其内涵极为丰富。它既包括货物贸易、技术贸易和服务贸易，也包括利用外资（含吸收外资和对外投资），还包括对外工程承包和劳务合作等多种形式。扩大对外贸易是全面提高对外开放水平的重要内容之一，是启动新型工业化的"发动机"或"助推器"，也是实现新型工业化的捷径。而新型工业化是提高对外贸易的质量和水平，也是提高我国参与国际分工、国际交换和国际竞争力的根本保障。因此，扩大对外贸易与新型工业化都是解放和发展社会生产力的手段，都是为全面建设小康社会，实现民富国强，不断提高人民的物质文化生活的目标服务的。二者之间是相互依赖、相辅相成的互动关系。

二　扩大对外贸易是加快新型工业化进程的重要途径

对外贸易包括出口和进口两个方面，二者相辅相成，缺一不可。出口贸易对我国新型工业化的作用，主要表现在以下几个方面：

（1）出口贸易的扩大，推动了国内工业产业结构的调整、升级和出口商品结构的优化。产业结构和出口商品结构之间存在相互依存、相互影响的辩证关系。在一个较为开放的经济社会中，一国通过参与国际分工和国际交换，不仅能促进产业结构的调整与升级，而且会使出口商品结构得以优化。我国在改革开放前，由于对外经济交往相对较少，外汇短缺，技术设备落后，产业结构不合理，所以，外贸出口只能以食品、原料、矿产品和燃料四大类初级产品为主，工业制成品出口比重相对较小。改革开放后，随着我国加工贸易的迅猛发展，我国制造业特别是 IT 产业的发展，产业结构获得了明显改善，目前，我国已成为世界信息与通信技术产品的重要制造基地。与此同时，我国出口商品结构也发生了很大变化。1980 年我国初级产品出口比重为 50.3%，到 2000 年下降到 10.2%；而工业制成品出口比重由 1980 年的 49.7%，到 2000 年上升到 89.8%。高新技术产品出口发展很快。据统计，2002 年我国高新技术产品出口总额为 677.07 亿美元，比上年同期增长 45.7%，高于全国外贸出口增幅 23.4 个百分点；其中，加工贸易出口占全国高新技术产品出口的 89.54%。当然，这同吸收外商直接投资有关，在此不作具体分析。

(2) 出口贸易的扩大，改善了我国国际收支状况，国家外汇储备大大增加。从国际收支的角度看，经常项目的盈余或赤字是影响整个国际收支状况的最重要因素。在 20 世纪 80 年代，由于国内缺乏维持经济发展所必需的技术设备及原材料等生产要素，进口大量增加，对外贸易差额表现持续逆差。在整个 80 年代，共计外贸逆差 355.7 亿美元。进入 90 年代以后，由于我国政府实行大力促进和鼓励加工贸易出口政策，使我国劳动密集型出口商品的比较优势得以发挥，所以，从 1993 年至 2002 年 10 年间，我国对外贸易顺差额为 2122.24 亿美元。到 2003 年第一季度，我国外汇储备已超过 3000 亿美元，仅次于日本居世界第二位，极大地改善了我国的国际收支状况。

(3) 出口贸易扩大，为我国吸引大量外商直接投资创造了有利条件。出口贸易的快速发展，为什么会有利于吸引外资呢？主要原因有二：一是因为出口的不断扩大意味着外汇余额累计的增加，资本实力的增强，无论对境外间接投资者还是直接投资者来说，都会增加他们对中国投资的信心。二是因为外资企业可以把自身的资本优势与我国劳动力资源优势结合起来，以降低出口成本，提高开拓国际市场的价格竞争力，共同占领世界市场。据统计，2002年我国吸收外商投资额首次超过美国，成为世界吸收外商投资最多的国家。外商投资企业全年出口额达1699.4亿美元，比上年同比增长27.6%，占当年我国外贸出口总额3255.7亿美元的52.19%，成为出口的生力军。

此外，出口贸易的扩大，特别是加工贸易的扩大，不仅为我国农村剩余劳动力转为熟练的工业劳动者，缓解了社会就业的压力，而且为我国工业培养了一大批适应国际化的经营管理和技术人才，等等。

进口贸易对我国新型工业化的作用也相当重要，主要体现在如下几个方面：

第一，通过进口更好地促进国内产业结构升级。应当认识到，同出口一样，进口也是我们利用国内外两个市场，两种资源对外贸易发展战略的重要组成部分。实践证明，经济落后国家要想赶上先进国家，必须利用后发优势，缩小与发达国家之间的科学技术差距，必须进口适用的先进技术设备。优先扶持和发展最有发展前途的战略性支柱产业。这是加快新型工业化的一个捷径。自20世纪80年代以来，我国工业制成品的进口，基本上是以机电设备及其零部件进口占主导地位，并逐步由单一的成套设备进口，转向以调整产业结构，提高产品附加价值，增强开发创新能力的关键技术和关键设备进口。这些适用的先进技术设备进口，极大地提高了我国工业装备水平，对产业结构的调整与升级起到了很大的推动作用。

第二，通过进口补充国内生产要素的不足。我国是一个人口众多，人均占有资源相对短缺的发展中大国。现阶段，我国社会生产力还不够发达，资本有机构成不高，劳动生产率较低，劳动力总体素质较差，现代科技水平滞后，人均国民收入较少。在这种情况下，我国的进口带有生产性的特点。通过加工贸易（含进料加工贸易、来料加工装配贸易），引进先进技术设备，不仅使我国工业生产在较高起点上快速发展，而且通过进口一些资源密集型产品，弥补了国内资源短缺和资源质量较差的不足。

第三，通过进口促进加工贸易发展，大大推动了出口贸易的发展。对外贸易犹如一根链条，可以将国际市场和国内市场有机地联系起来。劳动者和原材料是发展生产力的两个重要因素。但是，二者在彼此分离的情况下，只是在可能上是生产力发展的因素。我国有丰富的劳动力资源，但目前加工能力过剩与原材料供应不足矛盾很突出，就业压力又很大。只有通过大力发展加工贸易，进口原材料和零部件，使物的因素与人的因素二者有机地结合起来，才能尽快形成现实的生产力，从而有力地促进我国出口贸易的发展。20世纪90年代以来，由于跨国公司一部分高新技术产品加工贸易大量转移，不仅使我国成为信息与通信技术产品的重要制造基地，而且大大提高了我国工业企业、外贸企业的管理技术和营销技术水平。目前我国制造业出口产品已占到我国外贸出口的八成以上，成为我国经济增长的动力。

第四，通过适当进口消费品，大大提高了人民的生活质量，活跃了国内市场。我国加入世贸组织后，随着关税和非关税壁垒的降低，国外的生产资料和消费资料因价廉物美进入了国内市场，使国际竞争国内化，产生了广泛的竞争示范效应，这样，不仅提高了人民的生活质量，而且为我国相关产业的成长创造了条件。80年代后期以来，我国耐用消费行业的快速发展就是明显的例证。

三 扩大对外贸易,加快新型工业化进程,选准出口主导产业是关键的一环

目前,我国工业发展已进入工业化中期阶段。根据中央"十五"计划建议,应把经济结构的战略性调整作为主线。这是适应经济全球化,国际产业转移,生产要素在世界范围内大规模重组和优化配置的特点而作出的正确的战略选择。党的十六大明确提出,要积极发展对经济增长有突破性重大带动作用的高新技术产业。用高新技术和适用先进技术改造传统产业,大力振兴制造业,走新型工业化道路。应当看到,高新技术产业包括微电子技术、信息技术、生物技术、能源技术和新材料等技术,越来越多地被应用,使高新科技产品成为我国出口的新增长点。这是从长远战略着眼,扩大我国国际竞争力的关键。因为:

第一,发展高新技术产业和产品出口可以促进我国出口产业从低附加价值产业向高附加价值产业升级和转移,有利于提高我国出口产品的国际竞争力。一国的经济增长,主要取决于三个基本因素:一是生产要素尤其是资本要素的增长;二是产业结构从低附加价值产业向高附加价值产业升级;三是科技进步,这是促进产业结构升级最重要的因素,因而也是提高出口产品国际竞争力的最重要的因素。2000年我国高新技术产品出口370亿美元,比上年增长25.4%,占出口总额比重为15%,而OECD国家高新技术产品出口占出口比重平均为40%,其中,美国为44%,新加坡最高为72%,与它们相比,我们尚存在相当大的差距。

第二,发展高新技术产业和产品出口,可以吸收国外高科技资源,加快产业结构的调整,为我国出口的可持续发展,提供技术保障。高科技资源不仅包括高新技术,还包括高新技术人才和

管理，对于提高我国的生产管理水平、研究开发能力大有裨益，能够为我国走出一条科技含量高、经济效益好、资源消耗少、环境污染小、人力资源得到充分利用和发挥的新型工业化道路，为我国经济的持续、快速、健康发展和外贸扩大出口提供强大动力。

第三，发展高新技术产业和产品出口，有利于加快产业结构调整和升级，保证我国外贸翻两番目标的实现。亚洲"四小龙"经济腾飞和中国90年代新一代家电行业包括彩电、电冰箱、洗衣机、空调生产和出口的高速增长，最根本的原因，就是引进发达国家的先进技术，进行产业结构快速升级，促进出口商品结构优化。实践证明，引进发达国家的先进技术是加快发展的一个决定性因素。

在积极发展高新技术产业和产品出口的同时，必须用高新技术改造传统产业，充分发挥我国劳动力资源丰富的工资成本低的比较优势，在一个相当长的时期内，至少在20年内，必须依靠劳动密集型产业和产品来推动经济增长和扩大出口。这是因为：

第一，我国劳动密集型产业和产品成本较低，在国际市场上具有相当强的竞争力。我国在轻工产品、纺织品、服装、家用电器、部分机械和电子产品等成熟技术的劳动密集型产业已具有相当的生产规模，目前已成为亚太地区最大的劳动密集型产品出口国。1978年，亚洲"四小龙"向工业国出口的劳动密集型产品占了亚太地区劳动密集型产品总出口的70%以上，中国仅占不到10%。20年后，中国出口到日本、澳大利亚、欧洲和北美的劳动密集型产品中，中国的平均市场份额上升到42%。从而为我国经济持续、快速、健康发展创造了条件。

第二，发展劳动密集型产业和产品出口，可以减轻我国扩大就业的压力。我国是一个人口众多的发展中大国，目前正处于并将长期处于社会主义初级阶段，与发达国家相比较，我国工业化和城市化程度还相当低，技术较为成熟的传统产业即劳动密集型产业尚有很大的成长空间。同时，我国人口总量还在继续增加，扩大就业仍是当前和今后相当长时期一项重大而艰巨的任务。一般来说，民营企业（包括集体企业和私营企业）适合于从事加工贸易如家电产品、服装、制鞋、玩具等生产，可以容纳更多的劳动力，有利于缓解我国严峻的就业压力。

第三，发展传统劳动密集型产业或产品出口，可以加快资金积累，为产业升级创造条件。一般来说，发达国家向外转移的技术都是较成熟的技术，技术（包括专利软件，有时也包括硬件设备）价格较低，相当于原来研究与开发（R&D）成本的 1/3，而且这种技术对于我们来说，属于适用的先进技术，比我们自己研究与开发成本低，投资周期短，收益比较快，可以发挥"后发优势"，特别是在资金技术密集型的产业中，包括高新技术产业中的劳动密集型生产环节的零配件产品更适于我国国情特点，可以为国家创造更多的外汇收入，更有利于推动我国经济的持续、快速和健康发展。

（原载中国工业经济联合会学术委员会编著《中国新型工业化道路——21 世纪中国工业的发展方向》，中国经济出版社 2004 年版）

用科学发展观指导我国对外经贸发展的战略思考

科学发展观和"五个统筹"的发展战略思想,是十六届三中全会《中共中央关于完善社会主义市场经济体制若干问题的决定》中首次提出来的一个创新的理论观点。所谓科学发展观就是坚持以人为本,树立全面、协调、可持续的发展观。温家宝总理2004年2月21日在省部级主要领导干部"树立和落实科学发展观"专题研究班结业式上的讲话中指出:"发展观是关于发展的本质、目的、内涵和要求的总体看法和根本观点。"① "五个统筹"正是在经济发展中坚持科学发展观的具体体现。

科学发展观和"五个统筹"的发展战略思想,是我们党根据马克思主义辩证唯物主义和历史唯物主义的基本原理,总结了国内外在发展问题上的经验教训,吸收人类文明进步的新成果;是我们党以邓小平理论和"三个代表"重要思想为指导,对社会主义现代化建设规律的新认识;也是我们党站在历史和时代的

---

① 《十六大以来重要文献选编》(上),中央文献出版社2005年版,第755—756页。

战略高度，提出新世纪新阶段我国发展道路、发展模式和发展战略的新要求。

本文从科学发展观统筹国内发展和对外开放的内容、意义和任务三个侧面谈个人学习的收获和体会。

一 用科学发展观统筹国内发展和对外开放，是落实科学发展观的重要内容

"五个统筹"就是要求我们在经济发展过程中，坚持统筹兼顾、均衡发展的理论和原则。"五个统筹"内容包括城乡均衡发展、区域均衡发展、经济社会均衡发展、人与自然和谐发展、国内发展和对外开放五个方面。其中，统筹国内发展和对外开放是落实科学发展观和"五个统筹"的一个重要内容。在对外开放过程中，坚持科学发展观，首先，必须树立"五个统筹"的发展战略思想。应当明确，在经济全球化和对外开放条件下，要取得宏观经济的持续、稳定、可持续发展，必须具备经济社会发展的体制、机制和社会文化素质的条件：即要具有市场在社会资源配置中发挥基础性作用的经营管理体制；要具有经济良性运行的机制，包括经济增长、社会就业、市场物价、财政税收，特别是与国际收支的关联机制；要具有与经济社会协调发展的社会文化素质等。

其次，必须坚持以人为本，实现人的全面发展这个本质和目的。应当明确，国内发展与对外开放本身，不是科学发展观的本质和目的，它只是实现科学发展观和"五个统筹"，实现国民经济持续、稳定、协调发展的手段。而真正的本质和目的是坚持以人为本，实现人的全面发展；这是由社会主义基本经济规律决定的，因为社会主义生产的目的，就是满足人们的物质和文化生活

的需要。

再次，必须正确认识"五个统筹"内涵之间的辩证统一关系。统筹国内发展与对外开放是"五个统筹"的重要内容之一。国内发展与对外开放，不能脱离城乡均衡发展、区域均衡发展、经济社会均衡发展、人与自然和谐发展而独立存在，它们之间紧密相连，相互依存，相互推动，互为条件。统筹国内发展与对外开放，必须以城乡、区域、经济社会、人与自然和谐发展为依托，并为它们服务。只有"五个统筹"的均衡协调发展，国内发展与对外开放才有旺盛生命力，才能实现国民经济的持续、稳定、协调发展，才能保证以人为本这个根本目的的实现。就此意义而言，"五个统筹"的目标是完全一致的。

二 用科学发展观统筹国内发展与对外开放的重大战略意义

应当充分肯定，改革开放以来，为适应经济全球化这一必然趋势，遵循国际产业变动转移规律，大力发展开放型经济，我国对外经贸发展成就斐然，为我国经济持续快速协调发展作出了巨大贡献。2004年，我国外贸进出口总额已突破万亿美元，达到11547亿美元，世界贸易排名由1978年的第32位，上升到第3位。到2004年末，我国实际利用外资累计超过5600亿美元，2004年实际利用外资超过600亿美元。到2004年10月底，国家外汇储备超过5400亿美元，仅次于日本，居世界第2位。对外经贸在国民经济中的重要地位和作用已成为人们的共识。

我国改革开放的成功经验证明，抓住全球产业结构调整转移的机遇，坚持对外开放的基本国策，统筹国内发展和对外开放，是加快我国社会主义现代化建设的必由之路。这是因为：

第一，统筹国内发展与对外开放有利于加速我国经济结构调整，实现国民经济均衡协调发展。国内外产业结构调整和转移的实践表明，产品生命周期理论、边际产业扩张理论和国际投资理论所揭示的国际产业转移规律，是我们必须遵循的一条重要的经济规律。应当看到，我国生产要素结构不均衡是制约经济发展的一个瓶颈。我国人口众多，劳动力资源十分丰富，约占世界的 1/4，这是我国的比较优势，但是，我国土地资源却十分紧缺，人均耕地仅有 1.42 亩，而世界人均耕地为 3.75 亩。同时，我国在高级生产要素，包括知识、技术、先进管理及资金等则相对不足，这是我国的比较劣势。据专家研究我国大多数产业的技术水平比发达国家滞后 15—20 年。改革开放以来，由于我国充分利用国内外两个市场、两种资源，扬长避短，优化进出口产业结构和商品结构，取得了明显效果。从我国出口商品结构变化看，由新中国成立初期以矿产品、农产品初级出口产品为主，逐步扩大到以农产品为原料的轻工产品、纺织品和服装出口为主，现在，机电产品包括高科技信息技术产品已成为出口拳头商品。在 20 世纪 80 年代，我国抓住了国际上劳动密集型产业调整和转移的机遇，大力发展轻纺产品加工贸易，10 年间累计进出口总额为 7115 亿美元，相当于改革开放前 28 年总和的 4.8 倍。20 世纪 90 年代，我国抓住了国际机电产业调整和转移的机遇，大力发展机电产品出口，使机电产品取代轻纺产品成为我国第一大类出口商品。世纪之交，我国又抓住信息技术产业调整和转移的机遇，使我国高科技产品和机电产品有了快速的发展，"入世" 3 年来我国进出口翻了一番，其中，高新技术产品进出口增长了 3 倍。

第二，统筹国内发展与对外开放有利于维护国家经济安全和进一步扩大对外开放。应当看到，经济全球化的迅速发展，生产要素在世界范围内流动的加快，给我国对外经贸发展带来良好机遇和利益的同时，也带来挑战和风险。一些非传统经济安全风险的呈现就是佐证。例如产业安全（粮食安全、能源安全、电信安全）、金融安全、生态安全等。1990—1994年墨西哥发生的金融危机，而后，1997年亚洲金融危机和2001年阿根廷金融危机的发生，都是因为这些国家和地区在对外开放过程中，过分依赖国际市场和国际资本忽视国家经济安全和承受能力，宏观经济失控，国际收支失衡造成的灾难性后果。我国政府以敏锐的战略眼光观察世界，审时度势，及时总结金融危机发生的经验教训，从中国国情出发，把促进经济增长、扩大内需、增加就业、稳定物价、保持国家收支平衡作为国际宏观调控的主要目标。坚持国际收支基本平衡、略有结余的方针，有效地利用国际国内两个市场、两种资源，保持国际收支经常项目、资本项目和金融交易项目的基本平衡。坚持深化金融改革，完善以市场供求为基础的人民币汇率形成机制，保持人民币汇率在合理、均衡水平上的基本稳定，大大提高了我国抵御非传统经济安全的风险能力。

第三，统筹国内发展与对外开放有利于保持经济社会的协调发展，实现我国对外经贸的可持续发展。我国对外经贸发展的实践证明，扩大对外开放，坚持"引进来"和"走出去"相结合的发展战略，是推动我国对外经贸可持续发展，走新型工业化道路的强大动力。具体表现在：（1）吸引了大量外商直接投资。因为出口贸易的迅速增长，经常项目的盈余和国家外汇储备的增加，增强了外商来华投资的信心。在改革开放初期，1980年我国外商投资企业出口额占我国出口总额的比重不到0.1%，进口额占0.3%。进入20世纪90年代，外商来华投资迅猛增加，大批外商投资企业步入经营期，进出口额大幅度增加。到2004年11月末，外商投资企业进出口额达到 5962.1 亿美元，比上年同期增长 41.8%，比我国进出口总额增速高出 5.3 个百分点，占同期进出口总额的 57.4%，比上年同期提高 2.1 个百分点。(2) 扩大了社会就业。我国拥有丰富的劳动力，但加工能力过剩与原材料供应不足矛盾很突出，就业压力很大。通过大力发展加工贸易，使人的因素与物的因素有机地结合起来，不仅扩大了出口，还增加了就业，保证了社会的安定。据统计，目前我国与进出口贸易直接相关的从业人员达到 8000 万人；1978—2002 年间，我国进出口增长总体上拉动就业增长 44.8%，对就业增长的贡献率为 53.6%。(3) 增加了国家税收。2002 年，我国与进出口直接相关的税收，包括进口环节税、出口环节税、加工贸易直接税，共计 2389 亿元，进出口相关税收占国家总税收 12582 亿元的 19%。

第四，统筹国内发展与对外开放有利于驱动各国之间的贸易交流与经济技术合作，为促进人类的共同繁荣发展作出贡献。历史发展证明，中国对外经贸发展，为世界各国、地区互利共赢创造了有利条件，而绝不是"威胁"。以外贸进出口为例，从出口看，2003 年中国进出口贸易额增长 37%，对全球货物贸易增长的贡献率为 11.3%，居世界之首，从而使全球的进口商和消费者享受到中国价廉物美商品的实惠。从进口看，中国进口对世界经济的拉动作用日益明显。据统计，1990—2004 年期间，中国累计进口额高达 2.8 万亿美元，年均增长超过世界年均增长 10 多个百分点，中国已成为许多国家或地区出口商品的重要市场。例如 2003 年我国从美国进口增长 24%，从日本进口增长 39%，从韩国进口增长 51%，从欧盟进口增长 38%，从东盟进口增长 52%。一些重要原料出口国如澳大利亚、阿根廷等国已成为中国的重要贸易伙伴国。

三 用科学发展观统筹国内发展与对外开放，是掌握对外开放主动权，全面提高对外开放水平的一项重大战略任务

应当充分肯定改革开放以来我国对外经贸发展取得的巨大成就，但是，也必须清醒地看到发展中存在的制约因素和差距。解决这些问题的关键在于，掌握对外开放的主动权，全面提高对外开放水平，统筹好国内发展与对外开放的关系。为此，必须正确处理以下重要关系。

第一，正确处理国内需求与国外需求的关系。我们必须既立足于国内需求，又大力开拓国际市场。因为我国人口众多，国内市场巨大，开发潜力也很大，立足于国内市场需求是我国经济发展必须长期坚持的战略方针。目前，我国人民生活水平总体上达到了小康，但距发达国家消费水平还有相当大的差距。近年来，我国最终消费品约占国内生产总值的60%，比发达国家低20个百分点，因而扩大内需仍有很大的潜力和发展空间。然而，主张立足于国内需求并不等于可以忽视国外需求，国外市场的重要性，在前面已做阐述。应当指出，中国确实是一个贸易大国，但却不是一个贸易强国。主要表现在：（1）人均进出口额水平低，人均850美元左右，大大低于世界人均约2400美元的水平。（2）增长方式比较粗放，出口产品科技含量和附加价值低，产品质量和效益均有待于继续提高。（3）企业出口商品缺少自有品牌和营销渠道、网络，更缺乏拥有自主知识产权的核心技术产品，竞争力不强。（4）缺少具有先进管理水平、综合竞争实力强的大型跨国公司集团。

要缩小上述差距：首先，必须彻底转变"以量取胜"低价

竞销的粗放经营方式，继续贯彻实施"以质取胜"战略，积极推进集约化经营，不断优化出口产业结构和出口商品结构，不断提高出口商品的质量和效益。其次，必须改变对某些市场过分依赖的格局，继续实施"市场多元化"战略，在努力保持发达国家出口市场份额的同时，大力开拓新兴市场和发展中国家市场，以减轻由于过度集中依赖某些国家或地区市场而带来的风险。再次，必须选准出口主导产业，把出口产业结构性调整作为主线，贯彻实施"科技兴贸"战略。一方面要积极发展对经济增长有突破性重大带动作用的高新技术产业，包括微电子技术、信息技术、生物技术、能源技术和新材料技术，使高新技术产品成为我国出口的新增长点。同时，要用高新技术和适用先进技术改造传统产业，增加机电产品出口。另一方面，用高新技术改造轻纺传统产业，加快加工贸易转型升级，大力发展我国成本相对较低的劳动密集型产品出口。

第二，正确处理用好内资与有效利用外资的关系。截至2003年年底，我国城乡居民储蓄存款余额已超过11万亿元，应当充分利用好这笔资金。但是，国内资金并不能替代利用外资，因为利用外资所带来的先进技术工艺、先进技术设备、先进管理和高素质人才，是内资不能完全替代的。目前，在利用内资和外资上确实存在不少问题。例如有些地方在招商引资中，"重外资，轻内资"现象比较普遍，他们不管外资项目是否先进可行，不分青红皂白地盲目引进，甚至把一些高物耗、高能耗、高污染、低附加值的项目引进来。在一些地方确实存在引资政策攀比现象，硬性规定引资任务指标和时间表。许多地方为了招商引资，强行征用农民土地办开发区，并以低于开发成本的价格招商引资等。

对于这些只顾眼前利益而忽视长远利益的错误行为，必须引起各级政府和招商部门的高度重视,并认真地加以解决。我们应当在充分利用好国内资金的同时,积极、合理、有效地利用外资,不断提高利用外资的质量和水平;要坚持鼓励外商投资的各项政策,放宽投资领域;要鼓励和引导外商投资项目,参与我国西部地区大开发和东北地区老工业基地振兴,用先进技术设备改造老企业,改革改组国有企业;要鼓励和引导国际著名跨国公司在中国建立研发中心,投资农业、制造业特别是高新技术产业和服务业,提高我国产业的国际竞争力。

第三,正确处理开发利用国内资源和国外资源的关系。充分利用国内外两种资源是我国必须长期坚持的战略方针。国内外两种资源包括各类矿产资源、土地资源、资金资源、知识资源、人力资源、信息资源等。任何一个国家或地区不可能拥有一切资源,在主要依靠和开发国内资源的同时,必须充分利用开发国外资源。我国是世界上人均资源稀缺的国家之一,据国家已探明的资源,我国人均占有量仅为世界平均水平的58%,列世界第53位。以石油为例,我国后备储量不足,致使对国外石油资源依赖程度越来越大。我国曾经是石油净出口国,1985年石油净出口为国内消费的38.4%,随着国内经济的迅速发展,用油量加大,1993年则由净出口国变为石油净进口国,而后逐年增多,2000年之后,净进口量每年都在30%以上,2003年高达43.2%。根据预测到2010年左右,我国石油的对外依存度很可能上升到60%以上,和美国差不多。2003年,我国消耗的铁矿石和氧化铝大约50%要依靠进口。

解决石油、原材料供应短缺问题,一方面要加大我国大陆海洋石油勘探力度,研究开发新能源和节约使用石油、原材料资源;另一方面要加强与世界石油和矿产储量大的净出口地区,包括中东海湾地区、中亚、俄罗斯、非洲、南美洲等地区的经济技术合作，采取联合开发等多种形式加以解决。再以高级人才为例，人才是个系统工程，包括党政公务人才、中介组织和企业管理人才、各类专业技术人才。在当前我们紧缺的主要是高新技术、金融、法律、商务、经营管理方面的高级人才。据专家预测，到2020年我国需要的知识总量将是现在的3—4倍；到2050年，现有的知识总量只占届时知识总量的1%。解决高级人才紧缺问题的立足点是依靠和开发国内人才资源，同时，还要积极引进海外人才和出国留学人才，把利用外资与引进高级人才结合起来，大力推行人才强国战略。

第四，正确处理"引进来"与"走出去"的关系。贯彻实施"引进来"与"走出去"相结合的战略，是实现我国经济全面、协调和可持续发展的需要。通过引进国外资金、技术、经营管理和竞争机制，提高了国内企业的国际竞争力，为我国企业走出去奠定了坚实的基础。通过企业走出去，拓展我国经济发展的国际空间，建立稳定的多元的境外能源、矿产原料的生产供应基地，是加快我国经济发展的迫切要求，二者是辩证的统一。"走出去"与"引进来"比较，前者比后者要滞后得多。主要表现在：（1）对外投资规模太小。据统计，到2004年年底，我国利用外资累计超过5000亿美元；对外投资累计仅有320亿美元。2003年，我国对外直接投资只有21亿美元，占当年我国吸收外商投资的比重不足4%，大大低于世界平均水平。（2）企业"走出去"的秩序比较紊乱，存在着恶性竞争，损失较大。（3）投资企业对投资国的人文社会环境缺乏了解，如对当地的投资市场不熟悉，对投资合作伙伴不了解，对法律法规不清楚，就自身而言，更缺乏国际化的经营管理人才。

如何鼓励和支持企业"走出去"实行跨国经营？首先，制定贸易与投资并举，实施"双赢"战略。把贸易与投资结合起来，立足于当地长远发展，实行"本土化"经营；亦可收购当地企业，利用原有企业员工，实施资源重新整合，设计、开发、制造新产品，实行跨国经营。其次，鼓励和支持有竞争力的大型企业、中小型企业包括民营企业投资办厂，扩大对外承包工程和劳务服务，在实践中培养跨国性经营人才。再次，建立和完善对外投资服务体系，积极为企业创造对外投资的法律政策环境，包括发挥行业协会、商会中介组织的功能，以保护我国"走出去"企业的合法权益，培养中国自己的跨国公司。

第五，正确处理扩大对外开放与维护国家经济安全的关系。应当承认，在经济全球化迅速发展和我国进一步扩大对外开放的条件下，一些影响国家经济安全的因素在增加。主要表现在：(1) 世界经济周期性波动和不景气，使国际贸易保护主义盛行，各种技术性贸易壁垒不断出现，给我国出口发展带来一些不确定因素。(2) 国际资本流动的加速、资本流动规模的扩大和一些国家要求"人民币升值"会加大我国的外汇风险。(3) 到2005年年底，"入世"过渡期结束，我国劳动密集型产品出口面临反倾销调查和实施保障措施，以及国外进口冲击力度的加大等新的挑战。据统计，1995—2002年间，全球发起的反倾销调查案件2205起，其中，针对中国的就有312起，占全球反倾销调查案件的14%，居全球之最，使我国出口遭到很大损失。(4) 2004年年底，我国的批发、零售业将基本取消地域、股权和数量限制，也会带来一定的风险。

在对外开放过程中，我们应始终把维护国家经济安全放在首位，针对开放过程中出现的障碍和问题，采取预警和化解措施，主动应对：(1) 在宏观层面上，政府要加大经济外交的力度，努力争取更多的成员尽早承认中国市场经济地位，这是保证我国企业在进出口贸易中不受歧视和保护国家经济安全及企业合法权益的先决条件。(2) 在中观层次上,行业协会和进出口商会也要"走出去"开展民间外交,加强与国外行业协会、商会的联系与沟通,为企业提供市场需求、价格、客户、销售渠道信息,帮助企业了解国外法律法规、贸易救济措施,以及关税、航运、保险等政策信息,帮助企业解决在对外交往中出现的种种问题。(3) 在微观层次上,企业要彻底改变出口增长方式,提高出口商品的档次、科技含量和附加价值,创名牌,特别要开发拥有自主知识产权的产品,大力开拓国际市场。

此外,在国内发展与对外开放关系问题上,还有几个重要关系,比如对外经贸改革与发展的关系、对外贸易发展与经济增长的关系、进口与出口的关系、资本技术密集型产业和产品与劳动密集型产业和产品的关系、加工贸易与一般贸易的关系、东部与中西部对外协调发展的关系、外经贸发展速度与提高经济效益的关系都很重要。

(原载《北京联合大学学报》(人文社会科学版) 2005年第6期)

浙江省外贸出口持续快速发展的实证研究

在世界经济增长放慢,世界市场需求萎缩,竞争激烈的背景下,近年来我国浙江外贸出口增长连续4年位于沿海主要省、市之首,拉动了浙江经济的快速增长,并获得了良好的经济效益。浙江外贸出口的特点是什么?为什么在全国外贸出口比较困难的条件下,浙江外贸出口能够较快地增长?他们的经验是什么?我带着这些问题,自3月8日至29日,到浙江省拜访了省对外贸易经济合作厅、省社会科学院、省国际经济贸易研究中心有关领导和专家,并到杭州、温州、台州、宁波、绍兴、嘉兴6个市的外经贸局同他们座谈求教。同时,考察了14家外贸进出口公司、出口生产企业和民营出口企业和义乌中国小商品城。所闻所见,令人振奋,深受教育和启发。现将考察的情况报告如下。

一 浙江外贸出口快速发展的五个特点

第一,外贸出口增长速度连续4年位于沿海主要省市之首。

据海关统计,"九五"期间(1996—2000年),全省出口额累计613.09亿美元,年均增长20.4%。出口额在全国的位次,由1996年的第8位上升为1998年至2001年连续4年一直稳居第4位。2001年,浙江出口额为229.76亿美元,同比增长18.2%,增长速度高于全国11.4个百分点,在沿海主要省市出口普遍下滑的情况下,浙江出口增速全国领先,成为"一枝独秀"。2002年1—3月底,浙江出口额为58.58亿美元,同期增长20.8%,仍然在沿海主要省市处在领先地位。

第二,一般贸易方式出口居全国第一位。由于浙江省轻纺、化工、电子、机械工业产品出口基础较好,加工贸易方式相对较少,所以纺织品、服装、机电产品(含高新技术产品)出口增长速度快、比重高。2000年一般贸易出口额为154亿美元,同比增长53.8%,这是浙江出口的一大特色。因为一般贸易生产加工链长,加工都在国内进行,经济效益明显高于加工贸易,并可以减少国际市场价格波动的影响。

第三,进出口贸易顺差大,净结汇多,在全国处于领先地位。2000年浙江省进出口贸易总额达278.34亿美元,同比增长52%。其中,出口额194.49亿美元,增长51.1%;进口额83.9亿美元,增长54.4%。全年外贸顺差额为110.59亿美元,占全国当年外贸顺差额241亿美元的45.8%。全省净结汇额达98.77亿美元,同比增长57%,居全国首位。2001年全省外贸顺差额达131.54亿美元,仍然居全国首位。持续的贸易顺差,高额的净结汇,为全国外汇储备的增加和人民币汇率的稳定作出了贡献。

第四,出口收汇率高,经济效益好。2000年浙江出口收汇率为98%,同比高8.3个百分点,全省外贸实现利润达8.3亿元,增长幅度很高。

第五，外贸出口成为浙江经济增长的重要拉动力量。"九五"期末，2000年浙江省外贸出口依存度达到26.7%，比"九五"初期高9.7个百分点；工业外贸出口依存度45%，比"九五"初期高22个百分点。2000年外贸出口增加值占GDP增加值的比重为79.7%，有效拉动浙江经济的持续快速增长。

二 浙江外贸出口持续快速发展的主要经验

(一) 大批民营中小企业走向国外市场，外贸经营主体呈现多元化

早在1996年上半年，浙江省在全国率先实现了"县县有外贸"，这是一个重大突破。浙江省委和省政府比较早地提出，要在继续发挥省级国有外贸公司主力军作用的同时，鼓励和调动多路大军拓展国际市场。近几年来，浙江各市（地）、县（市）外贸公司、民营企业、出口生产企业、三资企业外贸出口强劲，其中，民营企业异军突起，出口增长更快，成为浙江外贸出口的新增长点。据浙江省工商部门统计，到2000年底，浙江省拥有外贸进出口权的企业3183家。其中，近两年新批1967家，占有进出口权企业的61.79%；生产企业2764家，而民营企业1119家，占生产企业获进出口经营权的47%。这些民营企业吸收外商投资6.44亿元，设立境外机构111个，他们为外贸出口提供货源价值214.16亿元，同比增长47.17%。2000年，这些企业新增出口额超过23亿美元，占全省出口增加值的35%以上，为浙江外贸出口作出了重大贡献。他们的主要经验是：

第一，民营企业成为外贸出口的新增长点。以温州为例，在改革开放初期，这里是个比较贫穷和落后的地区，但是，温州又是我们国家民营经济、市场经济起步较早而发展最快的地区之

一。20世纪90年代初，拥有外贸进出口权的只有外贸公司1家。经过十几年的快速发展，到2001年底，该市拥有进出口权的生产企业达到536家，"九五"期间，外贸出口平均每年以40.4%的速度递增，2000年比上年增长82%，2001年同比增长33.9%，比浙江省18.2%的增长速度高出15.76个百分点，比全国6.8%的增长速度高出27.16个百分点。2002年12月份比2001年12月份同比增长58%。2001年全市非国有企业出口额达11.02亿美元，占该市出口总额的54.9%。其中，民营企业出口额为5.84亿美元，同比增长59.4%，绝对增加值为3.22亿美元，成为温州外贸出口的新增长点。

台州市也是浙江民营企业发展较快的地区。1988年以前，该市外贸出口自营业务仅限于专业外贸公司，生产企业产品不允许自营出口，出口额很小。1988年开始自营出口，到2000年，该市自营出口企业由4家发展到405家，增长了100多倍，为外贸出口提供了较大发展空间。2001年该市完成自营出口额为11.79亿美元，同比增长35.7%，2002年1—2月出口额为20864万美元，同比增长52.7%，很有发展活力。

第二，涌现出一批民营企业集团，成为出口创汇的大户。随着民营企业家的成长，一批民营企业集团拔地而起。据统计，截至2001年底，浙江省有资产超过亿元的民营企业68家，经济实力大大增强，一批民营企业集团直接参与国际生产分工和国际市场竞争。例如杭州市萧山的中国万向集团，温州柳市的正泰集团、德力西集团，宁波的雅戈尔集团具有代表性。万向集团经过三十多年的求实创新，致力于汽车零部件的制造与销售，至今已发展成为拥有万名员工和100多亿元资产的大型企业集团、中国出口创汇先进企业。万向集团在20世纪80年代，以中国第一家汽车零部件维修企业进入美国市场。1997年和2000年，万向的汽车零部件分别与美国通用汽车公司和福特汽车公司配套，成为中国第一家企业进入国际一流汽车主机厂配套市场。现已在美国、英国、德国、加拿大、墨西哥、委内瑞拉、巴西等7个国家拥有18家公司，其中有8家为收购的海外公司。海外市场营销网络分布在50多个国家和地区，与国外多个主机厂建立了直接或间接的配套关系。近年来出口创汇大幅度上升，1999年出口突破1亿美元大关，为1.02亿美元；2000年为1.33亿美元；2001年为1.78亿美元，同比增长33.23%。

我国加入WTO后，万向集团制定了"三接轨"发展战略，最终目标是建成跨国集团。一是接轨国际跨国公司运作：与国际大零部件集团合作，建立国际生产基地，形成跨国经营战略联盟。目前，已建立了以美国为主的国际生产基地。二是接轨国际先进技术：建立海外研发机构，形成核心技术，保持与国际主机厂同步开发。现已在美国建立了技术中心。三是接轨国际主流市场：完善海外营销体系，扩大国际主机市场配套份额，形成核心市场能力。正因为如此，万向集团的国际化经营被人们誉为："在洋人的地方，用洋人的资源，做洋人的老板，赚洋人的钞票。"

台州市的中国飞跃缝纫机集团是我国最大的民营缝纫机生产企业。它自1986年创建以来，已形成产品研发—零部件和整机制造—销售—售后服务的一整套完备体系，已成为研发、生产、国际贸易为一体的大型现代企业集团。"飞跃"牌缝纫机质量上乘，属于"高、精、尖"产品，而价格定位合理，出口有竞争力，产品有60%出口，2000年出口创汇6500万美元。2001年，在全球经济放缓、美国经济下滑、日本经济低迷、欧盟经济疲软、国际市场不旺的背景下，"飞跃"牌缝纫机仍然出口创汇7100万美元，比上年增长11.46%。目前，飞跃缝纫机已出口到世界一百多个国家和地区,其中产品的 40% 进入发达国家,结束了中国缝纫机长期以来由日本单向进口的历史,为中国人争了光。但是,飞跃集团并不以此为满足,他们抓住中国加入 WTO 的机遇,正在为 2005 年实现出口 3 亿美元的目标而奋力拼搏。

在浙江,类似万向、飞跃这样的大民营企业集团出口创汇大户,还有雅戈尔集团、星星集团等。

第三,个体私营企业有了外贸进出口经营权。这家企业名称为绍兴县炎中贸易进出口有限公司。老板名叫吴炎根,他曾在绍兴县中国轻纺城搞内销,经营近 15 年,自 1999 年开始做外贸,由江苏、山东、上海、绍兴的专业外贸纺织品和服装进出口公司为其代理进出口。由于外贸专业公司资金回笼和运作周期较长,外贸出口优惠政策得不到全额享受,经营成本增加,利润减少,企业知名度也不能很好扩展。而有了外贸进出口经营权后,以上几方面问题就得以避免或改善。比如,资金周转快了,银行主动找上门来要给企业贷款,使企业委托代理费用减少,知名度不断扩大,新增加了意大利、日本、新加坡、印度尼西亚,以及我国台湾和香港地区 6 家客户,短短几个月就出口 1000 万美元,在 2002 年争取出口额达到 1300—1500 万美元,出口发展潜力极大。

(二) 培育出口主导产品,搞好产业升级,努力提高出口产品国际竞争力

科技是第一生产力,只有通过科技创新加大技改投入,加快新产品开发,实现产业结构和出口产品结构双优化,才是提高国际竞争力的关键所在,这是浙江省、市(地)、县(市)级领导和企业家们的共识。浙江嘉康电子股份有限公司是省高科技企

业，专门生产用于通信、计算器、打印机、电视机、放映机的配套零件，产品77%出口。该厂老总说："搞好产品出口，先要看好国外市场需要什么产品，然后再了解外国同行业的先进技术水平。"为了开发新产品，他先后三次赴日本考察，了解日本厂家的生产规模、生产能力、工艺技术、销售额和销售市场，不断找差距，先后投资5000万元，引进日本先进设备，加大研制开发。这个厂是我国第一家开发出14—60兆协振器，产品质量接近日本水平，与世界同类新产品差距仅有3—4年。由于产品质量高，订单多，出口量大，成本降低，效益提高，2000年销售额7200万元，2001年销售额6800万元，2002年1—3月同比销售额增加30%以上。

钱江集团有限公司系国务院批准的520家国家重点企业之一。主导产品摩托车，远销亚洲、非洲、欧洲、美洲等世界40多个国家和地区，主要出口国为越南、印尼、意大利、奥地利、日本、阿根廷等，出口价格普遍高于出口同行协议价。2000年出口摩托车156181辆，出口创汇6791万美元，其产量、出口量和经济效益已跃居全国摩托车行业之首。原因在哪里？关键在于高质量的产品。进入欧洲摩托车市场对排气量、噪音等标准要求极高，该公司一开始就站在高起点上，瞄准欧洲市场，1997年就通过德国TUV公司的ISO9001质量认证，取得了进入欧洲市场的通行证。他们非常重视先进的开发技术，先后与马来西亚金狮集团合资，与专门服务于美国的国际顶尖技术前沿的道康宁公司、法国沙基姆公司、美国的参数技术公司、意大利国际著名的I.E.C公司合作，开发出多项先进技术、先进工艺，企业拥有精良的生产装备，在硬件上为企业提供可靠的质量保证，使摩托车在国际市场上具有较强的竞争力。

不仅在机电产品出口方面如此，而且在轻纺产品出口方面，浙江也具有自己的地方特色。

宁波的维科集团是中国最大的高档家纺产品生产基地，是全国重点支持和发展的名牌出口商品企业集团。该企业集团十分重视生产设备现代化，近年来从国外相继引进了上千台（套）的先进设备和相关技术，为产品的升级换代和扩大出口创造了极为有利的条件。同时，该集团又非常重视新产品的开发，他们依赖该集团的人力资源的优势，发挥1000多名拥有博士、硕士学位的科技人员的聪明才智，利用四通八达的网络信息，参与国内外著名的公司、科研部门、高等院校的项目合作，加速科技产业转化为生产力，严格规范质量检测，使该集团在纤维科技和高新技术产品开发方面始终处于领先地位，大大提高了产品出口的国际竞争力。出口创汇逐年增加，1998年1亿多美元，1999年2亿美元，2000年2.4亿美元，2001年2.6亿美元，位列浙江省自营出口生产企业榜首和出口创汇大户。

温州柳市中国德力西集团是我国最大的低压电器出口基地。多年来，德力西始终坚持科技兴业的发展战略，注重加大技改投入和新产品开发力度，每年按销售额的5%作为科技开发投入。近几年来投入近3亿元，创办了电器科学研究所，建立了博士后科研工作站，构建了完善的德力西技术创新体系。德力西集团产品已通过了ISO9001质量体系和ISO14000环境管理体系认证，其生产的产品先后通过了美国UL、德国、VDE与GS、欧盟CE、国际CB及中国长城认证，产品具有很强的国际竞争力。

（三）建立全球市场营销网络，成为各类企业"走出去"战略的首要目标

国际市场瞬息万变。为适应国际市场需求的变化，浙江省各类出口企业始终把建立全球市场网络，作为"走出去"战略的

首要目标。1998年亚洲金融危机发生后，亚洲出口市场呈现疲软态势，针对这一变化，各类经营主体采取积极措施，及时调整出口市场结构，加大对欧美等市场的开发力度，获得良好的结果。

钱江集团的"钱江"牌摩托车，在东南亚市场上占有一定份额，亚洲金融危机后，由于国内各厂家自相残杀，以量取胜，加上日本本田等厂家在越南、印尼市场上占据主导地位，致使我国各款式摩托车出口困难增大，产品积压。针对这一变化，钱江集团及时调整东南亚市场产品营销策略，采取先行开发适应当地的新产品，然后再去占有市场的模式。例如，目前针对越南市场开发的新型摩托车已研制成功并初步形成规模生产，出口将会大量增加。在印尼，2001年该公司把工作重心从出口摩托整车转为先在印尼办厂，再出口散件在当地组装成整车，这样做将会大量增加出口。同时，注重开辟美国新市场，一方面扩大对美国的摩托车出口，另一方面又增加对美国小机械的出口。目前钱江集团公司已收购美国第二大园林工具生产厂MURRUY公司，2002年仅出口美国的割草机、中耕机将达5000万美元，预计2003年将达到1亿美元。

1996年，德力西集团获得外贸自营进出口权，并成立自己的进出口公司，他们致力于开拓国际市场，目前，该集团的产品已先后进入东南亚、中东、非洲、美洲和欧洲市场，在40多个国家和地区有营销机构，用高科技和终端成套产品进军国际市场。2001年出口创汇2200多万美元，其中，自营出口1000多万美元。目前，该集团抓住中国加入WTO和10年内建成东南亚自由贸易区这个难得的机遇，第二次"下南洋"，充分利用温州籍华人在那里的人文优势、地缘优势，在东南亚10国建立德力西集团的总代理商和参股或独资建厂，产品直销东南亚市场。这项市场调整战略目前正在积极筹措运行，力争把集团做强做大，实现品牌国际化、营销国际化、技术国际化、生产国际化，把德力西建设成为真正的跨国经营企业集团。

（四）国有外贸企业产权制度明晰化，激活分配机制，成为外贸扩大出口的主要动力

浙江省按照"强大活小"以建立现代企业制度为方向，以产权制度改革为核心的改革思路，在优势企业做大做强的同时，对中小外贸企业实行放开搞活，因地制宜地对国有外贸企业实行产权制度改革。省、市（地）、县（市）外贸公司已经改制的企业目前已占绝大多数，这些改制的企业调整了企业内部股权结构，适当拉开了经营者、业务员与普通职工分配上的差距。通过企业产权制度改革和企业内部经营机制的转换，极大地调动了广大干部职工的积极性，比较有效地解决了外贸企业人才外流、包盈不包亏等"老大难"问题。改革的模式，包括对有一定规模的外贸企业实行兼并、合并资产重组，一般产权向优势企业集中；对中小外贸企业组建有限责任公司；在企业内部增量扩股，调整股份结构等多种形式。

以中基宁波对外贸易股份有限公司为例，该公司改制前，为中基宁波公司，成立于1985年，经过十几年的发展，公司具有一定的业务渠道和经营能力，年进出口规模达到5000万美元。但由于受旧外贸"大锅饭"体制的影响，在市场经济条件下，随着银行商业化改革的深入，公司遗留下的问题，越来越突出，公司资金严重不足，业务的发展受到极大的限制。一是原基地公司国家的投资项目，包括房地产、办工厂项目，由于经营不善，违规操作，坏账不断增多，投资回报率极低，公司无法维持经营。二是基地公司一班人马，两个牌子，政企不分，加之政策多变，使企业无法自主经营，人为损失很大。三是外贸进出口流动资金量大，贷款担保又无法保障。1998年，在亚洲金融危机冲击下，外贸经营环境恶化，使公司经营陷入困境。面对这一困难环境，公司采取了改制、重组、集团化发展三个步骤。

第一步：改制激活，走上新路。他们经过反复酝酿，提出内部职工持股的有限责任公司的改制设想，以新公司为母体，对原业务部实施有限责任公司改造，组建起10家有限责任公司，由业务骨干持大股，占持股的70%，母公司控股30%，自主经营，激发了企业经营活力，走出了改制的第一步。改制当年公司就完成出口创汇6683万元，同比增长22%。

第二步：工贸结合，重组优势。第一步改制使公司从困境中走了出来，但从发展的角度看，公司经营运作上遇到了新问题：一是随着进出口业务的扩大，公司自有流动资金严重不足；二是出口货源缺乏固定来源和渠道；三是公司核心层管理功能被弱化。如何解决这些问题？他们选择了中国著名的服装民营生产企业雅戈尔集团，走工贸结合之路。他们提出与雅戈尔集团联合重组的意向，立即被雅戈尔集团总经理兼董事长采纳。因为雅戈尔具有服装基地、资金实力、名牌商标、机制灵活的优势，这恰恰是外贸公司的劣势；而雅戈尔集团缺乏国际市场营销人才和国外客户营销渠道，这正好是外贸公司的优势。二者的结合，可以实现优势互补。于是，1999年11月6日，成立了中基宁波对外贸易股份有限公司，注册资本为2600万元，其中雅戈尔持股46%，占控股地位。控股的实质是生产企业兼并国有外贸企业的一种形式，但雅戈尔集团把控股中基宁波外贸公司始终定位在工贸联合上，对控股后的中基宁波外贸公司采用"一司二制"的管理模式，授权外贸公司自行管理，雅戈尔集团不过问日常经营活动。由于股份公司的成立，逐步实现"四个融合"，即资本和人才的融合、经营理念的融合、外贸与生产的融合、品牌与机制的融合，使原来旧体制和股份制改造过程中出现的新问题得以缓解，而且大大促进了出口的发展。2000年出口实现9337.53万美元，同比增长39.7%。

第三步：开展工贸一体化经营，建立跨国集团。在前两年成功经营的基础上，2001年该公司又将注册资金增加到1亿元。总的设想是在管理好现有二十几个分公司的基础上，把雅戈尔集团下属效益较好且年出口在1000万美元以上的生产型出口企业收为中基宁波对外贸易股份有限公司。同时，将中基总公司所属的深圳分公司、杭州分公司并入，进一步壮大企业的资本实力和经营能力，并着手走股票上市道路，加速资本扩张，形成规模优势，开展多元经营，实现雅戈尔集团确定的"创世界名牌，建跨国集团"的战略目标。

（五）政府为企业扩大出口创造良好的外部环境，作为政府相关管理部门的一项重要职责

浙江省、市（地）、县（市）各级政府和各级外经贸管理部门，高度重视外贸出口，积极采取措施，千方百计为扩大出口提供扶持措施和优质服务。省政府、各市（地）政府和出口份额较大的县级政府都建立了外贸发展基金，并要求发挥好外贸发展基金的促进作用。以宁波市为例：

第一，实施出口贴息扶持政策，增强企业出口信心。宁波市自1996年开始对外贸出口进行政策扶持，从当初单一的机电产品和规模出口贴息发展到目前多商品、多种类、多方位的各类鼓励政策，财政扶持规模也同步增长，仅宁波市本级财政从1996年的640万元发展到2001年的近7000万元，增加了差不多10倍，再加上各县（市）、区的配套政策，奖金投入规模更大。各项外贸扶持政策的实施，对增强企业出口信心、优化出口商品结构、扩大出口规模均发挥了十分重要的作用。"九五"期间，宁波市出口年递增率达到17.9%；机电产品出口比重从1995年的21.3%提高到2001年的43.92%，增长幅度相当大。

第二，实施出口退税账户托管贷款，缓解外贸企业资金紧张。1998年宁波市率先实行的出口退税账户托管贷款，已在全市全面实施。到2001年底，共有9家银行办理了该项贷款业务，有该项贷款余额的企业已达211家，贷款累计发生额36.18亿元，贷款余额16.64亿元。在出口退税资金严重滞后的情况下，该项贷款的实施对占宁波市出口额50%的外贸公司继续扩大出口，发挥了极为重要的作用。

第三，实施企业境外参展摊位的奖励政策，鼓励中小企业走入国际市场。自1999年开始，宁波市出台了企业境外参展摊位奖励政策，特别对新兴市场开拓摊位奖励实行倾斜。通过近两年的实践，取得了良好效果，市场集中度有所改善，对非洲、拉丁美洲、东欧市场的出口持续保持了高增幅。2001年宁波市企业参展规模在全国各省市中名列第一，其中，新参展企业比重占40%以上，使更多中小企业走入国际市场。

第四，实施品牌商品和国外商标注册的奖励政策，争创出口商品名牌，扩大出口。从1999年开始，宁波市对具有比较优势的纺织、服装品牌商品出口予以奖励。2000年起对市属企业到境外注册商标给予奖励，2000年外经贸部公布的前三批119个重点出口品牌商品中，宁波市就有15个，占全国总数的12.6%。

此外，浙江省、市（地）、县（市）各级外经贸部门，非常重视中小企业获权后的服务工作，分期分批有计划地培训外语、进出口业务、电子商务，WTO基本知识等方面的人才，帮助出口生产企业招聘高素质人才，使外贸人才队伍迅速扩大，促进外贸出口的持续快速发展。

（六）小商品、大市场是外贸扩大出口不可忽视的重要渠道

浙江小商品经营发达，加工基础好，具有明显的国际竞争优势，如汽车零部件、眼镜及零件、打火机、手套、节日用品、肠衣等等。以义乌小商品城为例，义乌市是我国最大的小商品物流中心，也是国际上具有一定知名度的小商品都会，现已成为我国最大的小商品出口基地。目前，这个小商品大市场，汇聚了国内外 4000 余家知名企业的总经销和总代理。美国、西班牙、韩国、巴基斯坦、阿富汗、我国台湾和香港等十几个国家和地区的企业和商人在义乌设立了商务机构或采购点，常年驻义乌采购小商品的外商有 1000 多人。义乌在海外建立了国外分支物流网络，国外市场分布在乌克兰、南非、尼日利亚、泰国、澳大利亚等，在那里兴办了 30 多个专业商品市场。据统计，义乌小商品已出口到世界五大洲 120 多个国家和地区。2000 年小商品市场年出口交货值超过 50 亿元。

又如，温州发挥"小商品、大市场"的特色和温州人办各类专业市场的优势，利用 40 万海外温州籍华人渠道，创办专业市场，他们在巴西建立了中华商城，带动温州小商品出口，取得了显著成绩。

由于时间短，走访考察的单位和企业有限，可能有些好的经验未能发现和总结出来。但从已总结出的经验看，我认为浙江扩大出口的经验，很值得各级政府部门和出口企业的借鉴和重视。

（原载中国社会科学院《老年科研基金成果汇编》第二卷上册，2006 年 8 月）

中国能源供应安全的战略选择

能源是自然界中存在而可能为人类用来获取能量的自然资源。能源的内涵与外延是随着科学技术的进步而不断扩大的。能源按其来源可分为三类：第一类是太阳能，除了直接的太阳辐射能外，煤炭、石油、天然气和油页岩等化石燃料是古代生物沉积在地下所形成的能源，间接地来自太阳的能源。生物质能、水能、风能、海洋能等，也间接地来自太阳能。第二类是地球本身所具有的能源，如以热能形式蕴藏在地球内部的地热以及海洋和地壳中所储藏的核燃料。第三类是月亮和太阳对地球的相互吸引力所产生的能量，如潮汐能。①

应当指出，能源是指人类取得能量的来源，包括已开采出来可供使用的自然资源和经过加工或转换的能源，但尚未开采出的能量资源，不属于能源的范畴，只能称为资源。② 能源有多种分类方法，一般而言有如下两种：一是可再生能源与不可再生能

---

① 袁正光等主编：《现代科学技术知识辞典》，科学出版社1994年版，第288页。

② 宋健主编：《现代科学技术基础知识》，科学出版社、中共中央党校出版社1994年版，第288页。

源。可再生能源能够连续再生，永续利用如水力，而不可再生资源如煤炭、石油、天然气。二是常规能源与新能源。常规能源是指在一定历史时期和科技水平条件下，已被人们广泛应用的能源如煤炭、石油、天然气，而利用先进科学技术获得的如核聚变能等则属新能源。本文所讨论的能源发展战略选择，仅限于煤炭、石油、天然气，而非涉及其他能源。

一 制定国家能源发展战略的重要性

能源是人类社会赖以生存的物质基础和基本条件，也是制约经济社会发展的重要因素。人类利用能源大致经历了三个时期，即柴草时期、煤炭时期、石油和天然气时期。在古代，人类以柴草为燃料，人力、畜力、水力和风力为主要动力。英国产业革命后，随着工业的大发展，煤炭被广泛利用，蒸汽机械成为主要动力。到 19 世纪，电力出现后，社会生产力有了很大的提高，极大地促进了社会经济的发展。19 世纪中叶，石油能源的发现，开拓了能源利用的新时代。到 20 世纪 50 年代，世界石油和天然气的消费超过了煤炭，成为世界能源供应的主要动力。它对世界经济的繁荣和发展起到了巨大的推动作用。

目前，全球能源消耗仍然以石化燃料（亦称化石能源）如石油、天然气和煤炭为主。正如《中国的能源状况与政策》白皮书所指出的那样："过去 100 多年里，发达国家先后完成了工业化，消耗了地球上大量的自然资源。当前，一些发展中国家正在步入工业化，能源消费增加是经济社会发展的客观必然。"根据国际能源署《2007 世界能源展望》预测，到 2030 年能源需求、进口、煤炭的消费以及温室气体排放的趋势比《2006 世界能源展望》中预测的更为严峻。《2007 世界能源展望》指出：

"中国和印度都是新兴的世界经济大国。两国空前的经济发展速度，需要消费更多的能源，但这种发展将会提高数十亿人的生活水平。我们不可能从世界众多国家中特别要求中国和印度抑制其经济增长，以求解决全球能源问题。"

众所周知，石化能源均属不可再生的能源，消费量越大，储量减少就越快。因此选择何种能源发展战略，不仅是关系到中国经济可持续发展和国家经济安全的一个重大战略问题，而且也是关系到世界经济可持续发展和世界能源供应安全的重大战略问题，必须引起高度重视。

二 正确认识中国能源资源的现状和特点

应当肯定，自中华人民共和国成立，特别是改革开放以来，中国的能源工业迅速发展，为国民经济快速发展作出了巨大贡献，主要表现是：能源供应能力明显提高，能源节约效果显著，能源消费结构有所优化，能源科技水平迅速提高，环境保护取得进展，市场环境逐步改善。然而，必须看到中国能源现状，尚不适应工业化和城镇化经济快速发展的需求，其具有以下特点。

1. 中国能源资源总量比较丰富，但人均能源拥有量较低

中国石化燃料比较丰富，煤炭资源占主导地位。2006年煤炭资源保有量为10345亿吨，剩余探明可采量约占世界的13%，列居世界第三位，开发潜力很大。已探明的石油、天然气资源储量相对不足，而油页岩、煤层气等非常规石化燃料储藏量很大。但是，中国人口众多，人均能源资源拥有量在世界上则处于较低水平。煤炭资源人均拥有量相当于世界平均水平的50%，而石油、天然气人均资源量仅为世界平均水平的1/15左右。

2. 中国能源资源禀赋分布不均衡，开发难度和运输压力

较大

煤炭资源主要分布在华北和西北地区，石油、天然气分布在东、中、西部地区和近海海域。能源消费地主要集中在东南沿海经济发达地区。由于大规模、长距离的北煤南运，北油南运，西气东输，运输压力很大，成本较高。中国煤炭资源地质开采条件较差，大部分储量需要井下开采，极少量可供露天开采，开采难度较大。石油、天然气资源地质条件复杂，埋藏深，对勘探开发技术要求较高。

3. 中国能源资源结构不合理，环境压力较大，将在长时期内难以改变

中国能源结构是富煤、少气、贫油，优质能源资源相对不足。煤炭是中国的主要能源，煤炭的生产方式和消费方式比较落后，煤炭消费是造成煤烟型大气污染的主要原因，也是温室气体排放的主要来源。因为随着中国城市汽车数量的增加和家用电气的迅猛增多，油气消费很大，中国能源结构很难在短期内有所改变。

4. 中国能源约束突出，能源的利用效率低

由于中国优质能源资源相对不足，能源资源分布不均衡，经济发展方式粗放，能源结构不合理，能源技术装备水平低，管理水平相对落后，从而导致单位国内生产总值能耗和主要能耗产品能耗高于主要能源消费国家的平均水平。据统计，目前日本每百万美元GDP只消耗标准油90吨，约为世界平均水平的1/3，美国约为250吨，欧盟约为180吨。中国每百万美元GDP消耗标准油836吨，是日本的9.3倍，美国的3.4倍，进一步加剧了能源供需的矛盾。

三 制定全球化的国家能源发展战略

1987年联合国世界环境和发展大会提出人类社会持续发展的概念。持续发展的基本要义是，发展不仅是满足当代人的需要，还应考虑和不损害后代人的需要。因此，保护人类赖以生存的自然环境和自然资源成为当今世界共同关心的全球性问题。基于此种判断，中国能源发展战略必须适应经济全球化这一历史发展趋势，立足于中国国情实际，借鉴发达国家的先进经验，所以中国的工业化、城镇化不能以浪费和污染环境为代价，只能以科学发展观为指导，"走经济效益好、科技含量高、资源消耗低、环境污染小"的新型能源发展道路。

（一）中国能源发展的战略定位

改革开放初期，1982年由于缺乏具有国际竞争力的工业制成品出口，原油、成品油和煤炭均列为中国出口十大骨干商品。按出口金额大小划分，石油占第十位，出口金额为33.98亿美元，成品油为15.38亿美元，占第二位，煤炭占第八位，为3.35亿美元，其他骨干商品出口额均不超过10亿美元，原油、成品油和煤炭曾为国家出口创汇作出了巨大贡献。经过近30年的改革开放，目前中国已进入工业化的中期，国内石化能源特别是石油、天然气资源不足，供求矛盾突出。因此，新阶段研究能源战略定位十分重要。从总体上看，中国不是能源出口型国家，而是能源短缺型国家，我们的目标要在经济全球化的趋势下，充分利用国内外两种资源和两个市场，保证中国能源生产与消费的长期稳定供应和国家的经济安全。

（二）大力实施"走出去"战略，加强能源领域的国际合作

我国政府前不久，以《中国的能源状况与政策》白皮书的形式首次向全世界宣布了中国既定的能源战略、方针和政策，即"坚持节约优先、立足国内、多元发展、依靠科技、保护环境、加强国际互利合作，努力构筑稳定、经济、清洁、安全的能源供应体系，以能源的可持续发展支持经济社会的可持续发展"。在此，仅就如何加强能源领域的国际合作问题谈几点个人的看法。

第一，选准能源合作的重点战略区。从资源禀赋和地缘优势角度看，中东、中亚—俄罗斯和非洲，应为中国利用国外油气资源重点战略区。这是因为：首先，中东地区地跨欧、亚、非三大洲，中东许多国家如伊朗、伊拉克、沙特阿拉伯、阿拉伯联合酋长国、科威特等国家油气资源极为丰富，油气储量、产量均占世界首位，勘探风险小，投资机会多，许多国家表示欢迎中国到他们那里投资油气资源，促进世界石油市场的稳定。我国应当充分利用自身机电产品、轻工纺织品的优势，向他们出口，换取合作勘探开发能源的机会，互惠互利，加快彼此的经济发展。其次，中亚（含哈萨克斯坦、土库曼斯坦、乌兹别克斯坦、吉尔吉斯斯坦）和俄罗斯，油气资源蕴藏量极为丰富，陆路相连，具有陆上运输和管道运输的便利通道。中亚—俄罗斯又是上海合作组织的重要成员，应统筹考虑和积极推进中哈、中俄油气勘探开发和正在修建的通往中国的石油管道项目合作。缅甸石油、天然气储量丰富，越南近海石油、天然气、煤炭储量也很丰富。蒙古的石油、煤炭开发潜力也很大，运输路线短，具有成本低的优势。再次，非洲地区如埃及、尼日利亚、布隆迪、佛得角、吉布提、埃塞俄比亚、冈比亚、几内亚比绍、马达加斯加、索马里和苏丹等油气资源较为丰富，资金与技术相对缺乏，投资政策比较优

惠，与中国保持着传统的友谊，应加大投资力度，在已有油气勘探开发的基础上，加快发展。最后，除上述重点战略区外，对澳洲、拉丁美洲及我国近海海域油气资源勘探与开发也不应忽视。通过"走出去"合作开发，不仅可以带动国内技术设备和劳务出口，而且对于保障国家石油供应安全具有重要的意义。

第二，实施油气进口多元化战略，完善油气贸易体系，保障油气运输安全。应当明确，21世纪上半叶，石油、天然气和煤炭仍然是中国能源的主体。目前，中国已成为世界第二能源生产国和消费国，其中，石油消费和石油进口均占世界第二位，仅次于美国。2010年之后不久，中国将会超过美国而成为世界第一大能源消费国。鉴于此，为保障世界石油市场的安全供应和石油价格的相对稳定，中国必须加强与大的石油消费国的合作，共同维护世界石油市场的安全稳定。就国内而言，为保障石油进口的安全，我国必须进一步完善多元化的石油贸易方式、贸易渠道以及运输方式的多元化，以规避世界石油市场的风险。

中国原油进口主要用于加工成品油和石化工业合成材料。目前，中国能源进口主要来自于中东和非洲，2004年分别占进口的45.5%和28.7%。由俄罗斯、中亚和东南亚地区进口的仅占10%左右。原油进口90%经过海上运输至国内，其中，70%要通过霍尔木兹海峡、苏伊士运河和马六甲海峡。这种原油来源地和运输通道在相当长期间不会改变。所以，在运输方式上，应积极组建远洋船队，增加原油进口的自运量，扩大海上油气输送通道，增加管道运输能力。同时，应增加港口基础设施配套能力，建设一批大型原油码头和液化天然气接收终端设施，以提高进口油气的接卸能力，保障油气贸易进口数量不断增加的需要。在坚持进口原油国内加工的前提下，适当进口部分成品油以调节补缺和提高效益。在贸易方式上，积极与产油国开展互补互利贸易，并有选择地到油气资源国开办经济合作区，以合资或合作方式举办炼化企业，还可吸引油气资源到中国，以资源和投资合作办厂。在合作合同的方式上，应坚持政府间的合作协议、长期合同和现货进口相结合。目前，中国与许多油气资源国的合作主要采取产品分成合同办法为主，这种合作办法是切实可行的。应大力开拓与中亚各国和俄罗斯的油气进口贸易，增加长期合同买卖份额，同时，应积极参与国际石油期货贸易，以规避价格风险。

第三，加强与产油国、消费国间的国际合作，为维护安全稳定的油气供应环境创造条件。前不久，中国政府在《中国的能源状况与政策》白皮书中明确表示，"维护世界和平和地区稳定，是实现全球能源安全的前提条件。国际社会应携手努力，共同维护能源生产国和输送国，特别是中东等产油国地区的局势稳定，确保国际能源通道安全和畅通，避免地缘政治纷争干扰全球能源供应。各国应通过对话与协商解决分歧、化解矛盾，不应把能源问题政治化，避免动辄诉诸武力，甚至引发对抗。"应当明确，世界只有一个石油市场，中国的石油供应稳定必须建立在全球石油市场稳定的基础之上。中国是石油生产大国和消费大国，也是石油进口大国，因而中国与世界上的石油生产国、消费国和进口国有着共同的利益。基于此，中国必须加强与世界各产油国和消费国的合作，建立长期稳定的石油贸易关系，共同为维护国际石油供应的稳定作出贡献。同时，必须加强与国际能源组织和地区性经济组织在能源领域内的交流与合作。

国际能源署是旨在实施国际能源计划的自治机构，它在经济合作与发展组织成员国之间开展广泛的能源合作计划。其基本宗旨，包括维护和改进旨在应对石油供应中断问题的系统；通过与非成员国、工业组织和国际组织的合作关系，在全球背景下倡导合理的能源政策；运营一个关于国际石油市场的长期信息系统；

通过发展替代性能源和提高能源的使用效率，改善全球能源供需结构；倡导能源技术的国际合作；帮助实现环保政策和能源政策的整合。中国不是经济合作与发展组织成员国，但可以考虑参加能源宪章等国际能源组织，参与"国际能源论坛"和国际能源机构的其他活动。应与美国、日本、欧盟、印度等能源进口大国，建立起官方与非官方的相互对话机制，避免在能源问题上发生冲突与对抗。同时，应当在地区能源合作中，在与中亚—俄罗斯以及周边国家能源合作中发挥积极作用。

第四，实施鼓励和支持石油公司"走出去"的政策措施。同发达国家石油国际化经营相比，中国石油企业跨国经营尚处于起步阶段。面对国际石油价格不断蹿升和日趋激烈的国际石油市场的竞争，国家应实施强有力的能源外交和积极的财政和货币政策，加快能源企业"走出去"的步伐。为此建议：（1）应把能源外交作为外交工作的一项重要内容，切实抓紧抓好。国家应在重点油气出口国使馆经商机构增派能源外交官员，加强政策调研，及时提供东道国经济（重点能源经济分析）、政治、社会法律政策调整变化的信息，做好经济技术援助、培训人才，为能源资源的互利合作、优势互补、实现双赢合作打下长期的坚实的基础。（2）完善支持石油企业"走出去"的扶持政策的力度。为适应国际石油市场价格攀升和激烈竞争的新特点，在国家能源部的宏观调控下，加强能源监管力度并赋予各大石油公司海外投资项目的自主决策权。在税收方面，对各大石油公司在海外生产的股份份额油气，允许由份额油气串换。因为油气种类有多种，有些不是国内急需的品种，或因运输距离太长不经济，应将这种多种份额油气通过期货贸易方式串换为国内需要的油气品种。因为油气的销售收入在国外已被征税，所以再购买的油气应视为国内生产，免征进口环节增值税，免除进口配额和进口许可证，简化进口手续。在银行信贷方面，国家政策性银行对国外能源投资资金上应予支持，提供优惠低息贷款和信用担保。建立与完善各大石油公司海外项目投标的协调机制。（3）设立国家能源风险基金，为能源企业"走出去"提供一定的风险保障。国家应从各大石油公司上缴的税金中提出一定比例资金作为海外风险勘探基金。为了有效使用风险勘探基金，必须制订海外风险勘探基金的管理和使用制度。在对外援助项目中，如涉及油气资源国，应争取与外援项目挂钩。

参考文献

1. 国务院新闻办公室：《中国的能源状况与政策》（白皮书），2007年12月27日《人民日报》。

2. 中国国际贸易学会编辑出版委员会编：《形势与对策——中国外经贸发展与改革》，中国商务出版社2007年版。

3. 联合国贸易和发展会议：《世界投资报告2007》。

4. 国际能源署：《2007世界能源展望》。

（原载李成勋主编《中国经济发展战略》，社会科学文献出版社2008年版）

第四部分
进一步深化改革和扩大对外开放

中央、省(市)国有外贸企业退出机制研究

党的十五大以来,根据中央"要从战略上调整国有经济布局","坚持有进有退,有所为有所不为",坚持"抓大放小"的指导方针,我国地(市)和县(市)级国有外贸企业调整和改制的步伐明显加快,大部分国有资本已退出,并取得良好效果。但是,中央和省(市)级国有外贸企业调整与改革的进展却相对滞后,而理论政策研究目前尚属空白,远不能适应经济全球化、我国加入世贸组织的新形势和在更大范围、更宽领域、更高层次上参与国际经济技术合作和竞争的客观要求。为适应经济全球化这一必然趋势和我国加入世贸组织的新契机,积极参与国际分工和国际经济技术合作与竞争,认真贯彻落实江总书记关于"改革要有新突破"的重要指示,推进中央和省(市)级国有外贸企业的调整与改革,特选此课题加以研究,力求有所突破。现将研究结果报告如下。

一 对国有外贸企业改革现状的评估

近几年来,中央和省(市)级部分大型国有外贸企业,通过战略性结构调整,资产重组,制定企业发展战略规划,加强科学管理,

以市场为导向,以资本为纽带,规范母子公司管理体制,实行股票上市,逐步建立现代企业制度,初步形成一批经营规模较大、竞争实力较强、经济效益较好的国有外贸企业集团。为了增强对国际市场抗风险能力,提高国际竞争能力,中央级国有外贸公司,以优势企业为骨干,组建了以贸易为主业,以实业为基础的大型外贸企业集团,打破了原来外贸单一经营的格局,实行集约化、跨国化规模经营。包括中化、中粮两个特大型和中纺、中五矿、中技三个大型外贸企业集团等。省(市)级国有外贸公司,浙江省成立了中大、荣大、东方、丝绸外贸企业集团;江苏省成立了舜天、汇鸿等10家外经贸企业集团;辽宁省组建了成大、时代、万恒三家外贸企业集团;安徽省组建了盛安、安天国际外贸集团;山西省组建了大晋、中瑞、天利三大外贸集团。这些外贸集团在我国对外经贸发展中发挥着重要作用。地(市)县(市)级国有外贸企业,通过股份制改造、兼并、分立、重组、托管、租赁、承包等多种方式进行改革,使部分中小外贸企业焕发了生机,活力明显增强。

然而,必须看到我国加入世贸组织后,虽然给外贸发展带来许多机遇,但是,由于国内外市场竞争空前激烈,国有外贸企业发展面临严峻的挑战。许多国有外贸企业,因缺少灵活的资本退出机制,企业数量多、布局散,工贸脱节,国内外市场分离亏损面大甚至少数企业资不抵债,经营难以为继。这些矛盾是历史上长期积累的大量问题在新形势下使矛盾更加突出,如不尽快妥善地加以解决,国有外贸企业则难以生存和发展。

二 在新形势下国有外贸企业深层次矛盾更加凸显出来

(一)国有外贸企业的生存和发展空间越来越小

改革开放前,我国外贸企业是按苏联模式由国有外贸企业独家垄断经营,改革开放后,随着外贸体制改革的不断深入和进出口贸易的不断扩大,特别是社会主义市场经济体制的确立,外贸经营主体,目前已形成国有外贸公司、外商投资企业、自营生产出口企业、民营出口企业以及科研院所等"大经贸"多元化经营的格局,致使国有外贸企业进出口份额发展缓慢,呈逐年下降趋势。据统计,自1996年至今,我国外商投资企业出口以年均20%的速度递增,生产企业自营出口以年均24%的速度增长,而国有外贸公司年均出口增长不足4%。从各类不同所有制进出口企业在全国外贸出口的比重来看,外商投资企业占50.1%,自营出口生产企业占13.8%,国有外贸企业占不到36%。如果按企业性质划分看,20世纪90年代,各类企业的出口比重变化更大。国有企业(含国有外贸企业)出口比重,由1991年的83.0%,下降到2000年的46.7%,外商投资企业由1991年的16.8%,上升到2000年的47.9%,而其他企业(包括民营企业)则由1991年的0.2%增到2000年的5.4%,详见下表。

1991—2000年我国不同性质出口企业出口增长速度和出口比重(%)

年 份	国有企业		外商投资企业		其他企业	
	出口增长	出口比重	出口增长	出口比重	出口增长	出口比重
1991	10.3	83.0	54.2	16.8	18.2	0.2
1992	13.1	79.5	44.1	20.4	-22.2	0.1
1993	-3.3	71.1	45.4	27.5	625.4	1.4
1994	29.9	70.0	37.5	28.7	51.9	1.3
1995	16.8	66.7	35.0	31.5	90.8	1.8
1996	-13.2	57.0	31.1	40.7	32.8	2.3
1997	19.3	56.2	21.7	41.0	45.8	2.8
1998	-5.8	52.7	8.0	44.1	17.6	3.2
1999	1.8	50.5	9.5	45.5	30.1	4.0
2000	18.2	46.7	34.8	47.9	70.9	5.4

资料来源:根据《中国对外经济贸易年鉴》2001年版,第20—21页资料整理。

这种变化趋势与我国工业、商业的比重变化趋势相一致，也符合世界经济发展民营化趋势。同时，我国的生产企业自营出口和外商投资企业出口的份额还在继续扩大，民营企业出口潜力强劲，而国有外贸企业出口市场份额必将进一步萎缩。加之入世 3 年后，外贸经营权全面放开，将会对国有外贸企业形成更大的冲击。

（二）国有外贸企业布局过于分散，效益低下，缺乏核心竞争力

我国国有外贸企业数量增加很快，1991 年只有 3000 家，到 2001 年已发展到 16000 多家，这些公司都是按照经营商品种类设立的，由于盲目上马，致使绝大多数企业资产与经营规模偏小，业务单一，加之出口秩序混乱，抬价收购，低价竞销，"以量取胜"，资金周转缓慢，出口成本增加，造成出口亏损。

（三）国有外贸企业债务包袱沉重，资产负债状况恶化

根据中国银行的统计，截至 2001 年末，该行专业外贸企业贷款余额为 1319 亿元，按"一逾两呆"（即逾期贷款、呆滞贷款、呆账类贷款）口径计算，中行专业外贸不良贷款余额为 839 亿元，不良贷款率 64%，较该行人民币不良贷款率高出 18 个百分点，而中西部地区不良贷款率更高，处于较高风险区位。由于授信风险高度集中，中行对国有外经贸企业授信支持条件更加严格，导致一些有效益的中间业务流失，而对国有外贸企业的授信风险越来越大，收效越来越小。根据中行调查，近几年来各省（市）级国有外贸企业资产负债状况在继续不断恶化，如果国家不采取果断措施，单靠中行加大清收力度和国有外贸企业正常运营，偿还债务的可能性很小。目前，绝大多数国有外贸企业已陷于债务危机的边缘,加之出口退税滞后外贸企业经营更加困难。

(四) 国有外贸企业职工的"国有身份"置换问题没有解决

近年来,国有外贸职工经过下岗分流,人员大为减少,但是他们的劳动关系解除的不多,其中相当一部分人属于内退。目前,由于外贸企业经营十分困难,这部分下岗群体的福利待遇难以长期得到保障,如果不能妥善地加以解决,会侵犯职工的合法权益,是影响社会稳定的大事。

三 深化国有外贸企业改革的必要性和建立国有外贸企业资本退出机制的可行性

随着社会生产力的不断发展,适时调整经济结构和改革过时的生产关系,这是一个永恒的主题。在经济全球化趋势日益明显,我国加入世贸组织和社会主义市场经济体制初步建立的条件下,进一步深化国有外贸企业改革和建立国有外贸企业资本退出机制更显得紧迫和重要。

(一) 在新形势下正确认识深化国有外贸企业改革的必要性

1. 深化国有外贸企业改革是适应经济全球化趋势的客观要求

20世纪90年代到21世纪初,是经济全球化发展最快的历史时期,也是现代工商企业诞生(大约150年)以来,世界经济、技术和社会变革最快的时期。经济全球化包括生产全球化(或称生产国际化)、市场全球化(或称市场经济全球化)、金融全球化,大大推动了科技创新和技术进步,从而加速了世界区域经济一体化和贸易与投资自由化的进程。我国加入世贸组织正是适应经济全球化这一发展趋势的客观要求，因而成为推动我国外贸体制改革的强大动力。应当看到，加入世贸组织3年内，我国将取消贸易经营权的审批制，实行登记制，这意味着对外贸易领域进一步扩大对外开放。国内生产企业、民营企业、私营企业普遍享有进出口经营权，外商投资企业也将逐步获得完全的贸易权。同时，也意味着国有外贸企业面临更加严峻的挑战。因为国有外贸企业属于流通过程的服务环节，自有资本金很少，经营主要靠贷款，而且目前所享受的纺织品和服装配额优惠也将逐年减少，最终被取消，在这一背景下，国有外贸企业如果不加速调整与改革必将会受到更大的冲击。一般来说，家用电器、普通机械、轻工、工艺、纺织品和服装等行业及其产品都属于成熟性产业和一般性竞争产品，国内外市场竞争比较激烈。同时，这类商品品种繁多，款式变化很快，交易方式灵活，更适合于中小厂商、民营企业、外资企业出口。因此，上述各类产品的出口经营，由目前外贸公司经营为主，逐步向生产企业（包括民营企业、外资企业）自营出口为主过渡，这是外贸进出口经营方式发展的必然趋势。

2. 深化国有外贸企业改革是世贸组织规则和社会主义市场经济规则的法制要求

首先，深化国有外贸企业改革，符合世贸组织规则的要求。世贸组织规则要求以市场作为资源优化配置的主要方式。合理的企业组织结构又是实现资源优化配置和实现最佳经济效益的重要条件。长期以来，我国外贸经营体制一直存在着工贸脱节、内外贸脱节的弊端。在经济全球化、统一世界市场和我国"大经贸"格局已形成的条件下，这种外贸经营体制更显得很不适应。工贸脱节、内外贸分离是计划经济的产物，它不仅严重地制约了我国外贸流通体制的整体发展，而且影响了我国企业和出口产品的国际竞争力，不利于我国应对世贸组织的挑战。在国外，一般不存在国内市场与国际市场、内销与外销的严格分工，哪里有市场，商品就销往哪里，企业经营坚持效益最大化原则。在发达国家中，跨国公司都是由厂商从事进出口贸易的，国际贸易只是生产企业的一个"窗口"。在我国，绝大多数的国有外贸公司功能单一，局限于进出口的流通环节，贸易方式主要靠代理、收购出口，生产与流通之间存在着"隔层"，致使外贸企业经营成本增加，影响出口企业竞争力的提高。因此，进行工贸重组，把内外贸结合起来，彻底改革工贸脱节和国内外市场分离的不合理的企业组织结构和市场结构，彻底打破外贸企业功能单一的传统模式，由专业外贸进出口公司向科工贸为一体的大型外贸集团公司从事进出口过渡，是外贸企业发展的必然趋势和正确选择。当然，也不否定专业外贸公司为中小生产企业进行代理模式存在的可能性。关键在于是否实现速度和结构、质量、效益相统一。

其次，深化国有外贸企业改革，符合社会主义市场经济的法制要求。社会主义市场经济是法制经济，企业作为市场法人实体和竞争主体，必须遵守国家的《破产法》和《公司法》的法制要求。在国内外激烈的市场竞争中，那些集约经营的优势企业，在竞争中自然会成长壮大，而那些粗放经营的劣势企业，则在竞争中自然会倒闭破产，这是企业发展的正常现象。过去，在计划经济条件下，我们曾把吃"大锅饭"、捧"铁饭碗"、企业"不破产"、外贸经营"国家统负盈亏"等，当成社会主义经济制度的优越性，走了不少弯路。如今，在社会主义市场经济条件下，政企分开，企业是市场法人实体和竞争主体，自主经营、自负盈亏，它既承担赢利纳税的义务，而又承担亏损破产的责任。如果认为国有外贸企业"不能破产"，呆坏账不及时依法处理，实质上等于坐吃企业的剩余资产，把它吃光用尽，化为乌有，其结果不仅损害了企业所有者（国家）的根本利益，而且会危及国家的金融安全。如果银行将历史上因政策性亏损而发生的呆坏账能够及时依法加以处理，把剩余的资产转让拍卖，会使剩余资产由"死钱"变"现钱"付给债权人（银行），这样国有外贸企业的资产虽然有所减少，但却盘活了国有资产的利用效率。

我国已先后公布了《中华人民共和国企业破产法》（试行）（以下简称《破产法》）和《中华人民共和国公司法》。根据《破产法》第三条规定，企业因经营管理不善造成严重亏损，不能清偿到期债务的，依照本法规定宣告破产。

《中华人民共和国公司法》第一百八十九条规定，公司因不能清偿到期债务，被依法宣告破产的，由人民法院依照有关法律的规定，组织股东、有关机关及有关专业人员成立清算组，对公司进行破产清算。上述法律条款不仅适用于国有工业企业，而且也适用于国有外贸企业和其他国有企业。目前，我国多数省（市）级国有外贸企业资产状况在继续恶化，破产只是时间迟早的问题。因为在国有外贸企业贷款中42%以上为国家互保放款，这些贷款，目前正处于"担保危机"之中，如果破产问题长期拖延而不解决，将会拖垮整个国有外贸企业，危害更加严重。因此，解困国有外贸企业深层次矛盾，必须彻底转变观念，拓宽思路，突破改革难点，盘活国有外贸企业存量资产，是完全必要的，也是可行的。

（二）在新形势下建立国有外贸企业资本退出机制的可行性

为适应经济全球化趋势，我国加入世贸组织和市场化改革取向，对国有外贸企业进行根本性的改革，必须建立国有外贸企业资本退出机制。这是21世纪初我国对外开放新阶段面临的新课题，也是我国加入世贸组织后必须解困的一个改革难题。

1. 国有外贸企业资本退出机制的界定

所谓国有外贸企业资本退出机制，是指在社会主义市场经济条件下企业的生存和发展，必须根据国内外市场供求条件的变化和要求，适时调整企业资产存量和结构，使生产要素包括劳动、知识、技术、管理和资本自由进入和退出，逐步形成以市场为导向的企业灵活的资本退出机制。

2. 建立国有外贸企业资本退出机制的理论依据

建立国有外贸企业资本退出机制，必须在理论上坚持与时俱进、有所创新。这就要求从理论上对国有外贸公司在企业制度、企业地位和企业功能方面进行重新定位，为深化改革提供理论支持。

（1）国有外贸企业是一种特殊的企业制度。在我国国有外贸企业作为现代企业制度，它并不是一种一般的、普遍的企业制度形式，而只能是一种特殊的企业制度，是公有制实现的形式之一。所谓特殊的企业制度是指在我国"大经贸"格局已形成的条件下，国有外贸企业只是进出口贸易的一条重要渠道，而非唯一渠道，它存在的目的在于，凭借其国际商誉、融资能力、营销人才、国内外营销网络，以及出口卖价稍高，进口买价略低的规模经济优势而发挥作用。应该充分肯定，过去，国有外贸企业为我国社会主义现代化建设，在扩大出口创汇、技术设备引进、调整产业结构、利用外资等方面作出了巨大贡献。如今，在社会主义市场经济条件下，国有外贸企业在我国国民经济中应处于何等地位，应担负何种功能，这是解困国有外贸企业深层次矛盾不能回避的一个重要理论问题。

（2）国有外贸企业的数量定位应是"少而精"。所谓"少而精"是指国有外贸企业作为市场法人实体和竞争主体之一，在我国企业的数量中不宜太多，在进出口贸易中需要占有一定的份额，但经营的品种不宜过多，最好限制在我国加入世贸组织所承诺的大宗战略性竞争进出口商品范围之内，只能减少而不能再增加。

根据我国加入世贸组织议定书和工作组报告书的规定，入世后我国保留了对粮食、棉花、植物油、食糖、原油、成品油、化肥和烟草等8大类关系国计民生的大宗商品进口实行国营贸易管理的权利；保留了对茶、大米、玉米、大豆、钨及钨制品、煤炭、原油、成品油、丝、棉花等商品的出口实行国营贸易管理的权利，由国有外贸企业经营具有一定的合理性。因为我国是一个拥有13亿多人口的发展中大国，国内市场消费需求量大，一旦国际市场供求和价格波动太大，会对国内生产需求和人民生活带来不利的影响。

（3）国有外贸企业的特殊功能在于保障关系国计民生的大宗进出口商品，即战略性竞争商品供应的稳定性和均衡性，防止因国际市场供求价格大起大落给我国经济发展带来的不利影响。但是，国有外贸企业经营这种战略性竞争产品的比重也不宜过高，因为比重过高，容易形成垄断经营，缺少市场竞争的压力和动力，致使优胜劣汰的市场机制遭到破坏而失去企业活力。同时，在欧、美、日和其他国家，这类战略性竞争产品也不是由国有外贸公司专业化经营。

3. 国有外贸企业资本退出的形式和途径

我国国有外贸企业改革的实践证明，通过各种形式和途径，改革国有外贸企业，建立国有外贸企业资本退出机制，是国有外贸企业进行战略性调整和布局的重要内容。其具体形式和途径如下。

（1）国有外贸企业应从一般性竞争行业健康有序地退出来，减少国有外贸企业数量，实行国有资本适当集中于战略性竞争行业，增强关系国计民生行业的国家控制力。实行国有外贸企业资产重组，使资本向战略性竞争行业和优势企业集中，是创建和培育具有强大国际竞争力的大型国有外贸企业集团参与国际分工、国际竞争，适应经济全球化，加快结构调整的需要。

国有外贸企业适当集中，主要通过国有外贸企业资本重组来实现，即以资产为纽带，以规模较大、净资产较多、经营较稳定、有发展潜力的国有外贸公司为主体，打破地域、行业和所有制限制，吸纳其他大中型国有外贸公司的资产，合并组建国际化、多元化、实业化的大型外贸企业集团。

我国国有外贸企业经营的商品，一般都属于竞争性的商品。它又可划分为一般性竞争商品和战略性竞争商品两大类。一般性竞争商品如家用电器、普通机械、土畜产品、轻工产品、工艺品、纺织品和服装等大宗商品，而战略性竞争商品如粮食、棉花、植物油、食糖、原油、成品油、化肥、烟草、生丝、钨及钨制品等是关系国计民生的战略性大宗商品。根据党的十六大关于"继续探索有效的国有资产经营体制和方式"，"充分发挥中央和地方两个积极性"的要求，对于中央级大型国有外贸企业集团而言，应着眼于工贸重组，主要经营那些关系国计民生的大宗的战略性竞争商品，而一般性大宗的竞争商品，国有外贸企业资本应当从这些行业逐步退出来。

对于省（市）级国有外贸企业的重组，应根据本省（市）的产业优势和商品特点，围绕明晰企业产权关系，在对原有国有外贸企业资产进行全面清理和审计的基础上，打破原来按经营商品类别分设的格局，以优势企业为主体，通过品牌经营、资本运营、产权交易及资产划拨等途径，组建若干家与本省（市）国民经济发展相适应的具有国际竞争力的大型外贸企业集团。国有资本应从那些本省（市）不具备竞争优势的产业和产品中退出来。

（2）国有外贸企业应从长期亏损、债务包袱沉重、扭亏无望的企业退出来。这类企业要依据法律破产程序，由银行（债权人）提出起诉，由法院宣布破产，由国家财政予以核销，彻底退出市场。目前，我国国有外贸企业资产不良贷款率处于较高的风险区位，不良资产状况在继续恶化，个别地区不良贷款率高达惊人程度，实际上国有资产早已空壳化，如果不及时破产其后患无穷。因此，这一部分空壳资产早核销比晚核销好，不然"黑洞"越来越大，最终会把国有外贸企业和银行拖垮，危及国家经济安全。

（3）国有外贸企业应从国家独资经营的地位退出来，实现企业投资多元化。在企业改制过程中，应向国有外贸企业注入民间增量资本，允许外商投资企业参与国有外贸企业重组改制，允许公司内部职工持股，取消企业内部职工持股的比例限制，允许股权向经营者和业务骨干集中倾斜，经营者可以持大股，业务骨干可以多持股。同时，应鼓励工业生产企业、上市公司、民营企业兼并国有外贸企业。除中央级和省（市）级国有外贸企业集团需要保持国家控股外，地（市）、县（市）级中小型国有外贸企业，均应通过股份制、划转经营权后重组、委托经营、租赁经营、转让兼并、规范破产等灵活多样的形式和途径，实现企业投资多元化，充分发挥混合经济的积极作用。

四 建立国有外贸企业资本退出机制的政策取向

在我国，国有资产的所有权属于国家，由中央政府和地方政府代表国家进行管理，因此，政府既是国有资产的所有者，又是国有企业的管理者。建立国有外贸企业资本退出机制，涉及政府各职能部门如体改、财政、税收、国资、工商、税务、银行、社会保障等单位,是一个系统工程,需要国家政策的大力支持。为此,提出如下对策建议。

(1) 国家在改善国有外贸企业资产负债结构方面,应给予财政上大力支持。据中国银行的调查分析,中央和省(市)级国有外贸企业历史上形成的不良资产包袱,尽管经过银行不懈地清收,但不良资产率仍然过高,金额巨大,已成为国有外贸企业市场化改革的最大障碍。根据党的十六大关于深化国有资产管理体制改革的要求,建议中央级国有外贸企业应在公司清产核资的基础上,对那些回收无望的不良资产,由国家财政部门一次核销,改善企业资产结构,缓解经济效益不佳的局面。对省(市)国有外贸企业的不良债务,按照地方财政、商业银行和国有外贸企业各占一定的比例,核销历史上形成的债务包袱,以改善企业财务状况,增强偿还能力。

(2) 国家财税部门在入世5年过渡期内,采用减免国有商业银行上缴税利、停息挂账等手段,充实银行呆账准备金,逐步消化1995年《商业银行法》颁布以前的国有外贸企业的不良贷款。

(3) 国家应授予国有商业银行的削债权,允许银行对国有外贸企业的不良资产进行一定比例的削减后,通过以物抵债等多种方式,将不良资产折价出售给东方资产管理公司。同时,相应增加东方资产管理公司的剥离指标,用于收购中行外贸企业不良资产。从而使银贸关系在市场化的基础上,明确双方责任,今后如有新的外贸不良资产出现,则应按企业《破产法》和《公司法》及时加以处理。

(4) 国家应允许商业银行发行特别国债,期限5年,筹措的资金专门用于核销呆坏账,实际上等于延后解决外贸企业的不良贷款问题，以减轻银行的资金压力。

（5）国家应鼓励和允许商业银行按信贷原则，适当增加对进口额大、经济效益好的大型国有外贸企业集团流动资金贷款额度，保障进出口信贷需求；并对企业的票据贴现申请，要及时给予办理。

（6）国家应根据我国入世对外资在3年内放开零售、5年内放开批发的过渡期内，对具有经济实力的中央特大型国有外贸集团，放开国内市场，给予他们国内的批发权和零售权，以提高国际竞争力，维护国家的最大利益。

（7）国家应允许国有外贸大公司发行企业债券，筹集长期资金支持外贸出口持续稳定发展，改善外贸公司债务结构，降低公司财务风险。

（8）国家应鼓励国有外贸企业与深加工、高附加值、高科技产品生产企业，以及品牌企业和优势企业进行资产重组；鼓励产品经营范围相同的一般性竞争商品的内外贸企业进行资产重组。国家在财政上应给予一定的优惠政策和适当的财力支持。

（9）国家应鼓励大型国有外贸企业集团，实施"走出去"战略。利用国内的技术设备，通过合资合作、装配、加工贸易等多种方式到国外投资，大力开拓国际市场。根据国家《公司法》的规定，国家应授予大型国有外贸企业集团为国有资产的投资机构，并支持具备条件的大型外贸企业改制上市，到境外直接融资。

（10）国家应尽快出台国有外贸企业破产的相关政策，修改《破产法》，对于少数资产负债率过高，严重资不抵债的企业，实行政策性彻底破产，并妥善解决职工的安置问题。

（11）国家应尽快出台国有外贸企业职工身份置换政策。近年来，在外贸职工分流过程中，有相当一部分职工，没真正解除劳动合同，应采取相应的社会保障政策来解除职工的劳动合同，需要国家和省（市）级财政给予相应的补贴，以解决企业的资金困难。

（原载中国社会科学院《老年科研基金成果汇编》第二卷上册，2006年8月）

"互利共赢"开放战略及其效果的理论思考

党的十六届五中全会通过的《中共中央关于制定国民经济和社会发展第十一个五年规划的建议》中，明确提出："要实施互利共赢的开放战略。"这是党中央以宽广的世界眼光，立足科学发展，根据我国加入世贸组织后过渡时期对外开放面临更复杂的国际环境而作出的重大举措。因此，认真贯彻执行这一重大举措，对于我国深入扩大对外开放，不断提高对外开放水平具有重大的战略意义。

一 互利共赢开放战略的基本含义

温家宝总理在第十一个五年规划建议说明中指出："要实施互利共赢的开放战略，把既符合我国利益，又能促进共同发展，作为处理与各国经贸关系的基本准则。"这就要求我们在对外开放，处理国际经贸关系过程中，包括对外贸易（货物贸易、技术贸易、国际服务贸易）；利用外资和对外投资；对外工程承包和劳务合作；对外经济援助和接受国外援助；联合国发展系统及其他国际组织的经济技术合作；外汇及其信贷等，都必须始终把维护国家整体利益、企业经营者和消费者的合法权益放在首位，加快发展自己。同时，也必须兼顾对外经贸伙伴的利益，促进共同发展、平等受益、互惠互利。因此，只有互利才能共赢，两者相辅相成，缺一不可。

二 互利共赢开放战略是理论认识上的飞跃

自党的十一届三中全会以来，在邓小平理论和"三个代表"重要思想指导下，我国始终把对外开放置于经济发展的重要战略地位。党和政府一贯把"平等互利"作为我国制定对外开放战略和处理对外经贸关系的重要准则。

1982年9月，党的十二大报告明确指出："实行对外开放，按照平等互利的原则扩大对外经济技术交流，是我国坚定不移的战略方针。"对外开放作为基本国策被确定下来。

1987年10月，党的十三大报告指出：要"进一步扩展同世界各国包括发达国家和发展中国家的经济技术合作与贸易交流。"

1992年10月，江泽民同志在党的十四大报告中强调指出："我国坚定不移地实行对外开放，愿意不断加强和扩大同世界各国在平等互利基础上的经济、科技合作，加强在文化、教育、卫生、体育等各领域的交流。"同时，提出要"进一步扩大对外开放，更多更好地利用国外资金、资源、技术和管理经验"，"积极开拓国际市场，促进对外贸易多元化，发展外向型经济。"

1997年9月，江泽民同志在党的十五大报告中提出："努力提高对外开放水平"，"发展开放型经济，增强国际竞争力"，

"要形成平等竞争的政策环境，积极参与区域经济合作和全球多边贸易体系"。

2002年11月，江泽民同志在党的十六大报告中又提出："坚持'引进来'和'走出去'相结合，全面提高对外开放水平。适应经济全球化和加入世贸组织的新形势，在更大范围、更宽领域和更高层次上参与国际经济技术合作和竞争。"同时，首次提出："实施'走出去'战略是对外开放新阶段的重大举措"，"积极参与区域经济交流和合作"。

在20世纪90年代，我国对外经济贸易合作部认真贯彻执行国家对外开放的基本国策和总体战略，顺应国内外形势的变化，先后创造性地出台了"市场多元化战略"、"以质取胜战略"、"大经贸战略"和"科技兴贸战略"。这些战略的提出，得到党中央和国务院的肯定和支持。并且这些具体战略在一定程度上体现出"互利共赢"的开放思想。因此，互利共赢开放战略是在我国对外开放和对外经贸发展过程中逐步形成的。它是我国在改革开放过程中不断总结经验、不断升华的理论结晶，是对外开放理论认识上的一次飞跃，也完全符合非零和竞争理论要求的"双赢"结果。

三　互利共赢战略的丰硕成果

改革开放以来，由于坚定不移地贯彻执行对外开放的基本国策和制定一系列对外开放战略和具体政策，不仅适应经济全球化这一历史发展必然趋势，而且符合国际产业变动转移的规律，我国对外经济贸易发展的确上了一个大台阶，为我国经济持续、快速、协调发展作出了巨大贡献。根据海关统计，2004年我国外贸进出口总额已突破万亿美元，达到11547亿美元，世界排名由

1978年的第32位上升到第三位。预计2005年进出口总额将超过13800亿美元，比改革开放初1980年的381.4亿美元，增加了35倍。到目前为止，我国国家外汇储备已达7000多亿美元。在利用外资方面，累计利用外资近6000亿美元。我国外商投资企业就业人员有2400万人，与出口相关的行业就业人数超过1.3亿人。2004年外商投资企业共实现税收5355亿元，占全国税收总额的21%；我国进口税收为4744亿元，占全国税收总额的18.4%。以上两项税收合计为10099亿元，占全国税收总额的近40%。

我国对外经贸发展之所以取得如此喜人的成绩，主要得益于改革开放的战略决策。可以相信，只要我们坚定不移地执行对外开放的基本国策，认真贯彻实施互利共赢的开放战略，抓住结构调整这条主线，加快转变对外贸易增长方式，优化进出口商品结构，努力实现进出口的基本平衡；着力提高利用外资质量，优化利用外资结构，积极有效利用外资；鼓励有条件的企业"走出去"到境外投资，优化对外投资结构，提高投资的经济效益；深化涉外经济体制改革，优化资源配置结构，提高经济效益，实现我国对外经贸可持续发展是完全可能的。

四　中国—东盟经贸合作是互利共赢的成功范例

中国与东盟国家之间的经贸合作关系源远流长。2002年11月4日，随着中国与东盟国家政府间签署的《中国—东盟全面经济合作框架协议》等文件的出台，标志着中国—东盟自由贸易区（10+1）模式框架的形成。2004年11月29日，又签署了《中国—东盟全面经济合作框架协议货物贸易协议》。2005年7月20日，《货物贸易协议》开始实施，早期收获已有所显现，使中国—东盟双边贸易额大幅度上升,双向投资规模有新的突破,对外工程承包市场不断扩大,充满生机与活力。

首先,中国—东盟国家的经贸合作不断加深,双边贸易额逐年不断扩大。因为《货物贸易协议》的实施,意味着未来5—10年内对原产于中国—东盟的产品和服务都可以享受较低关税,取消配额以及其他市场准入条件的改善,可以顺畅地进入双方市场。据海关统计,2000年以来,中国—东盟国家之间进出口贸易额快速增长。2004年进出口贸易额达1058.8亿美元,比2000年增加1.7倍,年平均增长速度为28.8%。2005年1—10月进出口贸易额1052.4亿美元,比上年同期增长24.4%。目前,东盟已成为中国第四大贸易伙伴区。就出口商品而言,我国以东盟国家生产成本较高或国内外价差较大的商品为主,如钢材、成品油等。由于东盟国家钢材生产能力不足,需求量大,生产成本较高,为我国钢材出口提供了广阔的市场。而我国钢材产量大幅增长,产品供大于求,过剩钢材依赖东盟市场可以消化。2005年1—10月,我国出口东盟国家的钢材共计363.8万吨,增长92.7%。目前,东盟已成为我国第五大出口市场。在进口方面,由于我国经济快速发展,生产性原材料和能源缺口较大,需要大量进口,主要是原油、成品油、塑料原料、天然橡胶、铁矿砂和煤炭等。2005年1—10月,我国由东盟进口原油、成品油,分别为793万吨、556万吨,占原油、成品油进口总量的7.5%和22%。进口塑料原料、天然橡胶、煤炭和铁矿砂等,分别为31.6亿美元(增长20.7%)、13.9亿美元(增长16.6%)、3.6亿美元(增长1.1倍)、12亿美元(增长69.5%)。在12月11日,第九届中国—东盟领导人会议上,中国又正式确认自2006年1月1日起对柬埔寨的83项、老挝的91项、缅甸的87项输华产品实行单方面零关税待遇。这一举措将会进一步加深中国与三国的友好合作关系。以上是中国—东盟自由贸易早期收获方面很典型的互利共赢的事例。

其次，在利用外资方面，中国—东盟互利共赢的效果也很明显。东盟国家是我国利用外资的重要来源地之一。据商务部统计，截至2005年8月底，东盟十国在华投资累计26056家，合同外资金额784.93亿美元，实际投入外资金额373.26亿美元，分别占全国累计批准设立外商投资企业数、合同外资金额和实际使用外资金额总数的4.85%、6.49%和6.22%。以实际使用外资数额为序，依次是中国香港、日本、美国、英属维尔京、中国台湾省，东盟国家为第六位。东盟对华投资主要集中在印度尼西亚、马来西亚、菲律宾、新加坡和泰国，其中，新加坡居首位。在20世纪80年代之后，由于上述国家劳动力成本不断提高，为了降低成本，提高产品在国际市场上的竞争力，印度尼西亚等五国逐渐将许多劳动密集型产品的制造和组装转移到中国。主要投资领域是制造业和房地产业、餐饮业等服务贸易。东盟对华投资的主要地区是我国东南沿海各省市如广东、福建、上海、江苏、浙江、山东等地。随着我国西部大开发和振兴东北老工业基地战略的实施，部分东盟投资者又将投资方向转向中西部地区和东北地区进行尝试性投资。

我国在重视东盟国家来华投资的同时，也非常重视向东盟国家投资。据商务部的统计，截至2004年底，我国在东盟累计非金融类直接投资9.6亿美元，设立非金融类企业共计997家，协议总投资额18.62亿美元。2005年1—6月，我国对东盟投资额共计5841万美元，同比增长151%。投资领域广泛，涉及贸易、交通、旅游、承包劳务、电力、机械、轻工、纺织、家电、化工、石油和矿产开发等多个领域。其中以生产制造业为主，投资额占中方总投资额的60%以上，对外投资市场前景广阔。

再次，在对外工程承包方面，东盟是我国对外工程承包的传统重要市场。随着我国与东盟区域经济技术合作的深入发展，我国在东盟工程承包市场也相当广阔。截至 2004 年底，我国在东盟十国累计工程承包合同金额 237.5 亿美元，完成营业额 141.7 亿美元，分别占我国对外工程承包累计合同总额和营业总额的 15.2% 和 12.4%。工程承包是中国—东盟互利共赢的又一体现，其作用也十分明显。一是通过双边政府的互动，工程承包业务的发展既促进了双边区域的经济合作发展，又增进了同东盟各国人民的相互了解和友谊。二是通过工程承包，我国公司在东盟成功地实施了建设—经营—移交（BOT）大项目，这是"走出去"战略在发展中国家的一个创举，该项目不但产生了良好的经济效益，而且在所在国也产生了良好的社会效益。三是通过工程承包，巩固与提高了我国在亚洲工程承包市场的地位，2004 年我国在亚洲新签工程承包合同金额 81.8 亿美元，而其中在东盟市场新签合同金额为 41.2 亿美元，占 50.4%。

五 互利共赢开放战略实施的创新思维

和平、发展、合作已成为当今时代的潮流。经济全球化趋势深入发展，科学技术进步日新月异。国际间生产要素流动和产业转移步伐加快。中国和平崛起对世界经济发展的影响日益加深。这些有利的外部环境，为我国深入扩大对外开放，促进对外经贸发展，充分利用国内外两个市场、两种资源，加快发展自己，提供了难得的历史机遇。从国内环境来看，我国拥有巨大的国内市场需求，有丰富的和整体素质不断提高的劳动力资源，有明显改善的基础设施条件和科技教育基础，有稳定的社会政治环境，还有在改革开放中积累起来的丰富经验。国内外的有利条件为我国实施互利共赢的开放战略提供了良好的环境。与此同时，我们还必须清醒地看到，我国对外经贸发展还面临着一些突出问题和严峻挑战。

在此，仅以新贸易保护主义为例。20世纪90年代以来，随着经济全球化趋势的日益发展和国际贸易规模的不断扩大，各国在贸易领域的竞争日趋激烈，贸易保护主义趋于强化，贸易摩擦不断发生。据统计，自1995年世贸组织成立到2004年期间，世贸组织共进行了2500项反倾销调查，其中，有386项是针对中国的，我国有272项反倾销案件遭到了处罚，经济损失很大。目前，我国已成为连续10年遭受反倾销调查最多的国家。2005年1月1日，世贸组织《纺织品与服装协议》10年过渡期结束，纺织品贸易自由化启动。根据比较优势理论和世贸组织权利与义务相平衡原则，中国作为世界上最具有竞争力的纺织品服装生产大国，理应享受纺织品服装贸易一体化带来的权益。可是，事与愿违，就在这关键时刻，2005年先后发生了我国加入世贸组织以来最为严重的一次中欧、中美纺织品服装贸易设限事件。这是欧美发达国家违反世贸组织协议规则，实施新贸易保护主义最典型的案例。仅中美之间纺织品服装贸易问题，就进行了为期五个月的七轮艰苦谈判，最终于11月8日签署了《中华人民共和国政府和美利坚合众国政府关于纺织品与服装贸易谅解备忘录》，中美纺织品贸易摩擦得以妥善解决。而未导致过去那种动辄反倾销调查、反倾销制裁和反倾销报复等手段所造成的两败俱伤的被动局面。我认为"妥善解决"，主要是通过友好协商以中美双边经贸关系的大局和长远发展为重而获得互利共赢的结果。

从中美纺织品与服装贸易摩擦妥善解决这一事件中，我们应悟出如下几个理念：

第一，必须兼顾贸易双方的经济利益。在处理双边或多边贸易摩擦中，必须在维护本国利益，包括企业生产经营者和消费者利益的同时，又能兼顾贸易对象国，以及兼顾经营同类商品的其他发展中国家的利益，这是正确处理解决贸易利益冲突的有效路径。因为美国市场容量大，中国的纺织品服装物美价廉，很受美国进口商和消费者欢迎，但考虑到美国是中国重要贸易伙伴国之一，双方涉及的贸易领域很广，关系到两国经贸发展的长远利益，所以，不宜在纺织品服装贸易上长期僵持，而需要采取一定的灵活性。中美纺织品服装协议的达成，不仅增强了美国进口商下单和中国出口商接单的经营信心，为两国纺织品服装贸易发展创造一个可以预期的稳定的贸易环境，而且也为纺织品服装出口的其他发展中国家进行产业结构和出口商品结构调整提供了空间。

第二，必须树立互利共赢开放战略的新思维。同任何事物发展进程一样，中美经贸发展进程中，既有利益和谐，也有利益冲突，既有合作也有斗争，这是事物发展的普遍性。不能认为，中美纺织服装贸易达成协议，中美今后经贸关系的发展再不会有新的利益矛盾或冲突，因为中国在发展劳动密集型产品上，确实比欧美等发达国家存在成本价格优势。比如劳动密集型的机电产品、塑料制品、家具、玩具、鞋类等产品上今后还会出现新的利益冲突或摩擦。问题的关键在于，在利益冲突摩擦面前，要采取友好协商态度，从互利共赢的开放战略高度，摒弃那种视矛盾、冲突为解决问题的主要手段的旧观念，尽量避免"制裁"、"报复"等两败俱伤的局面发生，以实现构建和谐世界的目标。

第三，必须从法律制度上，争取早日解决中国"非市场经济地位"不公平待遇问题。我国在"入世"的《中华人民共和国加入议定书》第15条承诺，根据"GATT1994"第6条和《反倾销协议》确定价格可比性时，是以中国"非市场经济地位"在"加入后15年终止"为条件。进口成员方在确定价格可比性时，以生产同类产品的产业在制造、生产和销售该产品方面是否具备"市场经济条件"来确定中国的价格或成本。显然，这种条款存在很大的模糊性和折中性。事实上，中国国内市场商品，早在"入世"以前，98%以上是由市场供求状况决定的，各类企业都按照"自主经营、自负盈亏、自担风险"的机制在运营，市场价格并非由国家控制。欧盟、美国用他们的所谓标准要求发展中大国，中国实在是太不公平。因此，中国政府应通过积极的经济外交，争取尽早解决欧盟、美国等承认中国市场经济地位问题，这是维护国家利益和企业合法权益的正当行为。

（原载李成勋主编《中国经济发展战略——结构与战略》，社会科学文献出版社2006年版）

和平发展是中国实现现代化和富民强国的战略抉择

"十二五"开局之年,正当举国上下热烈庆祝中国共产党成立 90 周年之际,国务院新闻办发表了《中国的和平发展》白皮书。再一次郑重向世界宣告:和平发展是中国实现现代化和富民强国、为世界文明进步作出更大贡献的战略抉择。和平发展道路是中国特色社会主义道路不可分割的组成部分,是对马克思主义战争与和平理论在当代历史条件下,创造性的新发展。它向世界人民表明,中国过去、现在,乃至将来都将遵循中华文明的传统理念,坚定不移沿着和平发展道路走下去,为世界和平和人类社会可持续发展作出自己的贡献。本文从中国经济对外开放的侧面谈谈对和平发展道路的几点认识。

一 中国和平发展道路的内涵和特征

白皮书从辩证唯物主义和历史唯物主义的历史发展观点出发,把和平发展道路的含义界定为四个要点:既通过维护世界和平发展自己,又通过自身发展维护世界和平;在强调依靠自身力量和改革创新实现发展的同时，坚持对外开放，学习借鉴别国长处；顺应经济全球化发展潮流，寻求与各国互利共赢和共同发展；同国际社会一道努力，推动建设持久和平、共同繁荣的和谐世界。同时，白皮书又从哲学发展观的高度，概括出和平发展道路的六大特征，即科学发展、自主发展、开放发展、和平发展、合作发展、共同发展。这是对马克思主义关于生产力与国际经济关系理论在经济全球化、当代国际产业分工、国际商品及生产要素流动、国际利益分配、国际消费需求差异、统一世界市场、国际竞争新环境下，对国际经济政治新秩序的建立具有重要的理论和实践意义。

二 中国和平发展道路是中国特色社会主义制度不断完善和改革开放获得巨大成就的根本保证

改革开放以来，中国经济实现了跨越式发展，综合国力大幅度提升。截止到2010年"十一五"规划末期，中国GDP总量由1978年占世界的比重1.8%上升到9.3%，翻了四番多。中国人民生活水平，由温饱不足到总体达到小康水平，实现了历史性的跨越，人均国民总收入相当于世界平均水平的比例，从2005年的24.9%提高到2010年的46.8%。实现了从高度集中的计划经济体制到社会主义市场经济体制的战略性转变，形成了以公有制为主体、多种所有制经济共同发展的基本经济制度，使市场在资源配置中的基础性作用明显增强，宏观调控体系日臻完善。覆盖城乡居民的社会保障体系逐步建立，文化、教育、科技、卫生、体育等社会事业全面发展，为"十二五"规划的实现打下坚实的物质基础。

改革开放以来，中国实现了从封闭、半封闭到全方位的开放。中国的对外开放是从建立经济特区伊始，渐次到开放沿海、沿江、沿边、内陆地区；先从"三来一补"引进外资到鼓励中国企业"走出去"到海外以多种形式对外投资；从全面对外开放到加入WTO，全面融入经济全球化大潮之中，积极参与区域经济合作，对外开放水平得以不断提高。一是进出口贸易总额大幅度提高。由1978年的206亿美元，仅占世界贸易总额的2.8%，增加到2010年的29740亿美元，居世界进出口总额第二位。二是累计使用外商直接投资10483.8亿美元。近年来，在美国金融危机、欧洲主权债务危机频发的背景下，中国利用外资额强势不减。三是中国是区域合作贸易与投资自由化便利化积极实践者。迄今中国已同163个国家和地区建立了双边经贸合作机制，签署了10个自由贸易区协定，同129个国家签署了双边投资保护协定，同96个国家签署了避免双重征税协定。四是中国加入WTO后，遵守承诺逐步降低关税率，关税总水平由加入WTO前的15.3%降低到目前的9.8%，并取消了大多数非关税措施。上述实例充分表明，中国政府正在积极构建总体稳定、均衡发展、互利共赢的大国框架，积极促进机遇共享、共同发展的周边合作局面，巩固加强同发展中国家的传统友谊与合作，与各国相互依存、利益交融日益加深，与世界各国交流合作更加广泛。

三 中国和平发展道路为世界经济稳定的发展作出了重要贡献

一是中国的进口为相关国家创造了就业机会。据统计，自2001年中国加入WTO以来的10年里，年均进口商品贸易额近7500亿美元，相当于为相关国家和地区创造了1400多万个就业岗位。二是在中国加入WTO的10年里，在华外商投资企业从中国累计汇出利润 2617 亿美元，年均增长 30%。在过去的 10 年中，中国非金融类年度对外投资从不足 10 亿美元增加到 590 亿美元，有力地促进了有关国家经济的发展。2009 年境外中资企业实现境外纳税额 106 亿美元，聘用当地员工 43.9 万人。近年来中国经济对世界经济增长的贡献率均达到 10% 以上。三是在 1997 年亚洲金融危机引发周边国家和地区货币大幅度贬值的情况下，中国人民币汇率仍保持基本稳定，为区域经济稳定和发展作出了贡献。2008 年国际金融危机发生后，中国积极参与二十国集团等全球经济治理机制建设，推动国际金融体系改革，参与各国宏观经济政策协调，参与国际融资计划和金融合作，组织大型采购团赴海外采购，向陷入经济困难国家伸出援助之手。四是中国认真落实联合国千年发展目标，成为全球唯一提前实现贫困人口减半的国家，并根据自身能力积极开展对外援助。到 2009 年底，中国累计向 161 个国家、30 多个国际和区域组织提供了 2563 亿元人民币的援助，减免 50 个重债穷国和最不发达国家债务 380 笔，为发展中国家培训人员 12 万人次，累计派出 2.1 万名援外医疗队员和 1 万名援外教师。五是中国积极推动最不发达国家扩大对华出口，并已承诺对所有同中国建交的最不发达国家 95% 的输华产品给予零关税待遇。

总之，中国和平发展道路是世界上最大的发展中国家长期探索出的一条新型的发展道路，是中国实现现代化和富民强国的战略抉择。我们坚信，这条发展道路必将在 21 世纪显现出其巨大的生命力和世界意义。要在这条道路上获得圆满成功，还需要中国人民和世界人民共同携起手来，坚持不懈地努力、相互理解和支持。

（原发中国社会科学网 2011 年 9 月 15 日）

实行更加积极主动的开放战略与政策

《中华人民共和国国民经济和社会发展第十二个五年规划纲要》明确指出："适应我国对外开放由出口和吸收外资为主转向进口和出口、吸收外资和对外投资并重的新形势，必须实行更加积极主动的开放战略"。2011年12月11日，在中国加入世界贸易组织10周年高层论坛上，国家主席胡锦涛发表了重要讲话，根据国际和国内经济形势的新变化，进一步强调指出："面对新形势新要求，中国将坚持以更广阔的视野观察世界、观察中国，根据推动科学发展的要求，实行更加积极主动的开放战略。"

一　实行更加积极主动开放战略的内涵和意义

我认为"更加积极主动的开放战略"新亮点在于"更加积极主动"6个大字。这是中国政府应对当前和今后一个时期，我国面临美国发生的严重金融危机和欧盟陷于国家主权债务危机，中国改革开放中面临加快深层次改革的巨大挑战而采取的战略对策，是我国政府始终不渝地走和平发展道路和奉行互利共赢的开放战略的深化，即在实现我国自身发展的同时，致力于促进世界共同发展目标而提出的新的更高要求，也是我国政府向世界承诺将坚定不移做和平发展的实践者、共同发展的推动者、多边贸易体制的维护者、全球经济治理参与者的信心和决心。

胡锦涛主席在讲话中强调指出：要"拓展新的开放领域和空间，完善更加适应发展开放型经济要求的体制机制，提高开放型经济水平和质量，形成开放型经济新格局，更好地以开放促发展、促改革、促创新。"这段文字科学地概括了"更加积极主动的开放战略"的目标内涵。同时，提出更加积极主动的开放战略的六大具体措施，即科学发展、平衡发展、开放发展、合作发展、透明发展、共同发展。众所周知，改革开放以来，我国政府在对外开放领域中提出许多适宜本国国情的对外开放战略，在区域发展方面，实行沿海经济发展战略、扩大内陆开放战略、加快沿边开放战略、加快实施自由贸易区战略；在对外贸易方面，实行科技兴贸战略、市场多元化战略、以质取胜战略；在投资合作方面，实行积极利用外资战略、加快实施"走出去"战略，等等。应当认识到实行积极主动的开放战略，是对我国改革开放以来对外经济贸易领域实施的各类对外经贸战略的成功经验的科学总结和理论升华，是对马克思主义关于国际生产力和国际经济关系理论在经济全球化、当代国际生产分工、国际商品及生产要素流动、国际利益分配、国际消费需求差异、统一世界市场、国际竞争理论的新发展，对于当代国际经济政治新秩序的建立具有重要的理论和实践意义。

二 实行更加积极主动开放战略的可能性

中国改革开放的成功实践证明，改革开放是决定当代中国命运的关键抉择，是坚持和发展中国特色社会主义、实现中华民族伟大复兴的必由之路。改革开放以来，特别是中国加入世界贸易组织后，中国经济实现了跨越式发展，综合国力大幅度提升。这种可能性，源自两个主要方面：一方面，"十一五"期间，我国经济获得巨大成绩，为"十二五"继续发展，创造了物质前提。五年间，中国 GDP 总量占世界比重增长了四倍多。人民的生活水平，由温饱不足到总体达到小康水平，宏观经济调控能力明显增强。城乡居民的社会保障体系逐步建立，文化、教育、科技、卫生、体育等社会事业全面发展，为"十二五"规划的实现打下坚实的基础。

另一方面，"十一五"期间，我国改革开放步伐进一步加快，为"十二五"时期实行更加积极主动开放战略政策提供了可能性。因为我国的进出口规模很大，进出口总额居全球第 2 位。利用外商直接投资规模，在美国金融危机、欧洲主权债务危机频发的背景下，我国利用外资额强势不减，居发展中国家首位。对外逐步扩大，目前已占据世界第 5 位。我国是区域合作贸易与投资自由化便利化的积极实践者。目前已同全球许多国家和地区建立了双边经贸合作机制，签署自由贸易区协定、双边投资保护协定和避免双重征税协定。我国加入 WTO 后，关税总水平由加入 WTO 前的 15.3% 降低到目前的 9.8%，并取消了大多数非关税措施。上述实例充分表明，我国政府正在积极构建总体稳定、均衡发展、互利共赢的大国框架，积极促进机遇共享、共同发展的周边合作局面，巩固加强同发展中国家的传统友谊与合作，与各国相互依存、利益交融日益加深，与世界各国交流合作更加广泛。这些巨大成绩，为我国实行更加积极主动的开放战略提供了很大的可能性和保证。

三　全球经济形势将长期处于低迷衰退状态及其原因

判断全球与中国经济形势发展趋势，离不开对国际金融危机发展形势的总体分析和正确判断。因为金融作为商品的价值形态包括货币、外汇、存单、债券、股票等价值形态，金融经济服务于实体经济，属于虚拟经济范畴，所以判断全球与中国金融形势的发展现状、走势和取向都离不开世界经济发展现状和走势的科学分析和正确判断。

在看到改革开放取得巨大成绩的同时，还应看到当前国际和国内面临的巨大挑战。从国际环境看，自2008年美国暴发金融危机以来，西方发达经济体经济增长速度明显低缓，公共债务攀升，银行金融业存在信用危机和流动性风险，新兴经济体资产负债徒增，通货膨胀加剧，2011年7月底至8月初全球股市蒸发2.5亿美元。失业率居高不下，消费持续低迷，私营产业投资消极。在国际贸易中，发达经济体包括新兴经济体对中国的"反倾销、反补贴"的案例增多，技术性贸易壁垒明显增多，贸易保护主义明显增强。国际和地区的热点问题此起彼伏，从"阿拉伯之春"到"占领华尔街"各地抗议示威活动不断，局势动荡不稳。粮食安全、能源安全、气候变化、重大自然灾害等全球性挑战日益突出，增加了全球金融动荡的不确定性。这些问题的产生，是由各种综合因素、长期积累导致的结果，并非短期内所能解决的。

从国内环境看，中国应对全球金融危机，也面临巨大的挑战。中国是世界上最大的发展中国家，发展中的不平衡、不协调、不可持续性的问题很多。以调整经济结构为例，包括调整城乡二元经济结构、收入分配结构、产业结构等。就对外经济贸易领域而言，包括调整进出口商品结构、利用外资和对外投资结构等。目前中国是世界贸易大国而非世界贸易强国，国内生产需要的核心技术、关键技术、关键设备、关键零部件尚需依赖进口。一些工业生产所需的原材料需要大量进口，如世界 70% 的铁矿石贸易量在中国市场，原油进口依存度占 56%，铜的进口依存度为 70%，这些问题的解决也要通过国际贸易、国际经济合作、平等互利谈判来逐步加以解决，也需要一定时间。据有关专家判断，全球发达经济体的经济复苏和调整需要 5—10 年时间。

导致全球经济长期低迷衰退的原因在哪里？应当指出，西方发达经济体经济发展呈现长期低迷衰退状态有其客观必然性。20 世纪 30 年代后新发展起来的一种经济自由主义理论。该理论批评凯恩斯主义，坚持经济自由主义，主张充分发挥市场的调节作用，反对政府干预经济生活。新自由主义是 19 世纪的经济自由主义和放任主义在 20 世纪的新的运用。历史发展已证明，新自由主义曾给俄罗斯、拉美国家和东南亚国家的经济发展造成重大创伤，发生过金融危机。2008 年美国发生的华尔街金融危机，到 2011 年 9 月中旬以来，美国民众发起的"占领华尔街"运动，以及欧盟连续发生的主权债务危机，进一步暴露了新自由主义的严重危害性。西方发达经济体政府由于宏观金融政策失控，对金融监管不利，执行金融监督法不严，这是造成贸易、财政双赤字，失业率居高不下等群众示威抗议的根本原因。因此，在强化政府宏观调控的同时，实行更加积极主动的开放战略更为迫切。

四 强化政府宏观调控，深化企业机制改革力度，使市场在资源配置中发挥基础性作用

"十二五"规划纲要明确指出："巩固和扩大应对国际金融危机冲击成果，把短期调控政策和长期发展政策有机结合起来，

加强财政、货币、投资、产业、土地等各项政策协调配合，提高宏观调控的科学性和预见性，增强针对性和灵活性，合理调控经济增长速度，更加积极稳妥地处理好保持经济平稳较快发展，调整经济结构、管理通胀预期的关系，实现经济增长速度和结构质量效益相统一。"据宏观经济数据显示，目前我国通胀压力相对减弱，宏观经济下滑风险明显存在。因此，明年宏观调控，将更加重视调控的灵活性，在稳物价、稳增长、调结构三者关系上要更加重保增长，实施积极的财政政策。鉴于目前实体经济发展，特别是中小企业，资金紧缺，企业回款难的实际，应实行稳健的货币政策，要因时因势进行预调和微调，要有紧有松，有压有保，以改善金融的宏观调控。

在改革方面，要"以更大决心和勇气全面推进各领域改革，更加重视改革顶层设计和总体规划，明确改革优先顺序和重点任务，深化综合配套改革试验，进一步调动各方面的积极性，尊重群众首创精神，大力推进经济体制改革，积极稳妥推进政治体制改革，加快推进文化体制、社会体制改革，在重要领域和关键环节取得突破性进展。"特别是国有垄断性企业、小企业、财政和金融体制的改革和完善等等。

五 实行更加积极主动的开放战略的对策

如何应对世界经济发展中面临的诸多挑战和不确定因素，如何面对我国进一步扩大对外开放、深化改革？必须实行更加积极主动的对外开放战略和采取更加积极主动的战略对策。

第一，坚持科学发展，进一步扩大对外经济技术合作。坚持科学发展是坚持科学发展观的本质要求，即以科学发展为主题，以加快转变经济发展方式为主线，是推动科学发展的必由之路，是我国经济社会领域的一场深刻变革，是综合性、系统性、战略性的转变，必须贯穿经济社会发展全过程和各领域，在发展中促转变，在转变中谋发展。扩大国际经济技术合作，应坚持和实现以下基本要求：一要大力发展结构优化、技术先进、清洁安全、附加值高、吸纳就业能力强的现代产业体系，促进产业结构优化升级。二要引进国外先进技术，提升制造业国际竞争力，推动传统制造业向价值链高端延伸，促进战略性新兴产业，诸如节能环保、新一代信息技术、新能源、生物、高端装备制造、新材料、新能源汽车等新兴产业加快发展。三要加强生态文明建设，坚持绿色、低碳发展理念，加强资源节约和生态环境保护，大力发展绿色产业。四要扩大服务业对外开放，积极承接国际服务业转移，加快发展服务业特别是现代服务业，扩大社会就业。五要稳步推进农业领域对外开放，促进农业结构调整，推动农业朝着集约化、效益型方向发展。六要加快构建现代文化产业体系，吸收外资进入法律法规许可的文化产业领域，鼓励外资企业在华进行文化科技研发、发展服务外包。七要更加注重为包括外资企业在内的各类所有制企业提供公平的市场准入待遇，更加注重在开放中增强技术进步和体制创新能力。

第二，坚持平衡发展，进一步促进对外贸易平衡。美国商务部把中美贸易多年来存在着的巨额逆差，视为因中国"人为操纵汇率"造成，扬言要对中国出口商品征收"反补贴税"。诚然，人民币美元汇率升值，对美国扩大出口、限制进口具有一定的作用。但中美贸易不均衡根本原因不在于汇率，而主要原因是美国限制对中国高新技术产品的出口所致。应当看到，中国自2005年汇改以来，特别是2011年以来小步改革人民币美元汇率首次突破6.3美元，而在进口贸易上，中国更加注意进出口贸易的均衡发展。

据统计，我国进口贸易增长速度明显快于出口增长速度。从 2001 年中国加入世界贸易组织以来，中国年均进口 7500 亿美元商品，相当于为相关国家（包括美国）和地区创造了 1400 多万个就业岗位。根据中国政府规划今后 5 年中国进口总规模有望超过 8 万亿美元，这将给世界带来巨大商机。中国将继续坚持对外贸易平衡的基本原则：一是坚持进口和出口并重，把积极扩大进口和稳定出口结合起来，把积极扩大进口作为转变外贸发展方式的重要内容，努力促进国际收支基本平衡。根据国家财政部的决定，自 2012 年 1 月 1 日起，我国将对 730 多种商品实施较低的进口暂定税率，平均税率为 4.4%，比最惠国税率低 50% 以上。这表明中国正加大力度扩大进口，实现贸易平衡。降低关税意味着进口产品在中国市场的平均售价相应降低，有利于减少国内企业的运营成本，不仅会促进扩大进口的作用，而且对抑制通货膨胀会起到良好效果。二是完善进口支持政策，降低进口成本，提高进口便利化。三是加强同主要顺差来源国的经济合作，共同努力逐步解决贸易不平衡问题。四是企盼美国及有关国家尽快承认中国完全市场经济地位，放松高新技术产品对中国出口管制，方便中国企业前往投资，为双边贸易平衡发展创造条件。

第三，坚持开放发展，进一步完善全方位对外开放格局。全方位对外开放是 1978 年党的第十一届三中全会以来，中国一直坚持的重要战略方针。在"十二五"规划纲要中明确提出"必须实行更加积极主动的开放战略"，面对当前国际国内新形势的要求，我们更要坚定不移地执行这一战略方针。为此，一要把扩大对外开放和区域协调发展结合起来，协同推动沿海、内陆、沿边开放，形成优势互补、分工协作、均衡协调的区域开放的新格局。二要继续深化沿海地区对外开放，鼓励外商投资企业参与沿海地区技术研发、高端制造、生态功能区建设和现代服务业发展，在更高水平上实现优势互补、合作共进。三要积极支持外商投资企业到中西部地区投资办厂，参与中国中部地区崛起、西部大开发和东北地区等老工业基地振兴。四要加快沿边开放步伐，加强与周边国家的基础设施互联互通，繁荣双边经济，实现互利共赢。五要积极扩大文化、教育、科技、卫生等领域对外交流合作，在扩大开放中促进中国社会事业发展。

第四，坚持合作发展，进一步把"引进来"和"走出去"二者结合起来。"十二五"规划纲要明确指出：利用外资和对外投资并重，提高安全高效地利用两个市场、两种资源的能力。在利用外资方面，我们要继续扩大各领域对外开放水平，强化产业政策与外资政策的协调，继续欢迎各国投资者来华投资兴业，鼓励外商在华设立研发中心，利用全球科技智力资源推动国内技术创新。在对外投资方面，我们要加快实施"走出去"步伐，按照市场导向和企业自主决策原则，引导企业有序开展境外投资合作，重视开展有利于不发达国家改善民生和增强自主发展能力的合作，承担社会责任，造福当地人民。

第五，坚持透明发展，进一步营造公平竞争市场环境。其主要内容有：一是我们要加快建设法治政府和服务型政府，继续开展涉外经济法律法规、规章政策措施的清理工作，深化行政审批制度改革，减少政府对微观经济活动的干预，健全法制制约和监督机制，推动政府服务朝着更加规范有序、公正公开的方向发展。二是我们应加大知识产权执法力度和司法保护力度，健全市场信用体系，完善市场监管体系，加快形成统一开放、竞争有序的全国大市场，为国内外投资者提供公平、稳定、透明的投资环境。

第六，坚持共同发展，进一步推动中国发展惠及更多国家和人民。其主要要求是：一要加强同发展中国家的务实合作，增加对发展中国家的经济援助和人才培训，扩大同发达国家的互利合作，深化同周边国家的睦邻友好合作，扩大同各方利益的汇合点，妥善处理经贸摩擦。二要致力于维护和加强多边贸易体制，继续推动多哈回合谈判，积极参与全球经济治理机制改革，推动国际经济秩序朝着更加公正合理的方向发展。三要加快实施自由贸易区战略，推动区域经济一体化更好更快发展。

总之，面对国际金融危机、粮食安全、能源安全、气候变化以及重大自然灾害，中国将同各国合作应对国际社会共同面临的挑战，为推动建设持久和平、共同繁荣的和谐世界作出新贡献。胡锦涛主席在中国加入世界贸易组织十周年高级论坛讲话中郑重宣布："面向未来，中国将坚定不移做和平发展的实践者、共同发展的推动者、多边贸易体制的维护者、全球经济治理的参与者。我们坚信，一个改革开放的中国，一个繁荣发展的中国，一个和谐稳定的中国，必将为人类作出新的更大的贡献。"

（原载李成勋主编《中国经济发展战略——调整与战略》，知识产权出版社2012年版）

第五部分
国际金融危机问题研究

国际金融危机与我国对外经济发展的战略选择

商品生产和商品交换离不开货币这个中间环节，生产运动、商品运动、资本运动以及生产要素流动都是如此。因此，金融是现代经济运行的生命线。

一 国际金融危机的性质及产生原因

金融危机意味着整个国际社会金融运转失调而引发的金融动荡，使金融产品包括利率、汇率、金融证券等价格大幅度缩水，投资者抛售不动产和长期金融资产兑换成货币。金融机构因缺乏货币支付发生货币信用危机导致金融危机，从而造成金融机构和生产经营企业的破产倒闭。目前，世界正处于信息化时代，经济全球化和金融全球化是历史发展的必然趋势。自 2007 年 8 月以来，随着美国次级信贷危机的暴发和蔓延，美国金融危机不断加深和恶化。它不仅危害了美国自身和发达的经济体（西方七国集团），而且危及新兴的经济体如"金砖四国"，还波及世界每个角落，至今已"酿成了一场历史罕见、冲击力极强、波及范围很广的国际金融危机。"目前,金融危机已由虚拟经济扩大到实体经济。2008年第三季度,美国经济比第二季度下降0.5%,预计第四季度和2009年很可能陷入进一步衰退。欧盟的主要经济大国如德国、法国、英国和西班牙的经济已出现负增长。日本经济在第二季度和第三季度,分别比上个季度下降0.9%和0.1%。新兴市场经济体的经济已明显减速,如韩国、印度、阿根廷等国以及我国台湾地区工业生产大幅回落;而墨西哥、智利、委内瑞拉、波兰等国工业生产出现负增长;越南、泰国、新加坡等国经济已陷入1998年亚洲金融危机以来最困难的时期。正如胡锦涛总书记所指出的:"目前,这场金融危机不仅本身尚未见底,而且对实体经济的影响正进一步加深,其严重后果还会进一步显现。"

美国为什么会发生金融危机?就近期而言,主要是房地产次级住房抵押贷款机制的原因。也就是说,是房地产投资金融机构对住房投资者按揭住房贷款引起的。金融巨头把次级贷款证券化资产多次打包成新的金融衍生产品,推销给投资者以获取高额利润。例如,假设以100美元抵押贷款买房,当房价涨到150美元时,银行又会再贷给50美元,这种贷款是虚拟的,脱离具体实物的,而一旦房价暴跌则收回抵押,投资者就资不抵债,处于困境了。而相反,金融大鳄却发了大财。再加上美联储实行的低利率政策,联邦基金利率长期保持在1%,这就给社会上提供了大量的廉价资金,进一步推动了房地产泡沫持续膨胀。

就远期而言,根源于"新自由主义理论"。20世纪80年代里根竞选总统时,美国国会废除了1930年经济大危机时期制定的金融监管法律,致使金融投机行为和金融衍生产品逐步泛滥起来。结果是社会储蓄与投资严重失衡,如2007年美国储蓄率降至-1.7%,美联储凭借经济全球化和各种金融创新手段,以其美元兑换主体地位，吸纳全球资金供其挥霍，共积累了50万亿美元的巨额债务。美国金融危机暴发后，尽管美联储及各国央行联手注资，各国政府积极合作应对，减缓金融机构的流动性枯竭，但无法从根本上解决美国长期积累的巨额债务。如果仅靠印发美元又会导致通货膨胀的巨大压力，并将增大各国央行货币政策宏观调控的难度。

二 国际金融危机对中国经济的影响

中央经济工作会议指出："受国际金融危机快速蔓延和世界经济增长明显减速的影响，加上我国经济生活中尚未解决的深层次矛盾的问题，目前我国经济运行中的困难增加，经济下行压力加大，企业经营困难增多，保持农业稳定发展、农民持续增收难度加大，金融领域潜在风险增加。"近年来，由于人民币升值幅度达23%，出口退税率上调，能源等原材料价格上扬，劳动力工资成本增加以及受滥用反倾销、反补贴和各种技术性贸易壁垒等诸多因素影响，我国产业国际竞争力特别是出口加工业竞争力明显下降。尤其是劳动密集型传统产业如纺织服装业、轻工业产品与越南、印度等出口产品争市场，竞争压力越来越大，致使东部沿海地区特别是珠江三角洲地区许多外向型企业关门转产。钢铁、造船、汽车等资本密集型产业，受金融危机影响，国际竞争更加剧烈。在高新技术产业领域如微电子、通信、生物、新能源等，由于自主创新能力不强，与发达国家先进技术水平差距不断拉大，如对外技术依存度为50%，而自主品牌产品不足10%。我国正处在实现现代化、工业化时期，是能源和原材料消耗大国、人均资源小国，环境保护、节能减排压力很大，对产业结构优化调整的目标要求更高，面临更大的挑战。

在对外经济方面,据海关统计,2008年11月我国进出口总额1898.9亿美元,同比下降9%;其中出口1149.9亿美元,下降2.2%;进口749亿美元,下降17.9%。受国际金融危机影响,我国主要出口省市如广东、江苏、上海、北京、浙江的进出口普遍出现首次"双降",尤其是加工贸易萎缩极为明显。在金融方面,目前中国外汇储备总额1.94万亿美元,其中购买美国债券9000多亿美元,包括美国国债5000亿美元,"两房"(房地美、房利美)债券3700多亿美元。由于美元贬值和美国债券收益率下降,外汇储备缩水损失不算小。在利用外资方面,2008年1—10月,合同利用外资同比下降4.8%,虽然跨国公司仍然看好中国市场,把中国作为继续投资的首选目标,因受国际金融危机影响,投资已到顶峰,增速难以有更大的提高。

三 中国应对国际金融危机、发展对外经济的战略对策

中央经济工作会议强调:"尽管我国经济发展面临着来自国际国内的严重困难和挑战,但我国经济发展的基本面和长期趋势没有改变,我们遇到的困难和挑战是前进中的问题。"应当看到,国际金融危机对我国而言,机遇挑战并存,但机遇大于挑战。这是因为,经过30年的改革开放,我国综合国力和国际竞争力明显增强,具有许多有利条件。一是经济增长速度虽然有所下降,但仍保持较快的发展速度,物质和技术基础比较雄厚,并有一定的抵御风险的能力,消费、投资和出口拉动经济增长仍有巨大潜力和空间。二是我国工业化,城镇化正在迅速发展,基础设施建设、产业发展、消费需求以及生态环境保护等扩大内需的任务相当艰巨。三是我国社会主义市场经济体制和机制不断完善,在发挥市场在资源配置中的基础性作用方面,已初步形成有

利于科学发展的宏观调控体系。四是我国金融体系总体稳定，财政赤字规模较小，外汇储备充足，国内储蓄率较高，有较强的财政与货币政策的调控能力。

改革开放是我国的基本国策、民富国强的必由之路，扩大内需是我国必须长期坚持的根本方针，对这一基本国策和根本方针，我们在任何时候都不能动摇。这里，仅就应对国际金融危机，科学发展对外经济提出如下建议。

1. 加快转变外贸增长方式，调整进出口产品结构

改革开放的实践证明，对外贸易已成为我国拉动经济增长的"三驾马车"之一。受国际金融危机影响，在国际市场需求减少的情况下，加大财政税收政策支持的力度，继续运用出口退税、外贸发展基金等促进出口。引导加工贸易向东部欠发达地区和中部、西部条件较好的地区转移，促进加工贸易转型升级稳定发展。要大力开拓新兴国家市场，特别是周边发展中国家市场，继续推动市场多元化战略。积极提升沿边开放水平，大力推进人民币区域化进程。加大金融对出口企业的支持力度。提高通关效率，简化通关程序，降低企业费用成本。同时，要积极转变外贸发展方式，坚持"以质取胜"战略。严格控制高耗能，高污染和资源性产品出口。积极扩大国内短缺或急需的能源资源、先进技术设备、关键零部件和重要消费品进口。

2. 创新利用外资方式，优化利用外资结构

发展潜力巨大的中国大市场是吸引大型跨国公司在中国"安家落户"的磁石。世界500强大型跨国公司，目前已有400多家在中国投资并获得良好的经济效益。应对国际金融危机，要采取积极的措施，稳定跨国公司在中国的投资，把利用外资的重点放在提高质量上，主要投在高新技术产业、节能环保产业、服务业，把高技术、高附加值的生产环节转移进来，延长生产链

条，促进产业升级，发挥先进技术的外溢效应。同时，要重视高端的科技金融人才的引进。

3. 创新对外投资和合作方式，支持企业"走出去"开展国际化经营

扩大对外投资，开展跨国经营，大力发展境外加工贸易、境外资源开发、对外工程承包与劳务合作等项目，在全球范围内优化配置资源，对培育我国自己的跨国公司和著名品牌具有巨大的推动作用。但是，在对外投资上一定要搞好信用评估，防止金融风险。笔者认为，当前金融危机、世界经济大调整的机会，是我国有条件的企业"走出去"难得的机遇，必须紧紧抓住。

4. 积极实施自由贸易区战略，加强双边多边经贸合作

中华文化的和谐理念是我国对外经济发展必须遵循的一个重要原则。在对待民族关系、国家关系方面，中华文化主张"协和万邦"，主张不同的民族和国家和睦共处。求和平、促发展、谋合作是世界人民共同追求的目标，也是我国政府在处理国际经贸争端中一贯坚持的原则。我国加入世界贸易组织后，以一个负责任的大国姿态，应对各种复杂多变形势的挑战，提出新的思路和战略。党的十六届五中全会首次提出"要实施互利共赢的开放战略"，十六届六中全会提出"推动建设持久和平，共同繁荣的和谐世界"的新理念。党的十七大提出"拓展对外开放广度和深度，提高开放型经济水平"的新要求。我们必须按照中央关于学习实践科学发展观的要求，为我国对外经济又好又快发展创造良好的外部环境。为此，应采取以下措施。

（1）积极推进自由贸易区战略。这里所指的"自由贸易区"主要是各主权国家或地区之间为促进商品、资本、技术、劳动力等生产要素自由流动和便利化及有效配置资源，通过协商谈判签订协议而建立的一体化组织。在协商谈判中应坚持平等互惠、形

式多样、讲究实效的原则，推动贸易、投资的自由化和便利化。

（2）积极主动参与世界贸易组织及相关国际经贸组织的谈判，为发展中国家利益争夺话语权，对过时的、不公正、不平等的规则条款加以改革和完善，使世界贸易组织及相关国际经济组织的体制和机制，更加符合开放、透明、公平的原则，为推动和恢复多哈回合谈判作出积极的贡献。

（3）积极开展国际能源资源的互利合作。主要战略措施：第一，选准能源合作的重点。从资源禀赋和地缘优势角度考虑，中东、中亚—俄罗斯和非洲，应是我国利用国外油气资源的重点战略区。从节能减排，保护环境角度考虑，主要选择美、日、欧等发达国家，在清洁能源、环保技术、节能减排方面进行合作研究，开发和引进其先进技术设备，保护其知识产权。第二，实施油气进口多元化战略，完善油气贸易体系，保障油气运输安全。第三，加强与产油国、消费国之间的合作，为维护稳定的油气供应环境创造条件。第四，实施鼓励和支持石油公司"走出去"的政策措施。

（原载李成勋主编《中国经济发展战略——转型与战略》，社会科学文献出版社2009年版）

坚持中国特色社会主义市场经济金融体制改革方向

——从国际金融危机中汲取经验教训

今年 10 月 1 日是新中国成立 60 周年。60 年来，特别是改革开放以来，我国面貌确实发生了天翻地覆的变化。应社科院老干部局征文之邀，我选择"坚持中国特色社会主义市场经济金融体制改革方向——从国际金融危机中汲取经验教训"这个命题。因为国际金融危机是当今世人最关注的一个热门话题。本文从怎样看待我国金融体制改革的成绩和我们从国际金融危机中应汲取哪些经验教训这两个角度，谈谈个人的一些看法。以此表示本人欢庆新中国成立 60 周年的喜悦心情。

一 中国金融体制改革正在向现代化金融体制方向迈进

1978 年改革开放以前，我国金融体制基本上是仿照苏联计划经济条件下的"大一统"模式，其特点是"计划点菜，财政买单，银行掏钱"，那时中国人民银行独此一家，别无分号。1979 年 10 月 4 日，邓小平同志出席中共中央召开的省、市、自治区党委第一书记座谈会，他在讲话中指出："必须把银行真正办成银行。现在每个省市都积压了许多不对路的产品，为什么？一个原因就是过去我们的制度是采取拨款的形式，而不是银行贷款的形式。这个制度必须改革。任何单位要取得物资，要从银行贷款，都要付利息。"[1] 1986年12月19日，他在听取几位中央负责同志汇报经济情况和改革设想时又指出："金融改革的步子要迈大一些。要把银行真正办成银行。我们过去的银行是货币发行公司，是金库，不是真正的银行。对金融问题，我们知识不足，可以聘请外国专家做顾问嘛。"[2] 1991年1月28日至2月18日，邓小平在上海视察过程中，与上海市负责同志谈话时又指出："金融很重要，是现代经济的核心。金融搞好了，一着棋活，全盘皆活。"[3] 邓小平同志的多次谈话，阐明了金融在现代经济运行中的重要地位和作用。应当认识到，在邓小平改革开放理论和政策指引下，我国金融体制改革波澜壮阔、循序渐进地向现代化金融体系方向迈进，并取得了举世瞩目的成就。

我国金融体制改革大体上经历了如下几个阶段：

第一阶段（1978—1984年）。将原来"大一统"的中国人民银行，先后采取独立、恢复、分离、重建的形式，改革成为四个专业性银行，即中国农业银行、中国银行、中国人民建设银行、中国工商银行，使金融为生产、流通、消费服务的功能向方便化、专业化方向发展。

第二阶段（1984—1991年）。自1984年1月1日起，中国人民银行行使国家中央银行职能，中国工商银行从人民银行中分离出来，专门承担工商信贷业务，使现代化金融管理体系雏形基

---

[1] 《邓小平文选》第2卷，人民出版社1994年版，第199—200页。
[2] 《邓小平文选》第3卷，人民出版社1993年版，第193页。
[3] 同上书，第366页。

本形成，从而大大推动了农村信用、股份制、企业集团、区域性不同类型、不同层次的商业银行迅速崛起。而非银行金融机构如信托投资公司，财务公司、投资基金等随之也发展起来。与此同时，国库券、企业债券、银行债券等金融市场也开始活跃起来。

第三阶段（1991—1993年）。我国资本市场开始启动，先后成立了证券交易所以及资本市场监管机构，这标志着我国金融体系开始走上现代化的金融发展道路。

第四阶段（1994—2001年）。可以说，1995年是我国金融的立法年，国家颁布了《中国人民银行法》、《商业银行法》、《保险法》和《票据法》，使央行和四大商业银行依法独立经营运作，开始走上法制化的轨道。

第五阶段（2001年中国加入世贸组织至今）。我国金融体系开始融入经济全球化和全球金融体系的新阶段。金融监管、金融机构、资本市场化、利率市场化、人民币走向国际化等一系列新问题均被提到议程上来。特别是2007年8月以来，随着美国次贷危机的爆发和蔓延，美国金融危机不断加深和恶化。它不仅危害了美国自身和发达国家经济体（西方七国集团）的利益，而且危及新兴的经济体如"金砖四国"，还波及世界每个角落。我国金融体制改革面临的挑战十分严峻，改革工作任重道远。

二　从国际金融危机中应汲取的经验教训

这次由美国次贷危机引发的波及全球的金融危机，可以说是资本主义制度产生以来，最为严重、波及面最宽，堪称史无前例，危害极其严重。这是在经济全球化大背景下我们研究国际经济问题的最好课堂，引起思考的问题很多。在此，从国际金融危机中应汲取哪些经验教训这个角度，谈谈个人的几点看法。

1. 充分发挥市场在资源配置中的基础性作用，加强和完善国家对经济的宏观调控，克服市场自身的缺陷。这是我国社会主义市场经济体制的本质特征和基本经验，也是我国社会主义市场经济体制区别于资本主义市场经济体制的根本标志。现代社会化大生产的实践证明，市场经济既有促进社会经济发展积极的一面，也有其自身缺陷的一面，市场经济的基础是信用，信用制度也有二重性[①]，所以这次国际金融危机的实质是信用危机。但市场经济是一种激励机制，可以实现平等竞争，企业都重视经济效益和追求利润最大化。在市场经济运行中，由于存在着优胜劣汰的竞争机制，所以经济发展的周期性波动是难以避免的。在这些方面，社会主义市场经济和资本主义市场经济都是一样的，没有区别。但是，社会主义市场经济体制同资本主义市场经济体制还存在着本质差别。主要表现在：我国实行的是以公有制和按劳分配为主体、多种所有制共同发展的基本经济制度，而以美国为代表的西方发达国家是以私有制为基础的私人和集团利益为主体的经济制度，这是其一。其二，我国把市场经济与政府的宏观经济调控结合起来，根据一定时期经济发展在经济增长、社会就业、市场物价、国际收支等宏观经济指标变化的实际情况，采取经济、法律及必要的行政手段，及时地通过国家计划、财政政策和货币政策加以调整，保证国民经济"软着陆"，促进国民经济又好又快的发展。其三，我国对宏观经济有较强的驾驭能力，较强的"控制力"和"影响力"。这是社会主义制度在人财物方面可以集中力量办大事的优越性。西方发达国家实行"放任的自由市场经济"，政府对宏观经济缺乏监管、控制失力，这是自由市场经济弊端的具体反映。其四，我国社会主义市场经济具有后发

---

① 参见《资本论》第3卷，人民出版社1975年版，第499页。

优势，我国善于学习、借鉴、吸收西方发达国家的一切先进科学技术、先进管理经验和先进方法，但不能教条式的照抄照搬，要坚持"中学为体，西学为用"的原则。因为人口多，就业压力大，底子薄，生产力水平和劳动生产率与发达国家还有很大差距。当前值得注意的倾向是西方发达国家，特别是那些右翼势力对中国的崛起，感到"威胁"、"惧怕"，贸易保护主义抬头，有关"人民币汇率高估"、"中国商品倾销"、"中国盗版侵权"、"中国掠夺非洲资源"等错误论调，我们应通过经济外交、民间外交进行沟通，加大对外宣传力度，消除这些错误言论的干扰。

国际金融危机惨痛的历史教训告诫我们，"市场原教旨主义"和"新自由主义经济理论"本身存在着缺陷，因此那种主张"市场万能"的观点，在金融危机面前显得苍白无力。只有把遵循市场经济规律同发挥政府宏观调控的职能结合起来，设立专职的信用监督管理机构，制定信用监督法律法规以及相应的惩罚激励机制，才能促进国民经济又好又快的发展。

2. 要摆正虚拟经济和实体经济的关系。所谓虚拟经济，是指由虚拟资本的生产、交易和流通所形成的经济系统。广义而言，包括货币、股票、债券、金融衍生工具等。马克思说："银行家资本的最大部分纯粹是虚拟的，是由债权（汇票），国家证券（它代表过去的资本）和股票（对未来收益的支取凭证）构成的。在这里，不要忘记，银行家保险箱内的这些证券，即使是对收益的可靠支取凭证（例如国家证券），或者是现实资本的所有权证书（例如股票），它们所代表的资本的货币价值也完全是虚拟的，是不以它们至少部分地代表的现实资本的价值为转移的；既然它们只是代表取得收益的权利，并不是代表资本，那么，取得同一收益的权利就会表现在不断变动的虚拟货币资本上。此外，还要加上这种情况：这种虚拟的银行家资本，大部分并不是代表他自己的资本，而是代表公众在他那里存入的资本（不论有利息，或者没有利息）。"① 实体经济，是指由商品和服务的生产、交换、分配和消费的运动所形成的经济系统，也是股票、债券等虚拟经济的延伸。一般来说，生产决定流通，流通对生产也有反作用。正如恩格斯所说："金融贸易和商品贸易一分离，它就有了——在生产和商品贸易所决定的一定条件下和在这一范围内——它自己的发展，它自己的本性所决定的特殊的规律和阶段。加之金融贸易在这种进一步的发展中扩大到证券贸易，这些证券不仅是国家证券，而且也包括工业和运输业的股票，因而总的说来支配着金融贸易的生产，有一部分就为金融贸易所直接支配，这样金融贸易对于生产的反作用就变得更为厉害而复杂了。"② 据统计，美国虚拟经济资本的虚假财富价值高达 400 万亿美元，大大超过了美国实体经济资本的 30 多倍。

由此可见，虚拟经济必须与实体经济相结合，虚拟经济的发展不能脱离实体经济而独立存在，必须以实体经济为基础，二者是辩证的统一关系。因为"经济决定金融，金融服务于经济，金融不能脱离经济盲目无序发展"。因此，必须"进一步加强金融监管，深化金融企业改革，改进金融服务，整顿金融秩序，防范和化解金融风险，维护国家金融安全"。③

3. 要处理好金融创新与金融监管的关系。金融创新是指金融业在金融工具、金融方式、金融技术、金融制度、金融机构以及金融市场等方面，对传统的金融模式进行创新和改革，使其更适合市场经济发展的需要。而金融监管则是指政府、政府授权的

---

① 《资本论》第 3 卷，人民出版社 1975 年版，第 532 页。
② 《马克思恩格斯选集》第 4 卷，人民出版社 1972 年版，第 481 页。
③ 《江泽民文选》第 3 卷，人民出版社 2006 年版，第 430 页。

机构或依法设立的其他组织，从降低金融风险、保护公众利益、维护社会稳定和国家经济安全，根据国际金融规则和本国的宪法和法律，制定相应的金融法律、法规、条例和政策，据此对金融体系和金融活动进行监督、管理、控制和调整。由此可见，金融创新与金融监管二者缺一不可。在经济全球化信息化时代，国际分工、国际交换、国际经济合作日益密切和发达，国际金融资本已成为现代经济运行的推进器。应当看到，目前我国金融业在金融工具、金融方式、金融技术、金融制度、金融机构、金融市场等方面还存在不少问题，特别是中小企业融资十分困难，因此金融创新任重道远，还需要深化改革和创新，放宽市场准入条件。

"吃一堑，长一智。"美国金融危机一个重要原因就是政府对金融监管失控。我们应从中吸取教训，引以为戒。在市场经济条件下，经济发展存在着周期性波动是正常的现象，政府的责任就是要根据经济发展的周期性变化，灵活运用财政、货币、汇率、产业政策及时加以调整，既要防止经济发展"过热"，引起泡沫，又要防止通货膨胀或通货紧缩，促进国民经济又好又快的发展。

4. 外汇储备多元化和人民币结算逐步走向国际化。外汇是指外国货币、外币支付凭证、外币有价证券等有价资产。外汇储备是指一国中央银行所持有的可以自由兑换货币形式存在的国际储备资本。第二次世界大战后，布雷顿森林体系的建立，使美元成为唯一直接与黄金挂钩的货币，美元成为各国最主要的储备货币，20 世纪 60 年代后，由于美国国际收支持续出现逆差，导致美元危机爆发，美元在国际货币体系中的地位开始下降。由于德国、日本经济迅速发展，经济实力明显增强，使马克、日元地位不断提高，于是各国货币当局开始选择马克、日元作为储备货币。后来瑞士法郎、港元以及欧元等币种也被用于外汇储备，从而国际货币储备呈现多元化趋势。而我国人民币是国家法定货币，国家规定，人民币是不可兑现的信用货币。1994年1月1日人民币汇率并轨后，开始实施以市场供求为基础的、单一的、有管理的浮动汇率制。目前中国是一个经济大国、贸易大国，但还不是一个经济贸易强国，中国还是一个发展中大国。在国际结算和国际货币兑换中，美元仍处于主导地位。在中国外汇储备中，其中大部分用于美元储备，大部分购买美国国债、政府下属机构或者政府担保的债务。这部分债券因美元贬值而损失一部分，而购买的次级债券因银行破产倒闭而损失惨重。同时，由于金融危机、美元缩水而带来的出口竞争力下降。我国加入世贸组织后，我国经济已融于世界经济，因此逐步放宽资本项目的市场准入，走向人民币自由兑换是必然的发展趋势，也是我国社会主义市场经济发展的客观要求。我国人民币汇率制度的改革方向，可以分为近期和长期目标两个阶段：就近期目标而言，人民币汇率制度不应该完全由市场供求决定的自由浮动，而应选择适当的权数，即实行以市场供求为基础的有管理的浮动汇率制度，就长期改革目标而言，人民币汇率制度改革目标应该增加汇率的弹性和灵活性，扩大汇率的浮动幅度。现阶段要在市场供求的基础上，人民币宏观调控目标，应由过去钉住美元转为钉住美元、日元、欧元等多种一篮子货币，因为这类货币贸易额很大，同时，要根据贸易额的变化实际，适时进行调整。

实行这种稳定的汇率政策可以防范金融风险，保证经济均衡发展，有利于国家经济安全，促进经济又好又快发展，推动我国金融体制改革沿着社会主义道路向前发展。

总之，目前国际金融危机的影响，尚在继续蔓延，整体经济复苏尚需时日。面对国际金融危机的严峻挑战，我们必须大力加强国际的密切合作和统一协调，充分发挥联合国、国际经济组织和区域经济合作组织的对话和谈判机制,必须大力推进国际金融体系改革,加大对发达国家储备货币发行的监督,促进多元化的国际货币体系的建设,加大发展中国家在国际货币体中的话语权和支援发展中国家经济发展。

(原载中国社会科学院老干部工作局编《人民共和国是一切胜利之源》,世界知识出版社 2009 年版)

第六部分
关于区域经济合作问题研究

吉林省延边自治州参加东北亚区域经济合作问题研究

20世纪80年代中期，在改革开放方针指引下，延边政府根据国内外环境的变化和对州情的科学分析，不失时机地提出了"敞开州门，走出国门，发展自己"的对外开放思路。进入90年代，我国恢复图们江通海航行权，珲春市被国务院列为首批沿边对外开放边境城市，联合国开发计划署倡导图们江下游地区实施多国联合开发，为自治州进入日本海，走向东北亚，参与区域经济合作，参加世界经济循环和分工提供了千载难逢的机遇。自治州审时度势，把握机遇，做出了"开放兴州"、"开边通海"的战略决策。制定了"南联北拓，东出西进，面向东北亚"的对外开放总战略。南联指广泛联系朝鲜半岛，积极发展同韩国的经济合作；北拓指积极拓宽与俄罗斯等独联体各国的经济贸易关系。东出指打通图们江下游通道，进入日本海，大力发展与日本的经济技术合作。西进指争取在经济技术交流与合作方面，进入蒙古和东欧各国。面向东北亚，指积极参与东北亚地区经济合作，并在其中充当重要角色。形成以珲春为龙头，以延吉为依托，八龙腾飞（指延边八个县市），全方位对外开放的战略格局。

一 延边在东北亚区域经济合作中的战略地位和重要作用

东北亚泛指亚洲的东北部地区，包括中国东北地区（辽、吉、黑三省和内蒙古自治区的三市一盟——呼伦贝尔市、通辽市、赤峰市和兴安盟）、日本、朝鲜、韩国、蒙古、俄罗斯赤塔州以东的远东地区，2001年土地总面积为1617.59万平方公里，人口34691万人。延边腹地广阔，资源丰富，发展潜力巨大。延边是东北亚区域经济合作的新亮点和增长点，积极参加东北亚区域经济合作，完全符合经济全球化和区域经济一体化发展的必然趋势和客观要求。因此，延边在东北亚区域经济合作中具有十分重要的战略地位。这是因为：

（一）积极参与东北亚区域经济合作，有利于加强中国与周边国家的友好合作关系

众所周知，东北亚地区近百年来，曾经是东西方利益争夺、利害冲突的焦点地区之一。20世纪90年代，随着东西方冷战体制的结束，亚太地区政治环境趋于缓和与稳定，为东北亚区域经济合作创造了良好的政治环境。与此同时，西方发达国家日本经济持续衰退，而西太平洋地区国家经济发展迅速，尤其中国经济的和平崛起，引起世人瞩目。在历史上，俄罗斯、日本都曾作为大国在东北亚兴起并走上世界舞台。第二次世界大战后，东北亚各国都摆脱了殖民统治，成为独立自主的主权国家。目前，东北亚各国都致力于发展本国经济，都愿意参与区域经济合作，加快发展自己，使国与国之间的友好合作关系有所改善。前不久，中国与俄罗斯的边界划界问题已经彻底解决。2005年7月1日，中俄领导人胡锦涛和普京共同签署了《二十一世纪国际秩序的

联合声明》，中俄双方共同探讨加强两国经贸合作，包括优化贸易结构、规范贸易秩序、扩大相互投资、推动大项目合作，以及促进高新技术领域合作的有效途径。同时，胡锦涛主席与俄地方负责人座谈并探讨进一步加强两国地方合作的途径，推动开发两国毗邻地区的经济合作，把中俄战略性伙伴关系推进到一个新阶段。中韩建交之后，双边之间经贸往来频繁，发展迅速，使中韩两国政治互信得以加强，中国政府对韩国实施的"阳光政策"给予积极支持，致使韩国与延边的经济合作空前活跃。日俄领土问题，朝鲜半岛核问题，正在积极通过外交谈判途径逐步得以解决。毫无疑问，中国、俄罗斯、日本、韩国等都将是21世纪世界政治经济大国，他们的政治地位和发展潜力，对延边对外经贸发展具有举足轻重的地位。

（二）东北亚各国之间生产要素具有很大的互补性，参与双边和多边经济合作，有利于周边国家的经济繁荣和协调发展

经济资源包括资本（货币资本、实物资本、知识资本）、技术、劳动力、自然资源、经济管理、经济信息等多方面内容。

东北亚国家和地区经济资源比较分析表

国家或地区	优势分析	劣势分析	参与东北亚区域经济合作的利益
日本	资本雄厚、科学技术管理先进、电子机械产品质优、劳动力素质很高	能源和工业原料严重短缺、劳动力相对不足	满足日本自身自然资源和劳动力需求的不足，为日本的资本、技术密集型产品出口和资本输出在中国、韩国、俄罗斯、朝鲜、蒙古国找到巨大的潜在市场

续表

国家或地区	优势分析	劣势分析	参与东北亚区域经济合作的利益
中国东北地区	劳动力资源极为充裕，自然资源比较丰富，盛产玉米、大豆，土特产品丰富，森林工业发达，在劳动密集型、资源密集型产品，重工业产品生产以及深加工的轻工、纺织服装出口方面具有较强的国际竞争力	资金缺乏，老工业基地设备陈旧	充分利用日本、韩国的资本、先进技术和先进的管理经验，振兴东北地区等老工业基地
韩国	资本雄厚，技术、设备和产品先进	缺乏能源和工业资源，劳动力不足	延边是韩国中小企业投资的热土，而韩国又是延边劳务输出的重要场所
朝鲜	金属矿产资源比较丰富，如铁矿、煤炭、菱镁矿、钨矿、石墨、金、银、锡等储量很大，水产品资源较丰，森林资源和旅游资源丰富，劳动力资源充余，有待开发	资金短缺，农副产品和轻工产品供应不足，工业设备陈旧，技术落后，而石油、天然气、可炼焦煤等基础性工业资源又严重短缺	中朝两国经济合作与贸易发展潜力极大
俄罗斯远东地区	地大物博、地广人稀，森林资源丰厚，而地下矿藏甚丰，是黄金、金刚石、锡的重要产地，战略性的金属资源如铀、锂、硼储藏量极丰，铁矿、煤矿储量为世界前茅，石油、天然气储量很大。钢和化肥产量很高	劳动力严重短缺，资金缺乏，企业开工不足，设备利管理落后，致使自然资源仍处在待开发状态。所需的轻工产品、机械工业产品、电站燃料大部分，以及农产品需求的一半以上，都要从俄罗斯西部地区运来，增加了运输成本	发展中俄经济合作有很大的互补性和深厚的基础
蒙古	地域辽阔，人烟稀少，人口密度小，劳动力缺乏，以粗放畜牧业为主，制造业以畜产品加工为主，地下资源石油、褐煤、氟矿石的蕴藏量较多	缺乏资金、技术、设备及农产品和轻工产品，更缺少与东北亚各国联系的通道，制约其经济发展	参与东北亚区域经济合作可以加强与东北亚邻国联系，是加速自身发展的先决条件

从上表不同国家和地区经济资源的比较分析，根据东北亚区域各国间生产要素互补性的分析，我认为，充分利用日本、韩国的资本、技术和先进的管理经验，支持中国、俄罗斯、朝鲜、蒙古的劳动力资源和自然资源的开发，改造传统的制造业；充分利用中国劳动力资源和巨大的市场容量，可以吸纳日本、韩国高技术产业和产品的出口和资本输出，解决日本、韩国自然资源的不足，促进东北亚区域经济共同繁荣和发展。同时，俄国和朝鲜沿海港湾具备建设国际性大港的天然条件，随着国际贸易与投资自由化的发展，人流、物流、资金流、信息流的增加与扩大，未来珲春的金三角地区必然会形成现代化的港口群体。加上珲春这个陆上交通运输枢纽，把中、俄、朝三国腹地经济相连接，形成四通八达的立体交通网络体系，一个新的洲际通道将使亚欧、欧美大陆的运输距离和时间明显缩短。

（三）图们江通海航行权是中国的神圣主权，积极加强图们江流域的经济合作和开发是加速延边外向型经济发展的强大动力

图们江是中国的一条河流，发源于长白山天池东麓，图们江又是一条国际性河流，全长516公里，其中上中游的498公里江段为中朝河界，自珲春防川中俄边界至图们江口18公里（直线为15公里）江段为俄朝江界。中国原本是日本海的沿岸国家，而吉林省乃是一个沿海省。历史上，由于清政府的昏庸腐败，丧权辱国，使沙皇俄国夺取了我国外兴安岭以南，以黑龙江口到图们江口的100多万平方公里的国土，并封锁了中国的出海口。1886年，中俄签订了《中俄珲春东界约》，中国争得了经图们江出入日本海的权利。根据国际法的规定，河流上游的国家有权经下游出海。中国沿江居民一直利用这一权利出海捕鱼、做生意，并开辟了图们江至近海的国内和国际航运。1938年爆发了"张鼓峰事件"，苏日在此对峙加剧，当地居民的出海活动遂被中止。

1984年，东北师范大学、吉林省社会科学院和吉林省经贸厅的教授、专家经过调查研究，提出"利用图们江出海权乃是一个既有历史条约依据，又是一个现实可能的问题"，并建议国家迅速通过外交谈判，解决中国的恢复出海权问题。对此，吉林省政府和国家有关部门高度重视。1987年中苏重开边界谈判后，经我国外交部的积极努力，中苏两国政府于1991年5月16日签订了《关于中苏国界东段的协定》，苏方同意中国船只（悬挂中国国旗）可沿协定有关界点以下的图们江（苏称图曼那亚河）通海往返航行。1988年11月，朝鲜外长金永南访华期间，钱其琛外长向朝方提出了中国船舶经图们江出海航行问题。朝鲜外交部正式答复中方说，朝鲜政府同意中国船只在朝苏之间图们江流域航行。应当明确，图们江多国经济合作开发的设想，即利用图们地区特殊地缘优势开发东北亚金三角的思想正是在这一背景下由中国学者首先提出来的。

根据联合国开发计划署专家小组提出的《图们江下游地区开发计划》，图们江地区开发分两个阶段实施：第一阶段，以中国的珲春、俄罗斯的波谢特、朝鲜的罗津为顶点的三角形区域内建立一个面积为1000平方公里左右的小三角多国经济特区；第二阶段，再把其面积扩大10倍，即从中国的延吉到俄罗斯的符拉迪沃斯托克（海参崴）和朝鲜的清津，面积为1万平方公里的大三角多国经济特区，把它建成一个免税航运区和免税加工区。在如何建立经济特区的问题上，有两个方案：A方案主张，中、俄、朝三国在图们江口附近独自建立自由经济区，三国成立一个协调机构，对这一地区的发展、建设和合作进行协调；B方案主张，中、俄、朝三国在图们江口各拿出一部分土地，与日本、韩国、蒙古共同建设跨国自由贸易区。朝鲜同意 A 方案，认为罗津、清津港湾大水深，要求中国利用他们的港口。俄罗斯同意由 A 方案入手，以后再发展成为 B 方案，认为中国应当利用俄方的港口，以免建新港开支花费大，容易造成污染。中国主张 B 方案，认为建立自由贸易区可以加快东北亚区域国际合作的发展。由于三方各持己见，意见不统一，资金筹集有困难，致使图们江开发计划进度迟缓。于是 UNDP 认为，图们江开发条件不成熟，于 1993 年将原计划作了修改，并取消了原计划，把图们江开发计划的目标确定为"大三角"，其范围由朝鲜清津至中国延吉，再至俄罗斯纳霍德卡的三角地区，即包括朝鲜的罗津——先锋自由经济贸易区、中国延边和俄罗斯符拉迪沃托克和纳霍德卡自由经济区。原计划是要搞紧密型的跨国经济区，而现在则立足于各国建设自己的边境自由贸易区，开展双边和多边的地区经济合作，如中俄、中朝、俄朝之间的合作，而合作意愿将主要来自于民间和地方政府，由下而上地进行，UNDP 只起协助作用。2005 年 9 月 2 日，联合国开发计划署、图们江区域合作开发项目第八次政府间协调会议宣布：中、朝、韩、俄、蒙五国一致同意，将 1995 年签署的项目咨询委员会协议再延长 10 年；将合作区域扩大到整个图们江，包括中国的东北三省和内蒙古、朝鲜罗津经络贸易区、蒙古东部省份、韩国的东部沿海城市和俄罗斯滨海边新区的部分地区。扩大实施范围的目的，是为了参与方获得新的运输通道，并兴建新的基础设施，使贸易和能源运输便利化。

目前，图们江下游地区的国际合作开发仍处在松散型合作开发的初级阶段，而非国际合作开发的高级阶段。我认为，国际合作开发是图们江下游地区开发模式的正确选择。因为：

（1）只有实施国际合作开发战略才能取得国际社会的支持。UNDP 已经多次明确宣布，它只支持国际合作开发项目，而当事国单独开发的项目，不能得到 UNDP 的援款。

（2）在图们江下游地区开发项目中，中、俄、朝三国只有采取共同开发的模式，才能发挥出整体协作的优势，从而取得最佳的经济、社会和生态效益。

（3）从长远战略看，中、朝、俄三国只有在大金三角地区建立一个多国经济合作的开发区，才能使东北亚成为现代工业的发达地区，成为西太平洋金融、贸易、交通发达的枢纽，成为发达的世界物流中心，惠及东北亚六国 3 亿多人口的福祉。

实践证明，延边在东北亚区域经济合作中不仅具有重要的战略地位，而且在促进延边与周边国家对外经贸发展方面起着重要的作用。

第一，大力发展对外贸易，积极开拓国际市场，为延边经济社会发展做出了贡献。

2001 年以来，延边外贸出口商品呈现出以下四个特点：

（1）出口商品结构有较大改善，在传统出口商品中，易受国际市场波动影响的出口商品逐年下降，工业制成品、机电产品出口的比重逐年上升。

（2）贸易方式多元化格局逐步形成，边境贸易、加工贸易和一般贸易逐步走向繁荣，服务贸易异军突起。

（3）打破专业外贸公司独家垄断的局面，形成了外贸公司、外商投资企业、自营生产企业"三足鼎立"的多元化经营主体。

（4）以珲春出口加工区为依托、辐射东北亚的商品加工和流通中心的雏形基本形成。

截至 2004 年，全州拥有各类进出口经营权企业 438 家，比 2000 年增加 77 家；对外贸易伙伴已经达到 60 多个国家和地区，比 2000 年增加 20 多个国家和地区；全州对外贸易完成 57249 万美元，比上年增长 40.2%；高于吉林省 10 个百分点，高于全国

4.5个百分点，当年实现增量1.6亿美元，创进出口绝对值和年增长率历史最好水平，其中，出口完成36699万美元，增长30.4%，列居全省各地区本级排序第二位；进口完成20550万美元，增长61.9%，为延边实施"十一五"规划，实现经济跨越式发展奠定了坚实的基础。

第二，大力开展招商引资，促进产业全面提升，转变增长方式，为振兴东北老工业基地建设做出了贡献。

延边按照"国内为主，国外为辅，国内外并举"的招商引资原则，在国内以长江三角洲、珠江三角洲和环渤海经济圈为重点，瞄准知名品牌和大企业，进行"叩门"招商，实行"以外引外"，先后引进了中国大唐、山东晨鸣、娃哈哈、汇源果汁、紫金矿业、哈啤公司等国内著名企业，有效地实施产权制度改革，盘活存量，带动了产业的全面提升。例如，2003年还亏损的石岘造纸厂，通过企业改制、改造，去年实现销售收入达12亿元，产量突破27万吨，利税实现1.2亿多元。又如中国大唐公司投资16.7亿元的珲春电厂86万千瓦机组项目，不仅能带动年产400万吨煤矿的开发，又将给珲春带来1亿多元的税收。

在利用国外资金方面，延边采取更加灵活的招商方式，积极尝试委托代理招商、网上招商以及举办贸易洽谈会和贸易推介会等方式，把招商引资的重点放在韩国。通过建立特色产业园、韩国中小企业工业园、高科技创业园、民营科技工业企业园等各类经济园区，为招商引资提供良好的外部环境和多方位、多层次的投资领域。对于科技含量高、成长性好的国外企业，提供优惠的政策，促其成长壮大。例如，延吉喜来健公司是韩国投资的企业，起步时只投资了20万美元，生产医疗保健器械，2004年销售额达1.23亿元，利税4140万元，获得良好的经济效益。利用当地资源优势吸引国外资金，深度开发了水电、矿泉水、药材等资源，壮大了林产、食品、医药等优势产业；利用周边国家优势资源招商，引进和建设一批面向国际市场的木材、矿产品的出口加工项目；利用当地良好的生态资源招商，引进并建设了一批绿色农业和绿色食品加工项目。涌现出天池工贸、珲春亨通等一批发展潜力大、带动作用强的外向型大中企业，外向型经济对国民经济发展的贡献日益突出，所占比重不断加大。

第三，积极鼓励企业"走出去"，进行国外投资，获得了"双赢"效果。

延边经国家发改委批准的国外投资项目如吉林新元木业、珲春林业集团、延吉卷烟厂、和龙酒厂在国外投资项目建厂工作正在有条不紊地进行。其中，延吉卷烟厂在朝鲜罗先市实现了当年建厂、当年投产、当年见效的目标，现已累计生产卷烟10万大箱，实现销售收入1.2亿元，收回了全部投资。同时，又促进了罗先市的经济繁荣与发展。

第四，大力发展劳务输出，积极开拓国际劳务市场和大力发展服务贸易，缓解了就业与需求的不平衡。

劳务输出是延边重要的支柱产业，也是百姓致富，推动地方经济增长的重要动力。2001年以来，延边派出的劳务人员已经扩展到韩国、日本、北美等20多个国家和地区。2001年经省人大批准的《延边朝鲜族自治州对外劳务合作管理条例》是全国第一部对外劳务管理方面的法律条例。劳务培训机构日趋完善，形成了以龙井市智新镇为代表的6个劳务输出资源基地和以延边出国人员培训院为代表的12个出国人员培训基地。2001—2004年，全州外派劳务累计59943人次，签订对外工程承包合同累计81份，因私涉外收入21.6亿美元，居全省各地区之首。

二 延边具备加快对外经贸发展的比较
优势和良好的物质基础

从上述分析，我们可以看到，延边在东北亚区域经济合作和对外经贸发展方面走在吉林省的前列，实现了跨越式发展，取得了巨大的成就。之所以如此，是因为延边具有吉林省其他地区所不具备的五大比较优势。从发展经济学的观点看，发展区域经济合作，必须具备四个条件：一是稳定的国际政治经济环境；二是必备的贸易交往与经济合作的功能；三是良好的交通运输条件；四是充足的资源供给能力。目前，延边已经初步具备了加快自身经济发展的条件。

（一）独特的地缘优势

延边位于吉林省的东部，地处中、俄、朝三国交界的"金三角"地带，是东北亚区域经济、人口、地理三个重心的交汇点，具有区域开发和经济合作的独特的地缘优势和经济发展的巨大潜力和条件。延边又是吉林省唯一具有海上门户地利的地区，拥有珲春、图们、龙井、和龙、安图五个市（县）与俄罗斯、朝鲜接壤，现有11个对外开放口岸：图们铁路口岸、图们公路口岸、沙坨子口岸、南坪口岸、古成里口岸、三合口岸、开山屯口岸、圈河口岸、珲春铁路口岸、珲春（长岭子）公路口岸和延边机场，初步形成了海、陆、空立体外延式交通网络。

珲春是全国14个边境经济合作区之一，珲春的"金三角"地区是东北亚未来跨国性大都市最佳选择地，将成为全球的贸易和物流中心之一，也是中国少见的、具有特色和魅力的地方。珲春是我国东北地区重要的木材进出口口岸，是通向东北亚和走向世界的最佳窗口，运距最短。珲春防川镇最近处距日本海只有15公里，距俄罗斯的波谢·特仅4公里，距日本海沿岸的主要港口——俄罗斯的扎鲁比诺、符拉迪沃斯托克、朝鲜的罗津、清津港，韩国的束草、釜山港，日本的新潟、秋田等港口，距离最近的仅有42公里，最远的也不超过900公里。而且从日本新潟经延边到俄罗斯赤塔一带，比经过符拉迪沃斯托克绕行西伯利亚铁路要缩短1500公里。目前，珲春经朝鲜罗津至韩国釜山，经俄罗斯波谢特至日本秋田，经俄罗斯扎鲁比诺至韩国束草等航线运营良好。因此，利用好这一特殊的地缘优势，加大开发力度，一定会加快延边对外开放的步伐。

（二）丰富的自然资源优势

延边地处中国十大名山排行第六的长白山区，素有"长白林海"之称，全州林地面积322.8万公顷，森林覆盖率达80.3%，是中国重点木材产区。地上动植物资源品种繁多，拥有各类野生动物250多种，野生植物2460多种。境内盛产人参、鹿茸、貂皮，被誉为"中国东北三宝"。据有关人士估计，长白山区各种野生绿色食品、资源的开发利用，目前尚不到百分之一，开发潜力巨大。境内有大小河流487条，水能蕴藏量为140万千瓦。地下矿藏极为丰富，拥有50多种金属矿产和40多种非金属矿产，正待开发，将由潜在的资源优势转化为现实的经济优势，特别是外贸出口的优势。

（三）特色产业优势

产业的发展是对外贸易的基础，而产业的集聚又是产生规模经济的先决条件。目前，延边已经形成具有明显特色的林工产业、食品产业、医药产业三大支柱产业。其中，林工产业（含造纸产业），如白河刨花板、敦化丹峰林业复合地板、敦化福敦木业高密度板、和龙中密度纤维板等生产已经形成深加工生产体系，林工产业总产值占全州工业总产值的 30% 左右；食品产业如延吉的长白山牌香烟、汪清的黑木耳及山珍加工食品，图们特产实业人参、敦化敖东玉米方便面，以及山野菜、苏子叶、菊花、五味子、蜂蜜等特色产业工业总产值占全州工业总产值的 14% 左右；医药产业，全州拥有制药企业 47 家，拥有鹿系列产品加工、熊系列产品加工、林蛙系列产品加工等产业化项目，还拥有安神补脑液、人参口服液、草仙乙肝胶囊、熊胆粉冲剂、鹿胎颗粒等国内外知名品牌，医药产业工业总产值占全州工业总产值的 17% 左右。一批包括能源矿产业、对外经贸产业、劳务输出、文化旅游产业以及房地产业等新兴优势产业正在形成。

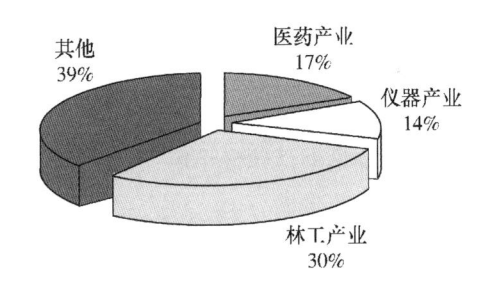

延边特色产业比例图

（四）独特的人文优势

在延边人口中，朝鲜族占 37.69%，他们既懂朝语又懂汉语的人才众多，与韩国和朝鲜人打交道不存在语言文字障碍，因此，韩国人到延边投资拥有强烈的愿望。而且朝鲜族与韩国、朝鲜在饮食文化、文体爱好、敢闯敢干等方面具有共同的特点。延边人均文化程度和劳动者素质比较高，易于接受新知识、新技术，竞争服务意识较强。随着朝鲜改革开放的扩大和经济的不断发展，延边与朝鲜的经济技术合作和贸易往来，必然会逐年增加，发展潜力很大。目前，同延边朝鲜族有血缘关系的侨胞分布在世界一百多个国家和地区，可谓点多面广，信息灵通。

近年来，延边每年都有几万人自发地走出国门，到韩国、日本、美国、澳大利亚，以及欧洲二十多个国家去做生意、打工，每年换回的外汇收入相当客观，这正是近年来延边房地产业发展很快，第三产业迅猛发展的根本原因。

（五）国内最优惠的政策优势

延边是我国少数民族聚居的地区。延边在抗日战争时期曾是中国的革命老区，是东北老工业基地的组成部分，也是全国少数民族地区的模范自治州。为加快延边的经济和社会发展，缩小地区发展的差距，国家赋予延边享受西部大开发和振兴东北老工业基地的优惠政策。支持少数民族地区加快发展，是党的十六大作出的重大战略决策，也是全面建设小康社会，构建和谐社会的现实需要和战略选择。在地带划分上，延边属于我国中部地区，但在经济上却属于欠发达的少数民族聚居地区，国家允许延边享受湖南湘西自治州和湖北恩施自治州的优惠政策。2005年5月19日，温家宝总理签署的国务院第435号令，《国务院实施〈中华人民共和国民族区域自治法〉若干规定》，自5月31日起施行。还将出台《中共中央、国务院关于加快少数民族和民族地区发展的决定》。这些法律规定包括：（1）"优先在民族自治地方安排基础设施项目"；（2）"适当增加用于民族自治地方基础设施建设的比重"；（3）"适当降低配套资金的比例"；（4）"优先在民族自治地方安排资源开发和深加工项目"；（5）"国家鼓励与外国接壤的民族自治地方依法与周边国家开展区域经济技术合作和边境贸易";(6)"引导和组织当地群众有序地外出经商务工"等等。中央这一系列重大举措,将再一次给延边加快发展提供前所未有的历史性机遇。

延边不仅具有对外经贸发展的五大优势,而且为加快对外经贸发展创造了良好的物质条件。主要表现在:

(1)珲春边境经济合作区,是一个以发展出口加工工业和高科技产业为主,兼有金融、商贸、旅游、房地产等业务的综合性开发区。首先,它具有边境经济合作区、出口加工区和边境互市贸易区"三位一体模式"和功能。合作区内实行"境内关外"的监管方式,实质是保税区,加工贸易的最佳场所和载体。区内先后建成了紫金矿业、森林王地板、金发木业、致远工业园、裘邦尔纺织、风华制衣等一批骨干企业,合作区现有注册企业73户,项目总投资3.41亿美元,实际利用外资9086万美元,初步形成了以纺织服装、木材加工、电子、水产品加工等为支柱的主导产业。工业经济保持较快增长,已经占珲春市工业生产总值的21%,国内生产总值以平均每年20.9%的速度递增。2004年,实现国内生产总值4.48亿元,工业总产值10.3亿元,完成进出口总额7800万美元,其中,出口总额6040万美元,工业企业出口额3710万美元,实现财政收入3364万元,区域经济呈现快速增长势头。

其次,珲春出口加工区的产业格局已经形成。在加工区内,来自韩国、日本等国家和地区的14家加工企业投资办厂,其中,韩国企业6家,日资企业3家,合资企业2家,内资企业3家。计划投资额3.2亿元,实现到位资金7000万元。

再次,珲春中俄互市贸易区,给广大边民和地方经济发展带来益处。已经与深圳铭川公司、长春新悦集团、俄罗斯金雕公司等80多家中俄企业签订了入区合作经营开发协议，400多名个体私营业主登记准备入区经营。互贸区于2001年12月投入试运营，截止到2004年12月底，接待俄边民达84896多人次，中国边民25.5万人次；实现互市贸易额3.862亿元人民币，其中，进口1.68亿元，出口2.18亿元，发展态势良好。

（2）敦化经济开发区是新兴工业化城市敦化市的对外开放的先行区、结构调整的示范区、重点项目的摆放区、招商引资的聚集区和科技转化、体制创新的试验区。到目前为止，该开发区已经引进工业加工项目33个，累计投资8.8亿元，其中，11个项目已经基本实现达产达效。初步形成了木制品加工业、制药业、食品加工业、建材业、机械加工业五大支柱产业竞相发展的格局。其中，福敦木业的复合门和复合地板，中联木业的中密度超薄板，正兴磨料的碳化硼微粉，鸿发食品的冻干食品，华瑞建材的墙体材料，东升公司的生化鼠药，草还舟药业的中成药，以及富康动物药的粉针剂和水针剂等产品，都有很好的市场前景。2004年，敦化经济开发区实现国内生产总值10.5亿元，同比增长9％；完成工业总产值18.8亿元，同比增长8％；实现财政收入4800万元，同比增长9％，经济总量占全市的1/3以上。

（3）延吉经济开发区已经初步形成韩国中小企业工业团体、高新技术创业团体和民营科技工业园"一区多园"的发展模式。现有食品生产、生物制药、玻璃制造、铝业加工、电子行业等各类企业90家，其中中外合资企业30家，内资企业60家。北京汇源果汁、吉林敖东药业、北京同仁堂药业集团、杭州娃哈哈集团、韩国喜来健、海彼拉因等一批国内品牌企业和韩国中小高科技企业入驻。2004年实现国内生产总值9.58亿元，完成工业总产值1.34亿元，工业企业完成进出口总额1078万美元，实现财政收入5470万元。

(4) 图们经济开发区的建立有力地拉动了区内经济的快速发展。截至2004年底,图们经济开发区已经储备项目62个,洽谈项目42个,开工建设项目5个,基本形成以食品、保健补品精加工、塑料制品加工、新型建材工业等为主的支柱产业。其中,中朝合资的燕子塑料三层膜,美国泛西方公司生产的高档垃圾袋,延边特产实业公司生产的高丽参精和即将投入生产的辽宁兴鞍异型钢加工项目,将有力地拉动区内经济的快速发展。2004年区内工业总产值已经达到1.7亿元,占市属工业总产值的35%。

其他未建立经济开发区的龙井市、和龙市、汪清县,都因地制宜,立足当地资源,建立出口生产基地,大力发展开放型经济,均收到一定的效果。

三 制约延边对外经贸发展的瓶颈因素和对策建议

在充分肯定延边对外经贸发展成绩的同时,我们还要看到发展的差距和瓶颈因素。

(一) 交通运输基础设施建设滞后,通而不畅,仍不适应扩大对外开放的需要

自1995年10月以来,我国利用俄、朝港口先后开通了珲春—圈河—罗津(朝)—釜山(韩)定期集装箱运输航线;珲春—长岭子—波谢特(俄)—秋田(日)定期集装箱航线;珲春—长岭子—扎鲁比诺(俄)—伊予三岛(日)不定期散货航线;珲春—圈河—罗津—蔚山(韩)不定期散货航线。但目前的通道航线状况距离兴建东北亚地区重要货物集散地的发展方向差距还相当大。

一是通道基础设施各自兴建,很不配套。中方兴建态度积极,目前,延边珲春已经投资3亿元,修好了通往中朝各口岸的公路,而朝鲜至今还没有把罗津—元汀公路修起来,由于路窄、坡陡、弯急、路面凸凹不平,致使雨雪天无法通车。珲春—卡梅绍娃亚中俄国际铁路标准轨只铺设到卡梅绍娃亚,在中俄境内均属地方铁路,运价过高,而且距扎鲁比诺港50公里,需要换装,不但延误了时间又增加了运输成本,致使日本、韩国客商不敢利用这一通道导致货源外流。如果这一瓶颈难题能够及早地加以解决,那么,日本、韩国企业进口我国东北的煤炭、粮食、稻草、土特产品,以及中国的外资企业所需的进口部分原材料和出口产品,则可以大大降低进出口成本,提高经济效益,大大增加运输量。

二是口岸出入境通道通而不畅。2001年,中国珲春市筹措口岸建设资金2500万元(人民币),进行珲春口岸查验楼、圈河口岸查验楼和铁路口岸旅客通道建设,使中方各口岸的通关环境大为改善,珲春口岸和圈河口岸的通关能力分别达到年运货60万吨和年过客60万人次的规模。但是,对面的俄、朝口岸设施陈旧简陋,查验通道过少,在口岸规模和验收能力上远远比不上中方口岸。目前,珲春口岸和圈河口岸分别设置了出入境旅客检查通道各8条和6条,每小时出入境人员验收能力为1000人次,但俄罗斯克拉斯基诺口岸和朝鲜元汀口岸的出入境旅客检验通道仅为2条和1条,远远满足不了目前货客的通关需要,经常发生堵塞现象。

三是中方对俄贸易实体较少,货源供给不足。自1995年以来,延边现通集团先后开通了珲春—罗津—釜山,珲春—波谢特—秋田定期集装箱航线,但由于货源供应不足,每个航次装载率只有30%—60%。由于货源不足,尽管每10天一个班轮,但仍处于大马拉小车的状态，导致海运价格昂贵而缺乏竞争力。

在国内通道建设方面，也存在一些障碍。珲春至长春高速公路建设，目前，只建成延吉—图们28.7公里高速公路，敦化到延吉高速公路正在建设当中，珲春至长春高速公路计划在"十一五"期间完成。建设中，投资100亿元，计划2007年完成。目前，汽车由珲春—长春需要运行6小时，而货车运行则需要7—8小时，道路弯曲度大，盘山道多，冬季翻车事故时常发生。铁路建设更是落后，目前，由东宁至珲春段没有边境铁路，由绥芬河至珲春只能绕行牡丹江—汪清—图们—珲春。图们—珲春—长岭子铁路支干线也需要建设。因此，建议把这段铁路建设纳入国家"东边道""十一五"规划中来。

（二）中俄、中朝跨国经济合作的大项目建设的落实，尚缺乏有力的动力机制

针对珲春毗邻的俄罗斯、朝鲜5个天然港口普遍利用不足的问题，俄朝都期望借我国实施振兴东北老工业基地的契机，加快自己发展的速度。珲春边境经济合作区管委会新一届领导班子组建后，转变观念，创新思维，在认真总结和科学分析珲春开发和图们江开发的实践经验的基础上，大胆提出"从经济合作的层面打开国门，用项目建设的方式畅通口岸，以两国地方政府间运作促进双边经济发展"的借港出海、畅通口岸的新战略。他们主动与具有港口码头、公路桥梁、工业区开发建设实力和经验的浙江嘉兴市一个公司协商联系，通过谈判，与其达成了由该公司实施中"路、港、关"一体化和中朝俄"路、港、区一体化"项目建设的共识。利用与俄罗斯哈桑区、朝鲜罗先市相邻的地缘关系，派专人开展活动，向俄朝地方政府官员渗透跨国项目合作的内容和意义。积极与吉林省政府图们江开发办协调，将中俄

"路、港、关"和中朝"路、港、区一体化"项目建设纳入图们江项目开发的整体框架之中。2003年12月12日，吉林省政府开发办、嘉兴公司、吉林大学东北亚研究院、珲春口岸办、合作区驻俄办等政府、企业和学者代表团分别赴俄、朝进行谈判，俄朝地方政府完全赞同中方的倡议和设想。经过多次谈判协商，中方提出的"路、港、区一体化"项目建设方案，已经得到朝鲜中央的原则同意。

为了尽快启动珲春到罗津港的通道建设，解决中朝两国物流畅通的瓶颈问题，2005年年初，珲春合作区管委会向州委州政府建议实施中国珲春—朝鲜罗先"路港区一体化"项目。其内容主要包括：

（1）公路由中方企业浙江嘉兴的公司投资建设珲春圈河口岸至朝鲜罗津港二级公路，总投资在1.5亿元以上。投资回报方式是在中方境内设置收费站，向进入该通道的车辆收取通行费。

（2）海港由朝方给予中方企业50年罗津港现有码头泊位的独家无偿使用权和经营权，并对规划开发的泊位拥有优先投资权。中方企业对港口项目投入与公路建设相当的建设资金，以更新港口设备和设施。

（3）园区为扩大路港货流中转的增值效益，在罗津港周围区域设立"浙江工业园区"，朝方划出5—10平方公里土地，由中方投资者开发。这样通过货流带动贸易，由贸易拉动投资，由投资促进三产的形式，为解决通道不畅问题找到了突破口，为繁荣和发展珲春和罗津的经济合作创造"双赢"条件。

我们认为，该项目的启动具有重要的战略意义：

（1）它的实施对延边乃至吉林省的改革开放将是一个重大突破，对贯彻"走出去"、"引进来"，实施西部大开发政策和振兴东北老工业基地战略也会起到重大作用。

（2）它的实施，相当于把朝鲜罗津港口直接延伸至我国东北腹地，把珲春与内地、珲春与港口紧密联系起来，建立起一条国际贸易和国内相连接的海上通道，这不仅会使我国东北重化工产品通过罗津港输往韩国和日本乃至欧美等国家地区，实现进出口货物的海上运输便捷通道，而且会使东北地区丰富的粮食、木材、矿产、石油等大宗资源性商品，通过罗津港运至我国南方沿海地区，形成国内贸易货物海上运输的便捷通道，以降低运输成本，缓解运输压力。

（3）它的实施，对提升中朝双边经贸合作水平和层次，推动珲春和罗先地区的贸易增长，推进 UNDP 图们江区域项目开发，实现国际资源的合理配置都具有不可低估的重要作用。

但是，目前"路港区一体化"的开发建设启动中，中方仅限于珲春市委、珲春边境经济合作区管委会层面运作，而省、州政府尚未建立相应的高层次专门运作机构，致使该项目中朝双方谈判达成的意见不能以省、州的名义及时上报国家相关部门得到认可，在一定程度上贻误了开发的战机。浙江省政府和嘉兴市政府高度重视嘉兴企业与珲春市、合作区管委会实施的"路港区一体化"项目建设，他们把该项目视为浙江省投身振兴东北工业战略的重大举措，并做出了迅速推进该项目的决定。由嘉兴市政府主要领导亲自挂帅、省级相关部门就推进东北亚通道项目在国家有关部门做了大量的卓有成效的工作，项目投资企业积极督促吉林省、州政府尽快与浙江省、嘉兴市政府达成有关协议，以两省政府的名义共同向国家海关总署、交通部报送相关文件。但是，由于"路港区一体化"建设项目与吉林省政府开发办构想的中朝跨国经济合作区建设没有有机结合起来，致使中朝双方谈判时出现中方内部的看法不一致，结果导致该项目迟迟未能得到实质性的进展。为此，我们建议：

（1）州委和州政府应从图们江下游开发的战略高度，充分认识到罗先、珲春两个边境城市对图们江下游地区项目开发的战略地位，尽快启动珲春到罗津港的通道建设，解决两国物流不畅的问题。目前，当务之急的是以州委州政府为主体，统一省开发办、珲春市和投资企业的开发构想的认识，加强协调，把"路港区一体化"项目建设与中朝跨国经济合作区建设有机地结合起来。

（2）州委州政府应该成立专门办事机构，由州委州政府主要领导挂帅，明确任务、落实责任，以州委州政府的名义向省委省政府和国家相关部委逐级上报，尽快与浙江省委省政府、嘉兴市市委市政府形成高层合作机制，加快珲春、罗先"路港区一体化"项目的建设步伐。

（三）与朝鲜合作开发茂山铁矿资源大项目，尚存在诸多矛盾或障碍，必须从战略的高度引起省州领导的重视，认真研究，加以解决

朝鲜茂山铁矿位于朝鲜咸镜北道茂山郡境内的茂山铁峰、图们江上游地区，与和龙市隔江相望，该矿距和龙市德化镇南坪口岸仅有8公里，有公路桥相通。茂山铁矿已经探明储量100亿吨，可开采量30亿吨，从1937年日本占领时期开采至今已经采3亿吨，目前，露天可采量有10亿吨，原矿品位为33%左右。朝鲜曾于20世纪六七十年代对该矿进行大规模扩建，设计能力为年产初选矿粉800万吨，但从未达到过设计生产能力。近10年来，由于朝鲜经济困难不断加重，该矿大部分设备老化，无力改造更新，产量下降甚至有停产的危险。

20世纪90年代，吉林省通化钢铁公司和一些外贸公司就曾与茂山铁矿有过进口矿粉的贸易合作，但由于茂山铁矿生产的精矿粉达不到我国国内冶炼使用标准，再加上当时朝鲜政府的合作态度不明朗，投资环境不稳定，致使通钢与茂山铁矿的贸易合作终止，投资改造的设想也停滞。近年来，随着朝鲜经济逐步实行对外开放，吉林省与朝鲜合作开发茂山铁矿项目又重新提到日程。经过中朝双边多次会谈，朝方表现非常主动积极，朝鲜金属机械工业省金承勋相（目前已出任政务院副总理）在会谈中表示：铁矿向吉林出口没问题，如果吉林投资的话我们国家可以担保。应当认识到，与朝鲜合作开发茂山铁矿，利用茂山铁矿粉资源，对吉林省扩大钢铁生产能力，降低钢铁企业生产成本有积极的促进作用。朝鲜茂山铁矿生产能力的提高也意味着朝鲜对外支付能力的提高，这对于扩大对朝边境贸易，降低贸易风险提供了保障。

但是，这一项目的实施，目前还有一些亟待解决的问题。

（1）投资高达近3亿元人民币，巨额资金筹措比较艰难，建议通过政策性银行对其流动资金贷款进行优先安排。

（2）能源电力配套问题必须保证，国内兄弟省的竞争问题必须解决。目前，朝鲜金属机械省对外经济合作局在哈尔滨签署了合作备忘录，其内容有：第一，由黑龙江省企业向朝鲜黑色金属进出口会社出口50万吨洗精煤，朝方向黑龙江出口等值的热轧钢板。第二，启动朝鲜金策炼铁联合企业的2号高炉改造项目，用其生产的生铁偿还黑龙江的投资。

（3）我方参与该项目的企业有延边天池工贸有限公司、中国钢铁集团、吉林省通化钢铁公司、吉林省冶金控股公司四家企业，因为体制不同，利益各异，需要加强配合协调。

为了搞好与朝鲜合作开发茂山铁矿资源这个战略性大项目，现提出如下建议：

（1）中朝双方应该明确合作方式：第一，以补偿贸易的方式对朝鲜茂山铁矿选矿设备进行改造，中方主要投入设备和技术，帮助茂山铁矿提高生产能力，使生产能力从目前的 100 多万吨提高到 500 万吨；由朝方生产出的铁精粉来偿还我方的投资贸易方式。第二，为降低投资风险，朝方应以现有库存的 60 万吨铁精粉为投资担保，在投入实施过程中应保证边投入、边生产、边补偿的原则，朝方在实现 500 万吨生产能力的同时，对中方投入的补偿也应完成。

（2）项目投资和补偿完成后，朝方应保证每年向吉林省提供 300 万吨矿粉。

（3）建议朝鲜政府在每年向我国政府提供的接受中国援助物资清单中，提出茂山铁矿改造设备用款，以吉林省冶金控股公司为主承办，争取国家经援项目。

(原载《吉林省延边朝鲜族自治州经济发展战略研究》，北京计鹏信息咨询有限公司编制，2005 年 12 月）

反倾销应诉问题研究

新颁布的《中华人民共和国反倾销条例》，自2002年1月1日起施行。《条例》从法律上对反倾销的有关问题，如倾销与损害、反倾销调查、反倾销措施、反倾销税和价格承诺的期限与复审条款作出了原则规定，为政府、行业协会、进出口商会和进出口企业反倾销应诉提供了法律依据。《条例》第二条规定，进口以倾销方式进入中华人民共和国市场，并对已经建立的国内产业造成实质损害或者产生实质损害，威胁或者对已建立国内产业造成实质阻碍的，依照本条例的规定进行调查，采取反倾销措施。第三条规定，倾销，是指在正常贸易过程中进口产品以低于其正常价值的出口价格进入中华人民共和国市场。以上是就进口而言的。对出口而言，《条例》第五十六条规定，任何国家（地区）对中华人民共和国的出口产品采取歧视性反倾销措施的，中华人民共和国可以根据实际情况对该国家（地区）采取相应的措施。上述规定完全符合世界贸易组织《反倾销协议》，即国际反倾销法的基本宗旨精神，我们必须严格遵照执行，以维护公平竞争的国际贸易秩序和保护我国企业的合法权益。

一　充分认识国外对华反倾销应诉的重要性

为了做好反倾销调查的立案工作，保护我国企业的合法权益，对外贸易经济合作部根据《中华人民共和国反倾销条例》制定了《反倾销调查立案规则》，自 2002 年 3 月 13 日起施行。这一规则对反倾销的申请人资格、申请、立案都作出了明确的规定，从而使我国的反倾销应诉走上符合 WTO 要求的法制轨道，意义重大而深远。

首先，积极做好反倾销应诉是保护国家产业安全的需要。倾销与反倾销并非什么新"发明"，而是历来西方国家惯用的贸易竞争的手段之一。在产业革命后，英国曾是世界"日不落帝国"、"世界工厂"，为了资产阶级国家利益，转移"生产过剩"、"出口过剩"危机，到处寻找国外市场，大肆侵占殖民地。英国当时就是以商品"倾销"为手段，向国外倾销工业品。马克思在描述英国倾销的情景时这样写道："当中国的白银流到中印边境的时候，英国和美国把自己的工业品大量倾销到中国的太平洋沿岸地区；这也就说明为什么 1842 年白银在现代贸易史上第一次大量地真正由亚洲输往欧洲。"[①] 列宁在《帝国主义是资本主义的最高阶段》一文中，更是一针见血地指出："卡特尔和金融资本有一套'按倾销价格输出'的做法，也就是英国人所说的'抛售'的做法；卡特尔在国内按垄断的高价出卖产品，而在国外却按极低廉的价格销售，以便打倒自己的竞争者，把自己的生产扩大到最大限度等等。"[②] 因此，不难看出，倾销的目的就是

[①] 《马克思恩格斯全集》第 12 卷，人民出版社 1962 年版，第 73 页。
[②] 《列宁全集》第 27 卷，人民出版社 1990 年版，第 426 页。

为了争夺世界市场，排挤他国产品，以获取高额利润。

今天，与旧中国不同，中国是独立的主权国家，WTO 成员国，依据国际反倾销法对国外反倾销的应诉，是维护我国贸易利益、保护国家产业安全和企业合法权益的重要手段。根据 WTO 的统计，近年来我国反倾销应诉案件的绝对胜诉率，即不被国外征收反倾销税，已达到 35.7%。例如，加拿大海关税收署于 2001 年 3 月 12 日，正式立案调查中国宝钢集团冷轧钢板"倾销"案件，由于宝钢集团积极参与应诉，提供大量确凿证据，在外经贸部、中国钢铁工业协会的大力支持下，中国五矿进出口商会及时组织有关涉诉企业应对调查，在确凿证据面前，加拿大国际贸易法庭于 2001 年 10 月上旬，就中国冷轧钢板反倾销的损害问题作出最后裁决，裁定包括来自中国等国家和地区的冷轧钢板对加拿大国内相关产业没有造成实质性损害，或存在损害的威胁，结果该案以中方获胜而告终。又如，欧盟对我国 6 家钢铁企业出口中厚钢板反倾销案提出诉讼后，由于我国马鞍山钢铁股份公司等 6 家企业积极应诉，各相关部门高度重视，我国 6 家应诉企业被最终裁决反倾销税率为 8.1%，低于印度和罗马尼亚的反倾销税率，这样不仅把我国的经济损失降低到最低程度，而且可以继续向欧盟出口中厚钢板产品，保住了出口市场，而对中国未应诉的企业欧盟则征收 30% 的反倾销税率。如果我国所有涉案企业都能积极应诉，那么，最后终裁我方倾销税率不会超过 3%。

其次，积极作好反倾销应诉是保证扩大出口，增强产品竞争力和提高经济效益的需要。随着经济全球化、信息技术和国际贸易的迅速发展，20 世纪 90 年代以来，国际贸易中倾销与反倾销案件大大增加了。由 40 年代的几件、几十件，发展到 80 年代和 90 年代的上百件。据统计，近年来世界反倾销立案数呈上升趋势。1995年156起、1996年221起、1997年242起、1998年232起、1999年339起、2000年251起、2001年上半年134起。我国自1996年起就成为世界上出口产品受到反倾销调查最多的国家。据有关部门估计，1996年以来，我国遭受国外反倾销造成的损失，约100多亿美元。例如1994年美国对中国大蒜出口进行反倾销调查，当时，由于有关出口公司没有进行反倾销应诉，结果被美国裁定征收高达376%的反倾销税。使中国出口的大蒜被彻底退出美国市场。

再次，积极作好反倾销应诉是扩大社会就业、促进社会稳定的迫切需要。积极作好反倾销应诉，不仅是关系到国家产业经济安全的大事、关系到增强国际竞争力的大事，而且也是关系到国家政治稳定、社会稳定的大事。因为劳动密集型产业和产品，或劳动密集型与资本密集型相结合的产业和产品，是我国的出口竞争优势产业和产品，也是缓解我国就业压力的重要产业。根据有关专家的研究估算，目前我国城镇失业人口为1000万左右。失业原因，除企业不景气、冗员太多，以及经济结构调整和产业升级而导致一部分职工下岗外，我认为与国外对华出口倾销冲击也有一定关系。因此，我们应当在这方面进行专项调查研究，为企业做好反倾销应诉提供事实根据。

应当看到，改革开放以来我国沿海地区在劳动密集型产品出口上已显示出很强的国际竞争力。我国在家用电器、部分机械、电子产品，以及纺织品服装等技术较成熟的劳动密集型产业的发展已具有一定规模，特别是劳动密集型中小企业，不仅创造了一定的社会就业机会，而且满足了国内外市场的需要，提高了我国出口商品的国际竞争力。据统计，在1978年，亚洲"四小龙"向工业化发达国家出口的劳动密集型产品占亚太地区劳动密集型产品出口总额的70%以上，当时，中国仅占不到10%。

改革开放20年后,中国已取代"四小龙",成为亚洲向工业化发达国家出口劳动密集型产品的主要出口国,中国出口到日本、澳大利亚、欧洲和北美的劳动密集型产品的出口市场份额,由20年前的不到10%,上升到42%。

二 国外对华反倾销的趋势和特点

国外对华反倾销调查,近年来呈上升趋势。根据WTO的统计,1990年到1999年,全世界反倾销案共有2483起,其中中国受到的倾销调查案为308件,占12.4%。2001年1月1日至6月30日,共有WTO18个成员国发起了134件反倾销调查,涉及41个国家和地区的出口产品。其中,以中国为涉案国就有22件,占立案总数的16%。同时,应当看到,在对我国实施反倾销调查的案件中,既有发达国家如美国、欧盟、澳大利亚、新西兰,也有发展中国家,如韩国、巴西、秘鲁、南非、印尼、以色列、墨西哥、菲律宾、波兰等14个国家和区域集团。还应当看到,国外对华反倾销有如下特点。

特点之一,我国成为国外反倾销的主要对象国和最大的受害者。我国在20世纪80年代以前,受国外反倾销投诉案件极少,而在80年代以来,特别是90年代以来我国已取代日本、韩国等主要国家成为国外反倾销的主要目标对象国,而且不少发展中国家也针对中国商品出口进行了反倾销调查。

特点之二,国外反倾销立案和最终反倾销措施中,主要集中在廉价的劳动密集型产品上。2001年上半年,共有65起反倾销立案,它们主要集中在廉价的劳动密集型行业,如钢铁和铝制品金属行业、塑料行业、纺织品行业。这些行业的产品恰恰是发达国家的劣势,是中国的比较优势。我国历年遭受到国外反倾销的出口商品，主要是我国具有比较优势的劳动密集型大宗出口商品，如纺织品服装、轻工产品包括箱包、鞋类、玩具，以及五矿化工等原料性产品，半成品如热轧卷板、热轧钢板等，这些产品附加价值低，技术含量低。

特点之三，我国被国外反倾销的出口商品，贸易量大，出口市场比较集中。我国第一大钢铁出口市场是美国，2000年1—8月，美国钢铁进口总额已超过100亿美元，比上一年同期增长29%，其中，由中国进口的数量就占其进口总量的21%以上，于是引起美国钢铁企业的抵制和恐慌。

三 国外对华反倾销诉讼案不断增多的原因

原因之一，国际贸易保护主义政策日益盛行。应当看到，西方各国为争夺各自的贸易利益，在国际贸易中"倾销与反倾销"一直不断，斗争相当激烈。为了加深对这一问题的理解，我们不妨从自由贸易与保护主义理论、政策的演变，作一简要的历史回顾。自19世纪初叶以来的一个相当长的时期内，以李嘉图的"比较成本学说"为基石的崇尚自由贸易、反对国家干预的主张，不仅支配着英国的国际贸易政策，而且影响德国、美国及英国的许多殖民地附属国的对外贸易。其政策的实质在于，英国的产品可以自由地跨越各主权国家的边界进入世界各地市场，并从那里获得廉价的原料和劳动力。

然而，英国的自由贸易却冲击了德国、美国的国内市场，阻碍着那里的机器大工业的建立，于是到了19世纪二三十年代，日益具有独立发展自身经济能力的德国、美国均先后借助关税壁垒，保护自身幼稚工业的发展。1841年，资产阶级的历史学派先驱人物德国的李斯特出版了《政治经济学的国民体系》一书，提出了与斯密和李嘉图针锋相对的理论，推动了当时的保护主义浪潮。自此，在资本主义世界中，自由主义与保护主义并行不悖，自由贸易便越来越具有相对的含义。

19世纪六七十年代，垄断现象在资本主义各国经济中相继出现，随之各先进资本主义国家都纷纷转向实行贸易保护主义，保护各自具有出口能力的工业部门。各国为了保护本国国内产业的生存和发展，各国议会通过立法手段来抵制国外的产品倾销。于是，在20世纪初，先后有加拿大、新西兰、澳大利亚、南非、美国等制定和颁布了反倾销法。第一次世界大战后，资本主义市场竞争加剧，1929年、1933年资本主义世界经济大危机，市场问题进一步尖锐化，许多国家再次提高关税，并开始实施许多非关税壁垒措施，掀起又一波保护主义浪潮，就连以往高唱"自由贸易"的英国，也转向全面保护贸易政策。

第二次世界大战后，美国凭借其经济实力，高举自由贸易的旗帜，挺进国际市场。为了早日推进贸易自由化，拟建立一个国际贸易组织，规范国际贸易秩序，在《关税及贸易总协定》第六条里对反倾销问题作了原则性的规定。20世纪70年代以前，贸易自由化是主要倾向，各主要资本主义国家关税水平明显降低，在1947—1974年间，多数工业国家关税从40%降为6%—8%。自1970年代初开始，贸易保护主义重新抬头，这时，非关税壁垒成为保护主义的主要手段。随着历时8年之久的乌拉圭回合谈判达成的世贸组织《反倾销协议》，在第一条总则中明确规定，反倾销措施仅应根据GATT1994第六条规定的情况实施，并要按照协议条款的规定发起并进行调查。根据反倾销法或条例采取的行动适用GATT1994第六条的下列条款。世贸组织反倾销协议自1995年1月1日世贸组织成立时生效。从以上简要回顾中，我们可以得出这样的结论，如果WTO成员国（地区）都能严格执行《反倾销协议》，它会在相当大的程度上起到抑制倾销、维护公平贸易秩序的目的，但如果各成员国尤其是发达的成员方对本国自身的过度保护，动辄对其他成员方包括中国出口实施反倾销调查，或采取反倾销措施，那就会形成歧视性反倾销措施，就会成为新的贸易保护主义壁垒。一些发达国家政府处于国内贸易利益集团受进口产品的冲击，或受在野党反对的政治压力，这也是造成国际贸易保护主义抬头的一个重要原因。

原因之二，"以量取胜"，单位出口商品换汇水平低。在国际市场上，意大利一双皮鞋能卖100美元左右，而我国的皮鞋仅能买十几美元；我国出口的衬衫一件只能卖十几美元，而法国和德国的衬衫能卖到七八十美元。再以热轧碳钢为例，1997年出口价格每吨310美元，1998年每吨268美元，1999年每吨价格228美元。1999年中期到2000年中期热轧碳钢出口价格从每吨221美元增长到每吨290美元，但仍低于320美元的美国国内市场的同期价格。这种低价竞销行为，就容易给国外反倾销抓住把柄。

原因之三，长期以来由于我们缺乏市场经济观念，只会用行政手段和计划手段管理对外经贸活动，不熟悉运用法律手段和市场手段管理外经贸活动有关。加之我们对西方发达国家的反倾销法不了解或知之甚少，缺乏"依法治贸"观念和市场营销理念，不会运用反倾销法这一WTO允许的合法手段保护自己也有一定关系。

除上述原因外，与我国出口商品结构非优化和出口商品质量和效益尚未根本改观，以及中介组织行业协会，进出口商会协调力度不够，企业对反倾销法不熟悉，缺乏反倾销意识和经验，企业不愿支付应诉费用、"坐便车"，坐享其成也有一定的关系。

四 积极做好反倾销应诉是维护国家利益、经济安全和企业合法权益的正当行为

第一,要认真学习 WTO 反倾销法和我国有关法规,掌握反倾销的法律武器。目前,在我国真正懂得反倾销法和熟练应用反倾销法律的专门人才为数不多,因此,学习、培训和宣传反倾销方面的有关法律知识,建立一支庞大的懂法、执法、司法队伍是一项紧迫任务。学习的内容,应包括世贸组织《反倾销协议》即国际反倾销法、《中华人民共和国反倾销条例》、我国对外贸易经济合作部发布的《反倾销调查立案暂行规则》,并结合在国际贸易和我国在反倾销调查与实施反倾销措施过程中的典型案例来加深理解,提高我们依法办事的素质和能力,以适应入世后反倾销应诉的迫切需要。

第二,要进一步转变政府职能,推进政企分开,减少政府对微观经济活动的直接干预。为了适应入世后加大反倾销的力度,依法维护国家产业经济的安全和企业的正当合法权益,对外贸易经济合作部已成立进出口公平贸易局,专司出口反倾销应诉和进口反倾销立案调查。国家经贸委专门成立了产业损害调查局,负责国内产业损害情况的调查。据有关专家和企业家反映,目前我国反倾销的政府职能很不到位,办案人员不足,立案时间很长,法规有待进一步完善,应及早制定《中华人民共和国反倾销法》及其相应配套法规。同时,政府应授予我国驻外使馆经济商务参赞处把经常调查分析、提供国外反倾销有关的信息作为一项重要职能,协助我国政府主管部门、进出口商会、行业协会搞好反倾销工作。

第三,要充分发挥进出口商会和行业协会的中介协调服务职

能。根据国外经验，商会和行业协会均属民间组织，提起反倾销诉讼案，也多是靠行业协会来挑头，很少有政府直接插手。因此，商会和行业协会，一是要真正为维护企业利益服务，防止把商会和行业协会办成"二政府"。二是要协调价格，防止和遏制"以量取胜"、粗放经营、低价竞销、"肥水流入外人田"的不正当竞争行为，对违者要予以惩罚。三是要建立反倾销的监测预警机制，对国外和国内大宗商品的有关经济指标，如销售、利润、产量、市场份额、生产率、投资收益或设备利用率的实际和潜在的下降、影响国内价格变动的因素、倾销幅度、现金流动、就业、工资、筹措资金或投资能力及库存等动态变化，进行预测分析，及时为反倾销提供科学依据。四是要尽早建立进出口商会、行业协会法律咨询服务部，聘请著名国际法专家、会计师为企业咨询服务。

  第四，要充分发挥企业在反倾销中的主体地位和作用。企业是一国经济发展的社会基础，也是参与国际竞争的主体。当然也是反倾销应诉的主体。在国际贸易反倾销应诉中，要克服畏难情绪，沉着应诉。根据以往的成功经验，企业领导者和管理者，要注意掌握以下三条界限：一是不要低价竞销，尤其是要绝对防止低于国内市场价格，甚至低于成本价格去参与国际市场竞争，这样做是违法的。二是不要扰乱市场正常的经营秩序，应掌握国际市场容量，不要突击增大出口量，这样做容易给人以"倾销"把柄。三是企业要有自己开发的知识产权，创企业自己的名牌，这样做企业才能在国际市场竞争中无往而不胜，永远立于不败之地。

  第五，要在条件成熟时，成立行政性反倾销法院进行反倾销裁决。这样做，有利于外经贸部进出口公平贸易局和国家经贸委产业损害调查局专司立案调查和国内产业损害调查的公平性和准确性，有利于克服目前执法与司法于一身带来的弊端。同时，在反倾销法院最终裁决时，也可以吸收进出口公平贸易局和产业损害调查局的官员参与听证、辩护，以获取反倾销司法的公正性和获取反倾销胜诉的更多机会。

主要参考文献

1. WTO《反倾销协议》。

2.《中华人民共和国反倾销条例》，《国际商报》2000年12月14日。

3. 对外贸易经济合作部：《反倾销调查立案暂行规则》，《国际商报》2002年2月20日。

4. 高永富主编：《WTO反倾销协议：规范与承诺》，黄山书社2000年版。

5.《反倾销离我们越来越近》，《北京晚报》2001年10月16日。

6. 隽广昌：《反倾销与其躲避不如面对》，《国际商报》2002年2月21日。

7. 陈家勤：《多管齐下应对反倾销》，《瞭望》2001年3月5日第10期。

（原载中国社会科学院《老年科研基金成果汇编》第二卷上册，2006年8月）

构建和谐亚太经济的战略选择

2006年11月17日,国家主席胡锦涛在亚太经济合作组织工商领导人峰会上发表了题为《坚持和平发展促进共同繁荣》的重要讲话。他指出,这次会议以"走向充满活力的大家庭,实现可持续发展和繁荣"为主题,目的是为了解决亚太地区发展中存在的问题,特别是为了推动亚太地区实现平衡和可持续发展。本文围绕"推进亚太地区经济平衡和可持续发展"这一主题谈几点想法。

一 亚太经济发展与繁荣的宗旨和目标

亚太经合组织成立于1989年。20世纪80年代末90年代初,随着冷战结束,国际形势发生了深刻变化。东欧剧变,两德统一,苏联、南斯拉夫相继解体,第二次世界大战后持续四十多年的两极格局宣告终结,世界政治朝着多极化的方向发展,而经济因素在国际关系中的地位上升。世界经济呈现三大发展趋势,即经济全球化,贸易投资自由化和区域集团化或一体化。欧洲经济一体化进程加快,北美自由贸易区雏形已形成,东亚经济包括东南亚和东北亚呈现高速增长。整个亚太地区政治相对稳定,这一切为亚太地区经济繁荣创造了比较宽松的国际环境。针对东亚特别是中国的和平崛起和欧洲的逐渐强大,美国提出了加强亚太地区经济合作的设想。日本凭借其强大经济实力,确定自己在亚太的重要地位。从而形成美日欧三大经济体三足鼎立之势。在这一历史背景下,1989 年 11 月 6—7 日在澳大利亚首都堪培拉由澳大利亚、美国、加拿大、日本、韩国、新西兰和当时的东盟六国的外交部和经济部部长参加的会议,正式成立亚太经合组织。共有 21 个成员。

亚太经合组织的宗旨和目标:"相互依存,共同利益,坚持开放的多边贸易体制和减少区域贸易壁垒。"APEC 的宗旨和目标同中国坚持对外开放的基本国策,提高对外开放水平,积极发展对外经济技术合作的目标是完全一致的。

二 亚太经济发展与繁荣中的大国地位

(一) 亚太地区是全球最大的市场,开发潜力巨大

APEC 拥有 21 个经济体,总人口约为 26 亿人,超过全球人口的 1/3,其中中国人口约占 50%。从 2005 年中国进出口贸易伙伴情况看,名居前 10 位的国家或地区,亚太地区就占 9 个,按出口贸易金额大小排列,美国第一,依次是中国香港、日本、东盟、韩国、中国台湾、俄罗斯、加拿大、澳大利亚;进口前 10 位贸易伙伴亚太地区就占 8 个,按进口贸易额大小排列,依次是日本、韩国、东盟、中国台湾、美国、澳大利亚、俄罗斯、中国香港。这些经济体,主要集中在东亚。商务部领导说:布什总统来访的时候,中美双方签了一个协议,买了 70 架波音飞机。预测到 2010 年,中国航空市场还需 500 架,到 2020 年,还需要

2000多架。对这样的一个大买主，布什政府高兴，波音公司当然更高兴。因为中国正在和平崛起，世界上大的跨国公司都看中了中国这块肥肉，争先恐后、纷至沓来。

（二）全球三大区域经济合作组织和三大经济体，均有两个位居亚太地区

根据世界贸易组织统计，到2005年全球正式有效的区域贸易协议可能达到300个。WTO所涵盖的贸易量大致占全球贸易量的90%左右，而世界上各种区域性贸易集团所涵盖的贸易量已占到全球贸易量的50%以上。其中，欧盟、北美自由贸易区和亚太经合组织发展最快，影响最大，最有活力。

（三）美日中是亚太经济区内三个主要经济大国，其经济发展好坏，直接关系到亚太经济的发展前景

（1）美国经济在全球仍保持大国领先地位。第二次世界大战以后，美国经济占世界经济的比重，由原来的50%，骤升到70%，美元成为世界基础性货币。后因日本、欧洲经济迅速恢复与发展，美国经济霸主地位有所下降。但是，近年来美国经济快速增长，增长速度超过西方发达国家。2005年美国GDP高达12.5万亿美元，GDP增长3.5%，在西方七国中增长最快。私人消费依然是经济增长的主要动力，对GDP增长的贡献超过70%。美国仍然是世界最大市场，也是世界经济增长的重要动力。据预测，2006年美国GDP将增长3.4%，内需旺盛、贸易扩张、投资踊跃。但是，应当看到以美国财政、外贸"赤字"为特征的世界经济发展不平衡现象确实存在。例如2000年克林顿任期最后一年，美国财政盈余1250亿美元，而2005年财政赤字则上升到4270亿美元。贸易经常项目赤字，2004年高达6681亿美元，而 2005 年则高达 8049 亿美元。

从国际生产要素流动特点看，世界经济要素流向发生了新的变化。以货物贸易为特征的有形商品，由发展中国家特别是中国等亚洲国家流向发达国家，而资金、技术、专利、商标、标准等无形商品，则由发达国家流向发展中国家，财富以各种方式流向发达国家。从而导致"南北"差距继续扩大，在发达国家内部收入差距也在扩大，全世界的社会财富进一步向少数人手里集中。

造成世界经济失衡和美国贸易经常项目逆差的根本原因，在于经济全球化时代，由于国际产业转移而导致国际分工变化的必然结果。因为美国把劳动密集型的产业或生产环节转移到国外，许多耗费人力的服务业也外包出去了。与此同时，美国又把很多人力和资金转向技术研发和其他服务业。需要指出，美国贸易经常项目逆差，同传统国际贸易统计以原产地规则为核心的国际贸易统计方法滞后于经济全球化的现实，也有一定关系。因为原产地与所有权概念二者是不同的。应当认识到，1997 年亚洲金融危机的产生是经济全球化加速发展的产物。因为经济全球化在很大程度上是由于科技生产力的迅速发展，在市场内在动力的推动下，使全球经济相互依赖、相互融合日益增强。然而，不合理的旧的国际经济秩序或制度及其规则体系，滞后于经济全球化这一历史趋势，加之许多发展中国家缺乏全球化条件下的经济管理经验和宏观经济协调机制，致使经济运行失控，从而出现经济全球化的负效应。应当看到经济全球化是把双刃剑，既有正效应，也有负效应，要趋利避害。

（2）日本经济规模仅次于美国居全球第二位。2005 年日本经济走出低谷，进入稳步增长阶段。国内生产总值约为 500 万亿日元，GDP 增长率为 2.8%。内需和外需对经济增长的贡献度分别为2.6和0.2个百分点。2006年以来，日本国内需求旺盛，1—2月份进口同比增长28.7%，出口增长17.3%，远低于进口增幅。全年日本经济将取决于国内企业利润的增长、员工收入的增加和消费增加的程度。国外市场主要依赖美国和中国等国的经济发展。

（3）中国经济保持平稳较快的发展。2005年国内生产总值达到18.23万亿元，居世界第四位，比上年增长9.9%；财政收入突破3万亿元，增加5232亿元。全年进出口贸易额达到1.42万亿美元，居全球第三位，增长23.2%，其中出口7620亿美元，增长28%，进口6601亿美元，增长18%，"高出低进"成为中国外贸运行的主要特征，使近两年来进口增速持续高于出口增速的局面得以改善，外贸出口顺差达到1019亿美元，外需对国民经济增长的拉动作用明显增强。2005年，全国新批准设立外商投资企业4.4万家，实际利用外资603.25亿美元。2005年年末国家外汇储备达到8189亿美元，综合国力和国际竞争力大大增强。

三 发展大国和邻国经贸关系是亚太经济发展与繁荣的关键

（1）中美经贸关系是中国在亚太地区最重要的经济关系。这是因为，美国是亚太地区最大的发达国家，中国是亚太地区最大的发展中国家。中美在亚太地区有着广泛的共同利益，两国对亚太地区的和平与发展负有重要责任。中美两国由于社会政治制度、意识形态和历史文化背景不同，在对待双边关系和国际关系上存在着原则分歧。但是，中美双方的共同利益则大于分歧。

一方面，亚太地区的稳定与安全离不开两国的合作。美国认为，朝鲜半岛、台湾海峡、南中国海等地区是亚洲的热点地区。

因为这些地区是连接东北亚到东南亚的中间环节,是扼制亚洲通向非洲、欧洲和澳洲的海上交通要道,是美国、日本、中国台湾、韩国对中国的石油、橡胶、铁矿砂等战略物资运输的必经之路。而在非传统安全领域如贩毒、走私、反恐、跨国犯罪等,也需要两国的合作和支持。另一方面,中美经贸的发展可以维护两国的经济利益,相互提供巨大的潜在市场。邓小平1989年10月31日会见美国前总统尼克松时说:"中美关系有一个好的基础,就是两国在发展经济、维护经济利益方面有相互帮助的作用。中国市场毕竟还没有充分开发出来,美国利用中国市场还有很多事情能够做。我们欢迎美国商人继续进行对华商业活动,这恐怕也是结束过去的一个重要内容。"美国是世界上最富有的国家,市场容纳量居世界第一。据WTO统计,2005年美国继续保持全球最大的进口国地位,进口额为17327亿美元,占全球进口额的16.1%,较上年增长14%,出口额为9043亿美元,占全球的8.7%,比上年增长10%。2006年,美国经济继续稳定强劲增长,个人消费开支继续上升。制造业订货需求总体看好,尤其是建筑材料、电子产品、军用品、重型机械和卡车等需求强劲,对外贸易继续保持较快增长。

(2)中日经贸关系在亚太地区十分重要。日本是世界上第二经济大国,2005年,日本GDP规模达500万亿日元。日本是中国在亚太地区的主要贸易对象国和投资来源国。2005年中日贸易增幅回落较大,但中日贸易额仍达1844.1亿美元,增长9.9%。日本是中国10大重要贸易伙伴之一,2005年中国由日本进口额达1004.5亿美元,比上年增加6.5%,居第二位;出口额达839.9亿美元,比上年增长14.3%,出口居第四位。2005年日本对华投资创历史新高,达65.3亿美元,居外国对华投资第3位。

（3）中韩经贸关系在亚太经贸关系中同样居于重要地位。韩国是中国重要的经贸伙伴之一，2005年中国由韩国进口贸易额居第二位，仅次于日本，进口金额达768.2亿美元，比上年增长23.4%；中国对韩国出口金额达351.1亿美元，增长26.2%，是中国第六大出口贸易伙伴。

（4）中俄经贸关系在亚太地区发展潜力极大。自1999年以来，中俄经贸关系呈现快速发展的好势头。中俄两国贸易连续七年保持增长，年均增幅在30%以上。2005年双边贸易额达到291亿美元，比上年增长37.1%。其中，中国出口额达132.1亿美元，同此增长45.2%；进口额达158.9亿美元，同比增长31%，俄罗斯成为中国第八大贸易伙伴。

四 参与区域经济合作是亚太经济发展和繁荣的基础

《中华人民共和国国民经济和社会发展第十一个五年规划纲要》明确指出："统筹规划并稳步推进贸易、投资、交通运输的便利化，积极参与国际区域经济合作机制，加强对话与协商，发展与各国的双边、多边经贸合作。"这是中国参与亚太区域经济合作的方向和目标。

1. 内地与香港、澳门建立更紧密经贸关系的安排

这种安排是属于一个国家主体与其单独关税区之间经贸关系的一种特殊安排，也是在"一国两制"方针和世贸组织框架内发展内地与港澳经贸关系的一种制度创新。几年来的实践证明，这种经贸安排是内地与其单独关税区发展经贸关系的一个成功范例。以香港为例，2005年内地与香港进出口贸易额达到1367.1亿美元，比2003年增长56.4%，其中出口额达1244.8亿美元，比上年增长23.4%，居中国内地贸易伙伴的第三位，进口额达

122.3亿美元，比上年增长3.6%，居中国内地贸易伙伴的第10位。2005年，内地吸收香港直接投资项目14831个，实际使用港资179.7亿美元，香港仍然是内地累计吸收外资的最大来源地。

内地与香港、澳门更紧密经济贸易关系的安排，其内容包括货物贸易零关税、扩大服务市场准入和实现贸易投资便利化。这些内容和措施也适合于台湾地区。祖国大陆对台湾采取15种水果实行零关税，由国家开发银行对在大陆的台商提供贷款，以及客货包机的启动，两岸部分地区旅游项目的开通等，这些都为创建中华自由贸易区奠定了基础。2001年9月10日，钱其琛同志在《二十一世纪的中国与世界》国际论坛开幕式的讲话中说，"一国两制"是两岸统一的最佳方式。又说，在"一国两制"框架下解决台湾问题，可以实行比港澳更宽的政策，并列举了以下八条：(1) 台湾可以继续使用台币；(2) 继续保留军队；(3) 继续作为单独关税区；(4) 继续保留政府架构；(5) 大陆不收取台湾一分一厘的税收，不会调取台湾一分一厘的资金；(6) 台湾人民的生活方式保持不变；(7) 台湾企业家保有原有资产；(8) 台湾人事自主，大陆不派官员去台湾任职。

2. 中国—东盟自由贸易区

中国—东盟经贸合作是发展中国家实施互利共赢开放战略的一个成功范例，也是中国参与区域经济合作的基础。2001年11月6日，朱镕基总理在第五次东盟与中日领导人会议上宣布，将用10年时间建成自由贸易区。这是多年来中国和东盟加强政治上的互相信任和支持、不断努力开拓经济合作的一个重大的突破性进展，也是中国为摆脱长期游离于区域和次区域贸易集团之外的不利境遇，在机制性的区域经济合作方面迈出的具有实质意义的一步。2002年11月4日，随着中国与东盟国家政府之间签署的《中国—东盟全面经济合作框架协议》等文件的出台,标志着中国—东盟自由贸易区模式框架的形成。2004年11月29日,又签署了《中国—东盟全面经济合作框架协议货物贸易协议》。2005年7月20日,《货物贸易协议》开始实施,早期收获已有所呈现,使中国—东盟双边贸易额大幅度上升,双向投资规模有新的突破,对外工程承包市场不断扩大,充满生机与活力。中国—东盟自由贸易区全面降低关税实施一年来,即自2005年7月至2006年6月,我国由东盟进口金额达816.1亿美元,同比增长20.4%,中国向东盟出口金额达617.8亿美元,增长23.4%。服务贸易也呈现快速增长,2005年我国服务贸易总额达1582亿美元,其中服务贸易向东盟出口744亿美元,进口838亿美元。利用外贸和对外投资方面,截止到2006年3月,东盟累计对华投资接近400亿美元,而中国对东盟的投资也出现快速增长的势头。

3. 中日韩自由贸易区

应当说,中、日、韩三国之间生产要素具有很大的互补性,建立中日韩自由贸易区,有利于亚太特别是东亚周边国家的局势稳定和经济繁荣。这是因为:从日本经济优势看,资本雄厚,科学技术管理先进,电子机械产品质优,劳动力素质很高,但能源和工业原料严重短缺,劳动力成本高而又相对不足,对中国及亚洲其他国家市场依赖性很大。中日韩自由贸易区的建立,通过日本的资本、技术密集型产品出口和资本输出,可以在中国、韩国,特别是中国东北老工业基地振兴方面作出贡献,为东北亚经济繁荣找到巨大的潜在市场。

韩国资本雄厚,技术、设备先进,产品质量较优,管理比较先进,但缺乏能源和工业资源,劳动力不足,成本比较高,而中国劳动资源极为丰富,自然资源比较丰富,森林工业发达,韩中小企业较多，在中国投资比较成功，双方互补性很大。中国是亚洲最大的发展中国家，随着中国的和平崛起，中国东北老工业基地振兴，中国中部老工业基地的改造和西部大开发的发展，为日、韩企业到中国发展提供巨大的市场空间，也为包括俄罗斯远东地区、朝鲜、蒙古等整个东北亚地区经济繁荣提供了动力。据统计，2005年中、日、韩三国国内生产总值超过7万亿美元，占全球的20%。三国进出口总额超3万亿美元，占全球进出口总额的17%，地位十分重要。

然而，由于中、朝、韩三国同日本之间存在的历史遗留问题尚未妥善解决，彼此间互信程度较低；朝鲜核问题影响朝鲜半岛的稳定安全；中美关系的性质和状态等因素制约了中日韩自由贸易区的发展，使得东北亚自由贸易区设想的进程迟缓。我们要遵循胡锦涛主席关于发展中日关系的五点主张，切实坚持以史为鉴，面向未来，登高望远，谋求共赢的原则，为推动中日韩自由贸易区的建立和发展而不懈努力。

五　中国对亚太经济发展与繁荣的理论贡献

1993年11月，江泽民主席首次出席APEC领导人非正式会议并发表了重要讲话。他指出，世界正在走向21世纪，把一个什么样的世界带到21世纪，这是我们这一代领导人必须认真探索和解决的重大问题。他提出"相互尊重、平等互利、彼此开放、共同繁荣"的区域经济合作指导原则。

1994年在茂物会议上，江泽民主席提出中国关于亚太经济未来发展的五项原则，即"相互尊重、协商一致；循序渐进、稳步发展；相互开放、不搞排他；广泛合作、互利互惠；缩小差距、共同繁荣"。

1995年在大阪会议上，江泽民主席阐明了中国关于开展经济合作的五项基本主张，其中之一就是要实行贸易投资自由化、经济技术合作并重的方针。

1996年在苏比克会议上，江泽民主席强调经济技术合作与贸易投资自由化在亚太地区经济合作中同等重要，没有卓有成效的经济技术合作，贸易投资自由化也不会有大的进展。强调了优势互补、共同发展。

1997年在温哥华会议上，江泽民主席敦促发达成员开放技术贸易市场，加速向发展中成员转移技术，宣布中国决定加入《信息技术协议》和将于2005年工业品平均关税降至10%。

1998年在吉隆坡会议上，江泽民主席针对亚洲金融危机问题，指出这场危机是经济全球化趋势加速发展的产物。提出全球化给世界各国带来了发展的机遇，同时也带来了严峻的挑战和风险的科学论断。

1999年在奥克兰会议上，江泽民主席强调APEG应积极促进亚太地区经济的共同繁荣和积极推动APEC发展中成员间的互利合作的发展方向和合作的重点，提出了中国的主张。

2000年在文莱会议上，江泽民主席就世界和亚太地区经济形势、经济全球化和亚太经合组织的作用、人力资源开发等问题提出了看法和建议。并表示中国加入世贸组织后将切实履行承诺，继续积极参与包括亚太经合组织在内的区域经济合作。

2001年在上海年会上，江泽民主席作为东道国主持了会议。会议主题是："新世纪，新挑战：参与、合作、促进共同繁荣"。会议最后发表了宣言，题为《反对恐怖主义，继续推动本地区贸易投资自由化、便利化和经济合作》。

2002年在墨西哥城会上，江泽民主席就亚太经合组织如何顺应时代潮流，发挥自身优势，开展广泛合作，提出三点主张。

一是实现全球和地区经济的稳定和增长是摆在我们面前的重要任务。二是要坚定地支持建设开放的全球多边贸易体制，积极推进世界贸易组织新一轮谈判。三是要加强反恐合作，为本地区的发展和繁荣创造和平与安全的环境。

2003年我国继续全面参加亚太经合组织的活动，积极推动APEC支持WTO多哈发展议程；倡导落实《上海共识》，推动APEC加强贸易便利化、电子商务和中小企业等方面的合作；主张正确处理"反恐"与贸易便利化的关系。

2004年11月，胡锦涛主席在智利圣地亚哥举行的会议上，提出推进亚太地区经济合作的新主张和新思路。（1）正确处理加强安全防范与促进贸易发展的关系，维护亚太经合组织的经济合作论坛性质；（2）稳步推进亚太地区贸易投资自由化和便利化合作，不断改善亚太地区的贸易投资环境；（3）积极主张开展经济技术合作和能力建设活动，努力缩小各经济体的发展差距；（4）提出提高海关效率、推动标准一致化、开展知识产权领域合作等一系列倡议。

2005年11月18日至19日，中国国家主席胡锦涛出席在韩国釜山举行的会议。这次会议以"走向一个大家庭：面对挑战，追求变革"为主题，聚焦三大议题——贸易自由化、禽流感和反恐。会议表示为实现区域稳定、安全和繁荣的共同目标，继续推动建立高质量、透明和趋于一致的区域贸易安排和自由贸易协定。分析家评论说：中国正迅速发展，变得越来越强大。在韩国釜山举行的亚太经合组织峰会上，中国实际上已经取代了美国，在这个有21个成员的组织中发挥着经济和政治主导作用。

2006年11月17日，在越南河内举行的APEC第十四次领导人非正式会议上，中国国家主席胡锦涛基于加强APEC建设促进亚太经济发展与繁荣，提出了维护和平稳定，促进共同发展，实现合作共赢,奉行开放、包容四点建议。同时,他提出的"和谐"发展现被纳入《河内宣言》,为实现 APEC 贸易投资自由化与便利化,推动重启多哈回合谈判发挥了重要作用。

从上面简要回顾中,我们清楚地看到,中国领导人在亚太经合组织的高峰会议上,始终坚持在世界贸易组织的框架下,遵循 APEC 的宗旨和目标,同时根据亚太经合组织活动新情况,提出新思路和新的重要原则,对推进亚太经济发展与繁荣作出了突出贡献。党的十六届五中全会首次提出"要实施互利共赢的开放战略",十六届六中全会提出,"推动建设持久和平,共同繁荣的和谐世界"新理念。这是以胡锦涛为首的党中央集体,根据世界经济、政治形势发展变化的新特点而作出的科学正确判断和重大战略决策,也是我们党一贯高举和平、发展、合作的旗帜,对对外开放理论与和平外交理论方面的发展和创新,其历史意义相当深远。

(原载李成勋主编《中国经济发展战略——和谐与战略》,社会科学文献出版社 2007 年版)

作者主要论著目录

一 专著和编著

1. 《**创汇农业产品论**》（专著），24万字，中国人民大学出版社1991年11月出版。获全国首届"兴农杯"优秀农村科技图书二等奖。

2. 《**沿边开放：跨世纪的战略**》（主编），25.8万字，经济科学出版社1995年12月出版。

3. 《**国际贸易论**》（专著），44万字，经济科学出版社1991年11月出版。获1999年度"安子介国际贸易研究奖"优秀著作三等奖和2005年首届中国社会科学院离退休人员优秀科研成果三等奖。

4. 《**当代国际贸易新理论**》（主编），28万字，经济科学出版社2000年6月出版。

5. 《**走向国际市场：中国边境贸易现状与展望**》（与黄范章合著），贵州人民出版社1997年1月出版。

6. 《**对外贸易集约论**》，主编袁文祺，副主编陈家勤，25万字，中国物价出版社1994年12月出版。

7. 《**马克思主义国际贸易理论新探**》（专著），主编杨圣明，副主编陈家勤，32万字，经济管理出版社2002年4月出版。

8. 《**关贸总协定与中国经济发展**》（主编），10万字，海洋出版社1993年1月出版。

9. 《**中国对外经济贸易理论前沿 I**》，主编杨圣明，副主编陈家勤，社会科学文献出版社1999年10月出版。

10. 《**服务贸易：中国与世界**》，主编杨圣明，副主编陈家勤，民主与建设出版社1999年7月出版。

11.《国际经贸理论通鉴——国际经贸理论中国卷：中国当代国际经贸理论》（下册），主编陈家勤，副主编王巾英等六人，137.5万字，对外经济贸易大学出版社2008年3月出版。

12.《国际经贸理论通鉴——国际经贸理论中国卷：中国古、近代国际经贸理论》（上册），主编陈家勤、陈争平、孙玉琴，59.5万字，对外经济贸易大学出版社2010年7月出版。

13.《国际经贸理论通鉴——中国党和国家领导人论国际经贸卷》，陈家勤、范新宇编著，对外经济贸易大学出版社（内部发行），2008年3月出版。

14.**《当代中国对外经贸理论研究》**（专著），73.3万字，社会科学文献出版社2010年7月出版。

二 主要学术论文

1. 国际贸易理论篇

（1）**《外贸理论》**，载1982年《经济理论动态》，人民出版社1984年版。

（2）**《国际价值浅议》**，《财贸经济问题研究》，中国社会科学院财贸经济研究所，1984年。

（3）**《国际价值与外贸经济效益问题》**，《经济学周报》1985年4月2日。

（4）**建国以来我国对外贸易理论讨论的简要回顾**，《财贸经济资料》1986年第8期。

（5）**《对外贸易》**，载《社会主义流通过程研究》，上海人民出版社1988年版。

（6）**《外向型经济的概念、标准、类型刍议》**，《国际商报》1988年6月4日。

（7）**《外向型与内向型经济发展模式比较》**，《国际商报》1988年2月27日。

（8）**《发展外向型经济的几点建议》**，《经济工作通讯》1988年第15期。

（9）**《关于发展外向型经济问题讨论综述》**，《中国社会科学》1989年第3期。

（10）**《关于发展外向型经济的几点思考》**，载《沿海地区发展外向型经济战略研究》，中国对外经贸出版社1991年版。

（11）**《外贸出口的作用、困惑与出路》**，《国际经贸论坛》1998年第6期。

（12）**《提高对外贸易对我国经

济增长贡献度的政策选择》，《山东对外经贸》1999 年第 5 期。

（13）《名牌战略：出口可持续发展的重要一环》，《财贸经济》1999 年第 7 期。

（14）《适度增加进口的几点思考》，《国际贸易问题》1999 年第 7 期。

2. 发展经济学国际贸易理论篇

（1）《既坚定不移地实行对外开放，又保持清醒的头脑》，《对外经贸研究》1988 年 12 月 7 日。

（2）《对外经济关系》，载《什么是社会主义市场经济》，中国展望出版社 1993 年 10 月版。

（3）《特区要上新台阶》，载《邓小平特区建设思想研究》，社会科学文献出版社 1994 年 1 月版。

（4）《正确把握小平同志对外开放理论的精神实质》，《财贸经济》1997 年第 3 期。

（5）《对外开放是我国长期的基本国策》，载《邓小平财经思想研究》，中国经济管理出版社 1997 年 6 月版。

（6）《近年来国际经贸理论述评》，《财贸经济》1999 年第 12 期。

3. 中国对外开放理论篇

（1）《关于第二大陆桥问题的几点思考》，载《中苏经济合作研讨会论文集》，中国国际经济合作学会、经贸部国际经济合作研究所，1991 年 4 月。

（2）《深化对外经济体制改革发展开放型经济》，《财贸经济》1994 年第 1 期。

（3）《亚欧第二大陆桥在亚欧经贸合作中的战略地位与作用》，载中国社会科学院外事局编《二十一世纪亚欧经贸关系和第二大陆桥国际学术研讨会论文集》，2000 年 11 月。

（4）《沿边开放前景广阔——略论中国沿边对外开放的战略意义》，《开放导报》试刊号 1992 年 12 月。

（5）《90 年代中后期中国沿边地区对外经贸发展战略设想》，载《当代中国外经贸发展战略》，世界知识出版社 1994 年 10 月版。

（6）《借鉴历史经验扩大对外开放》，载《货殖》，中国财政经济出版社 1995 年 9 月版。

（7）《中国沿边地区对外开放战略的几点思考》，《东北亚论坛》1995 年第 4 期和《边疆经济研究》1995 年第 3 期。

（8）《论中国沿边地区对外开放战略问题》，《经济时代报》（上下），1995 年 11 月 2 日和 11 月 4 日。

(9)《论中国沿边地区对外开放战略的几个问题》,《国际经贸探索》1996年第1期。

(10)《从一次有启迪意义的理论之争引起的思考》,载《中国国际贸易学会成立十五周年》专辑,1996年。

(11)《发展适合重庆特点的开放型经济的几点思考》,载《直辖后的新重庆:对外经贸事业的新起点》,1998年10月。

(12)《国际经济环境与我国对外经贸发展》,《国际贸易论坛》1998年第6期。

(13)《**努力提高对外开放水平**》,《厂长经理日报》1999年2月2日。

4. 中国对外经贸发展战略篇

(1)《**也谈商品进出口战略**》,《财贸经济》1983年第5期。

(2)《**我国对外贸易发展战略问题**》,载《外贸体制改革与发展战略》,中国社会科学院财贸经济研究所,1984年。

(3)《**出口战略是关系社会主义现代化建设全局的一个大问题**》,《国际贸易》1986年第5期。

(4)《**出口商品生产流通体系初探**》,《国际商务研究》1986年第5期。

(5)《**出口生产流通体系的含义、意义和原则**》,《经济研究参考资料》1986年第131期。

(6)《**力争对外贸易进出口总额翻两番**》,载《我国流通部门的发展战略》,中国社会科学出版社1995年6月版。

(7)《**建立出口生产体系**》,《人民日报》1987年2月23日和《人民日报(海外版)》1987年2月25日。

(8)《**关于建立出口生产体系的几个理论问题**》,载《建立出口生产体系文汇》,四川大学出版社1988年2月版。

(9)《**出口生产体系与外贸体制改革**》,《财贸经济资料》1987年第8期。

(10)《**对外贸易集约论**》,《国际商报》1988年10月。

(11)《**农副产品出口**》,载《中国农村经济学》,中国人民大学出版社1988年10月版。

(12)《**农副产品国际市场的特点**》,载《精细化农业初蕾》,学术出版社1989年5月版。

(13)《**提高商品质量是增强国际竞争力最重要的因素**》,载《"质量、品种、效益年"(红塔杯)有奖征文获奖作品选》，中国轻工业出版社 1992 年 7 月版。

（14）《四川省茧丝绸业发展现状与战略设想》，《国际贸易论坛》1994 年第 1 期。

（15）《关于组建茧丝绸综合商社的思考》，《财贸经济》1994 年第 9 期。

（16）《我国纺织品出口发展战略研究》，《经济工作者学习资料》1994 年第 76—77 期。

（17）《我国垄断性商品出口集约经营的战略思考》，《国际商务》1995 年第 4 期。

（18）《我国垄断性商品出口发展战略研究》，载《国际贸易论坛丛书》第 11 集，中国国际贸易学会出版委员会 1995 年版。

（19）《外贸战略和进出口商品结构》，载《2000 年的中国经济》，中国展望出版社 1996 年 1 月版。

（20）《关于中国沿边地区对外开放战略的几个问题》，《国际商务》1996 年第 1 期。

（21）《实现出口增长方式的根本转变》，《开放导报》1996 年第 1 期。

（22）《论实现对外贸易两个根本性转变的几个问题》，载《中国外贸发展与改革》第十二集，中国国际贸易出版委员会 1997 年 2 月版。

（23）《论适度增加进口》，《国际商报》1994 年 4 月 23 日、4 月 30 日、5 月 7 日连载和《对外经贸研究》1999 年第 3 期。

（24）《小轿车进入家庭消费的几点思考》，载《面对"入世"的汽车消费论文集》，中国消费者协会 2000 年 9 月版。

5. 外贸体制改革篇

（1）《关于改革外贸体制的几个问题》，载《外贸体制改革与发展战略》，中国社会科学院财贸经济研究所，1984 年。

（2）《我国对外贸易经济体制改革》，载《财贸经济体制改革研究》，中国展望出版社 1985 年 7 月版。

（3）《对建立"中国社会主义对外贸易系统工程学"的几点设想》，载《国际贸易系统工程学论文选》，中国国际贸易学会秘书处 1985 年 6 月版。

（4）《工贸结合的理论基础及其产销形式的探讨》，《国际贸易问题》，1985 年第 1 期。

（5）《对外贸易》，《财贸经济体制改革百题问答》，经济日报出版社 1986 年版。

(6)《试论外贸承包经营责任人制》,《对外经贸研究》1987年第21期。

(7)《以改革求发展 以发展促改革》,《财贸经济资料》1988年第4期。

(8)《提高我国纺织品出口宏观经济效益的思考和建议》,载《中国外贸发展战略与体制改革》,中国国际贸易学会出版委员会1989年9月版。

(9)《关于建立和完善对外贸易宏观调控体系的探讨》,《财贸经济》1990年第4期。

(10)《关于发展外向型企业集团的几点思考》,《经济体制改革内部参考》1991年第13期。

(11)《提高我国大中型工业企业（集团）国际竞争力》,《经济管理》1991年第11期。

(12)《强化对外贸易宏观调控体系》,载《国际贸易论坛》,中国国际贸易学会出版委员会1994年5月版。

(13)《强化政府在经济一体化中的作用》,《国际经贸探索》1995年第3期。

(14)《强化政府职能推进经济一体化》,《科技日报》1995年1月6日。

(15)《继续深化外贸体制改革加快外贸发展》,《大众日报》1995年2月21日。

(16)《为何要推进外贸规模经营》,《国际商报》1995年6月10日。

(17)《建立适应社会主义市场经济要求的外贸宏观调控体系》,载《中国对外经济贸易体制改革全书》,对外经济贸易大学出版社1995年4月版。

(18)《政府在经济一体化中的作用》,载《跨国公司与中国》,对外经济贸易大学出版社1995年6月版。

(19)《关于我国关税经济功能改革的研究报告》,《经济研究参考资料》1986年第26期。

(20)《论关税壁垒与非关税壁垒的关系及其运用》,《国际贸易问题》1997年第12期。

(21)《我国国有外贸企业战略性重组问题研究》,《国际化经营战略研究》1997年第5期。

(22)《关税壁垒与非关税壁垒的相互关系及其在政策实施中的运用》,载《走向21世纪的中国关税》,中国经济出版社1998年1月版。

(23)《我国国有外贸企业战略

性重组问题研究》，载《中国外贸发展与改革》第十三集，中国国际贸易学会1998年4月版。

(24)《金融机构和金融工具税收问题的几点思考》，《厂长经理日报》1998年8月17日。

6. 国际金融与国际金融危机理论篇

(1)《马克思的汇率理论和我国的汇率政策》，《经济理论与经济管理》1989年第6期。

(2)《东亚金融危机对我国进出口的影响与对策》，《财贸经济》1998年第3期。

(3)《亚洲金融危机对我国外贸的影响及对策》，《瞭望》1998年第13期。

(4)《东亚金融危机与我国进出口贸易》，《国际贸易论坛》1998年第1期。

(5)《论东亚金融危机对我国外贸发展和利用外资的影响和启发》，《国际经贸探索》1999年第1期。

7. 中国"复关"和"入世"理论篇

(1)《加入关贸总协定的条件、益处和对策建议》，《财贸经济资料》1992年3月15日。

(2)《我国恢复关贸总协定缔约国地位后对纺织品服装出口的政策建议》，《国际商报》1992年9月12日。

(3)《关贸总协定与我国对外经贸发展的战略思考》，中国企业经营咨询公司、法国发展咨询公司1992年11月。

(4)《我国大中型企业适应适度国际贸易规范应当采取哪些对策》，《中国企业报》1992年11月30日。

(5)《关贸总协定对我国第三产业的影响》，载《关税与贸易总协定与中国经济》，中国对外经济贸易出版社1992年12月版。

(6)《"复关"后我国大中型企业面临的问题》，《中外管理导报》1993年第1期。

(7)《"复关"对我国进出口贸易的影响及对策》，《国际贸易》1993年第9期。

(8)《论关贸总协定的理论基础与社会主义市场经济理论的一致性》，《外贸世界》创刊号1993年第1期。

(9)《"复关"对我国进出口的影响和我们的对策》，《商业经济与管理》1993年第2期。

(10)《服务贸易总协定与我国第三产业》，《开放导报》1993年第2期。

(11)《WTO：这辆车怎么样》，

《中国经济时报》1995年4月21日。

(12)《漫话利用外资中的国民待遇》,《中国物资报》1996年3月17日。

(13)《国民待遇一二三》,《半月谈》1996年第7期。

(14)《加入世界贸易组织对我国市场态势影响分析》,《理论动态》1999年11月和《学术动态》1999年11月30日第18期。

(15)《国外对华反倾销状况、原因及应诉的分析》,《港口经济》2003年第5期。

8. 国际经济技术合作理论篇

(1)《中国对外经贸概况与东北亚各国(地区)经贸关系的现状和问题》,载《东北亚区域经济合作》,中国对外经济贸易出版社1994年11月版。

(2)《东亚区域经济合作现状、模式和前景》,《国际经贸探索》1995年第5期。

(3)《推进亚太地区经济平衡和可持续发展》,《科学决策》2007年第2期。

(4)《推进亚太地区经济平衡和可持续发展的思考》,《世界经济调研》2007年6月11日第21期。

三 调查报告

(1)《商业批发部门在工业调整中大有作为》,《财贸工作通讯》1982年第2期。

(2)《因地制宜地组织好出口商品生产》,《国际贸易》1983年第1期。

(3)《浙江外贸出口持续快速发展的经验》,《中国经贸》2002年第8期。

(4)《浙江扩大出口的经验值得借鉴》,《国际经贸论坛》2002年第3期。

四 研究报告

(1)《对外贸易研究报告》,《2000年的中国经济》,国务院技术经济研究中心1984年12月。

(2)《关于提高我国大中型工业企业(集团)国际竞争力的研究报告》,《国务院发展研究中心调查研究报告》1991年8月3日第26号。

(3)《关于利用第二条欧亚大陆桥向西开放的意见》,《国务院发展研究中心调查研究中心材料》1991年第7号。

五 建言献策

(1)《一些出口产品肥水外流的

情况仍在发展》,《国家体改委简报增刊》1983年第11号。

（2）《关于发展外向型经济的十点建议》,中宣部《社会主义初级阶段理论动态》1988年第20期。

（3）《外贸体制改革的现状及深化改革的对策》,中国社会科学院《要报》1987年4月25日,第22期。

（4）《外贸承包责任制的利弊与近中期对策》,中国社会科学院《要报》1989年8月29日,第75期。

（5）《中苏经贸合作发展的存在的障碍及对策建议》,中国社会科学院《要报》1990年8月27日,第50期。

（6）《欧亚大陆桥建成后新疆经济发展的前景》,中国社会科学院《要报》1990年11月23日,第82期。

（7）《关于恢复我国〈关税和贸易总协定〉缔约国地位的几点建议》,中国社会科学院《要报》1992年4月4日,第17期。

（8）《恢复我国关贸总协定缔约国地位需解决的问题》,《人民日报》内部参阅1992年5月25日,第21期。

（9）《"九五"关税改革对策,降低关税总水平及关税收入占财政收入的比重》,中国社会科学院《要报》1996年1月28日,第5期。

（10）《从东亚金融危机教训中受到的启示》,北京市人民政府《专家顾问团简报》1998年9月25日,第19期。

（11）《加入世贸组织对我国市场态势的影响分析》,北京市人民政府《专家顾问团简报》1999年12月15日,第24期。

（12）《21世纪我国扩大对外开放面临的机遇和难题》,北京市人民政府《专家顾问团简报》2001年3月17日,第5期。

（13）《我国对外经贸发展30年的成就、经验和启示》,《社科党建》2008年,第8期。

（14）《我国对外经贸发展三十年巨变的启示》,《要报领导参阅》2008年,第21期。

（15）《应实行更加积极主动的开放战略》,《要报领导参阅》2012年第2期。

六　回顾与展望

（1）《1993—1994年我国外贸发展的回顾与展望》,《财贸经济》1994年第4期。

（2）《1995—1996年中国边境贸

易状况分析与展望》，载《1995—1996经济分析与预测》，中华工商联合出版社1996年3月版。

（3）《1996—1997年中国进出口回眸与展望》，载《1997年中国经济形势分析与预测经济蓝皮书》，社会科学文献出版社1996年11月版。

（4）《1997年我国外贸总体发展趋势分析与预测》，《环球市场信息导报》1997年第2期。

（5）《1997—1998年中国外贸进出口态势分析》，载《1998年中国经济形势分析与预测经济蓝色书》，社会科学文献出版社1997年11月版。

（6）《1998—1999年中国对外经贸问题回眸与前瞻》，《经济学动态》1999年第5期。

（7）《1999—2000中国外贸回眸与前瞻》，《人民论坛》2002年第2期。

（8）《一九九九年中国城市对外贸易发展情况》，载《2000年中国城市发展年鉴》2000年11月版。

七　其他篇

（1）《一部珍贵的对外开放的历史文献》，《财贸经济》1995年第12期和《人民日报》1995年11月16日。

（2）为杨正位博士专著出版撰写的序言，载《中国对外贸易与经济增长》一书，中国人民大学出版社2006年7月版。

（3）应秦熠群博士之邀，为其专著出版题写的序言，载《中日韩自由贸易区对中国贸易和产业影响的实证研究》，人民出版社2006年8月版。

（4）《**推进亚太地区经济平衡和可持续发展**》，《科学决策》2007年第2期。

作者年表

1934年12月12日生，大连市人。中共党员。

1953年　参加工作。

1956年8月至1963年8月　中国人民大学农业经济系本科、研究生毕业。

1980年　全国公开招考研究人员，由大连市委财贸办公室调中国社会科学院财贸经济研究所商业外贸研究室从事对外经贸研究工作。

1981年6月　外贸旅游学科从商业外贸研究室分离出来，成立外贸旅游研究室，负责人。

1985年9月19日　晋升为副研究员，研究室副主任。

1987年6月10日　研究生院硕士研究生导师。

1991年8月31日　聘为财贸所研究员、外贸研究室主任。

1992年　享受政府特殊津贴待遇。

1993年4月3日　中国社会科学院对外经贸国际金融研究中心学术委员会委员兼秘书长。

1994年　研究生院财贸经济系博士生导师。

1995年　财贸所学术委员会委员。

1997—1998年　财贸所第二届专业技术职务评审委员会委员。

2000年1月　退休。

历年主要学术和公益服务活动：

1985年、1988年、1991年、1995年、2000年　为中国国际贸易学会第二、第三、第四、第五、第六届理事。

1987年9月25日　被湖南大学聘为兼职副教授。

1991年12月31日　被聘为中国国际贸易学会国际贸易理论委员会副主任。

1995年12月　被安徽财贸学院聘为客座教授。

1996年2月14日　被北京市国际贸易研究所聘为专家委员会顾问。

1997年9月8日　被北京市人民政府聘为第七届专家委员会顾问。

1997年9月　被新疆博尔塔拉蒙古自治州党委和人民政府聘为高级顾问。

1998年1月　被北京市对外经济贸易委员会聘为顾问。

1998年10月1日　被中国国际贸易学会聘为外资委员会委员。

1999年8月　被第六届"挑战杯"全国大学生课外学术科技作品评审委员会委员。

2000年6月3日　中国国际贸易学会"中国外贸发展与改革"征文评审委员会副主任。

1999年、2000年、2001年、2002年、2003年、2004年　对外贸易经济合作部全国外经贸研究成果奖评审委员会委员。

2001年、2002年、2003年、2004年、2005年、2006年　为中国国际贸易学会全国征文评审委员会委员。

2001年2月1日　中国国际贸易学会理论委员会副主任。

2001年10月30日　被北京联合大学商学院聘为客座教授。

2002年5月16日　被中国大百科全书出版社聘为第二版经济学科分支主编。

2002年11月28日　被广东外语外贸大学《国际经贸探索》学报聘为顾问。

2005年7月至2008年3月　参与国家"211"工程建设项目系列：经济全球化进程中国国际贸易重大理论与政策课题主编。

2010年11月26日　被中国社会科学院老专家协会聘为首届理事会理事。

2011年　被中国城市发展研究会第六届理事会聘为特邀理事。

此外，曾任对外贸易经济合作部研究院正高级职称评定委员会委员、中国工业经济联合会学术委员会委员多年。

后　记

本文集是根据社科（2005）科研77号《关于落实2005—2006年度〈中国社会科学院学者文选〉编辑出版计划的通知》要求编写的。文集由作者初步遴选整理后，送交中国社会科学出版社，由田文、金泓两位编辑，按该社出版物"三审三校"编辑审稿流程规定，通过精心审读、细心推敲、认真编辑而完成的。

在审稿编辑过程中，她们严把质量关，提出很宝贵的意见。要求作者对书稿中引用经典作家的论述要逐一核对，不出差错，并对个别文章的命题、语言文字等体例方面的问题加以润色和规范。可以说，编辑质量属于上乘，使我获益匪浅。因此，文集也凝结了参与编辑各环节同志的一份辛苦，在此，让我表示最诚挚的谢意！

中国社会科学院财经战略研究院
陈家勤
2012年12月27日于北京芳古园寓所